Wenn man gut durch geöffnete Türen kommen will, muss man die Tatsache achten, dass sie einen festen Rahmen haben: dieser Grundsatz ist ... einfach eine Forderung des Wirklichkeitssinns. Wenn es aber Wirklichkeitssinn gibt, ... dann muss es auch etwas geben, das man Möglichkeitssinn nennen kann.

Wer ihn besitzt, sagt zum Beispiel nicht: Hier ist dies oder das geschehen, wird geschehen, muss geschehen; sondern er erfindet: Hier könnte, sollte oder müsste geschehen; und wenn man ihm von irgendetwas erklärt, dass es so sei, wie es sei, dann denkt er: Nun, es könnte wahrscheinlich auch anders sein. So ließe sich der Möglichkeitssinn geradezu als die Fähigkeit definieren, alles, was ebenso gut sein könnte, zu denken und das, was ist, nicht wichtiger zu nehmen als das, was nicht ist. Man sieht, dass die Folgen solcher schöpferischen Anlage bemerkenswert sein können, und bedauerlicherweise lassen sie nicht selten das, was die Menschen bewundern, falsch erscheinen und das, was sie verbieten, als erlaubt oder wohl auch beides als gleichgültig. ... Ein mögliches Erlebnis oder eine mögliche Wahrheit sind nicht gleich wirklichem Erlebnis und wirklicher Wahrheit weniger dem Wert des Wirklichseins, sondern sie haben ... etwas sehr Göttliches in sich, ein Feuer, einen Flug, einen Bauwillen und bewussten Utopismus, der die Wirklichkeit nicht

scheut, wohl aber als Aufgabe und Erfindung behandelt. ... Es ist die Wirklichkeit, welche die Möglichkeiten weckt, und nichts wäre so verkehrt, wie das zu leugnen. Trotzdem werden es in ihrer Summe oder im Durchschnitt immer die gleichen Möglichkeiten bleiben, die sich wiederholen, so lange bis ein Mensch kommt, dem eine wirkliche Sache nicht mehr bedeutet als eine gedachte. Er ist es, der den neuen Möglichkeiten erst ihren Sinn und ihre Bestimmung gibt, und er erweckt sie.

Aus: Robert Musil,
Der Mann ohne Eigenschaften

Vorwort

Dieses Buch richtet sich an alle, die ein weiter gehendes Interesse an Astrologie zeigen und einen praxisorientierten Weg suchen, mit der Tiefendeutung eines Horoskops vertraut zu werden.

Mit diesem *Arbeitsbuch* möchte ich Ihnen die Gelegenheit bieten, sich auf strukturierte Weise, Schritt für Schritt, dem Geheimnis eines Horoskops zu nähern. Ich möchte Ihnen verdeutlichen, dass sich in dem natürlichen Wechselspiel der bekannten Elemente des Horoskops der Leitfaden zu einer umfassenden und tiefgründigen Deutung verbirgt.

Die Versuchung ist groß, die einzelnen Deutungselemente wie Puzzlestücke zusammenzusuchen. Sie sollten dieser Versuchung widerstehen, wenn Sie nicht den schnellen und oberflächlichen Erfolg suchen, sondern der Weg das Ziel ist. Vor Ihren Augen entsteht dann sukzessive das Bild vom Wesen eines Menschen in seiner unverwechselbaren Art. Zugleich werden Sie erfahren, dass das Horoskop nicht nur ein äußerst feines Instrument zur Beschreibung der Persönlichkeit eines Menschen ist, sondern darin auch der Schlüssel zu unserem Lebenssinn verborgen liegt. Es legt uns nicht auf bestimmte Eigenschaften fest, sondern bietet eine Quelle ungeahnter Möglichkeiten. Die Beschäftigung mit dem Horoskop kann uns mit neuer Zuversicht erfüllen, wenn wir den roten Faden in unserem Leben vermissen. Es zeigt uns nicht nur, wie wir sind, sondern auch wie wir werden können, was wir im Grunde unseres Herzens immer schon sein wollten. Die im Horoskop enthaltene Botschaft

eröffnet uns Chancen für die Zukunft, wir müssen nur bereit sein, sie zu ergreifen.

Mit diesem Arbeitsbuch möchte ich Ihnen nicht nur technisches Wissen zur Horoskopdeutung vermitteln. Verstehen Sie es auch als eine praktische Anleitung, das Puzzle Ihres Lebens selbst zusammenzusetzen!

Das Puzzle des Lebens

>*Mein Leben?!: ist kein Kontinuum! (nicht bloß durch Tag und Nacht in weiß und schwarze Stücke zerbrochen! Denn auch am Tage ist bei mir ein anderer, der zur Bahn geht; im Amt sitzt; büchert; durch Haine stelzt; schreibt; Tausendsdenker; auseinanderfallender Fächer, der rennt; raucht; kotet; radiohört, ›Herr Landrat‹ sagt; That's me!): ein Tablett voll glitzernder Snapshots.«*[1]

Die Astrologie hat sich stets an den Bedürfnissen des Menschen orientiert und benutzt dazu die Zyklen und Rhythmen der Ordnung des Himmels. Wir erleben im Gegensatz dazu unsere Welt als einen ungeregelten Fluss von Ereignissen und den Menschen erschien der Anblick des geordneten Himmels zu allen Zeiten wie ein Versprechen, sich im Chaos auf der Erde zurechtfinden zu müssen. Der Schlüssel zu diesem Versprechen ist die Betrachtung des Horoskops: eine Momentaufnahme des Himmels zu einem bestimmten Zeitpunkt an einem bestimmten Ort, die den Code für die Ordnung enthält.

Die Motivation, sich mit Astrologie und der Technik der Horoskopdeutung auseinander zu setzen, liegt meist in dem Glauben begründet, dass alles, was uns widerfährt, einen Sinn ergeben muss, dass es eine *Ordnung hinter den Erscheinungen* gibt, die den Sinn der Ereignisse offenbart. Doch auf die Suche nach dem Sinn seines Lebens begibt sich nur derjenige, der Unzufriedenheit mit sich und der Welt verspürt – der spürt, dass etwas *nicht in Ordnung* ist. Wer das Horoskop zurate zieht, ob er sich dabei einem Astrologen anvertraut oder die Kunst der Deutung selbst

erlernt, beschließt das aufgrund einer Situation des Mangels, des *Leidens*.

Die Überwindung des Leidens

Leiden ist hier gar nicht so sehr in einem pathetischen Sinne gemeint. Es ist lediglich der Ausdruck eines Empfindens, das wir alle kennen: dass wir unser Leben nicht selbst in der Hand haben, dass wir es *erleiden* müssen. Manchmal gerät das Leben ins Stocken und wir hängen fest zwischen der Vergangenheit, in die wir nicht mehr zurück können, und der Zukunft, die für uns verschlossen scheint. Was wir uns verständlicherweise wünschen ist Abnabelung und Befreiung – den Impuls zur *Überwindung des Leidens*, die Öffnung der Zukunft, eine Veränderung.

Auf der einen Seite ist Veränderung das, was wir suchen, andererseits fürchten wir sie, denn sie bedeutet oftmals mehr als nur bestimmte Dinge künftig zu unterlassen. Gerade das Horoskop offenbart immer wieder, wie vernetzt unsere Eigenschaften sind, dass der Mensch »ein komplexes Wesen« ist, »in dem alle Teile wechselseitig aufeinander bezogen sind, sodass es unmöglich ist, einen Teil zu ändern, ohne alles zu beeinflussen«.[2]

Das eigene Leben

Wenn wir Veränderung wollen, dann kann es beim Blick in das eigene Horoskop nicht mehr darum gehen, »wie wir die eine oder andere Seite unseres Charakters verbessern kön-

nen«[3]. Es muss vielmehr um eine tief greifende Veränderung gehen, eine »Transformation«, die von dem Wunsch getragen wird, das Leiden zu überwinden und sich selbst zu vervollkommnen.

Für viele Menschen scheint das Leben kein zusammenhängendes Bild zu ergeben, sondern vielmehr wie ein Puzzle zu sein. Wir haben oftmals das Gefühl, dass wir zwar am Leben sind, aber kein *eigenes Leben* leben. In der Vorstellung von einem eigenen Leben schwingt etwas Umfassendes mit: Alles, was von unserem eigenen Leben berührt wird, soll die unverwechselbaren Merkmale unserer Persönlichkeit tragen. Die Erfahrung des gesellschaftlichen Alltags aber widerspricht dieser Vorstellung zutiefst – wir werden als Mensch in unpersönliche Funktionen zersplittert, sind Wähler, Studenten, Patienten, Steuerzahler, Rentner, Schüler, Männer, Frauen, Kinder etc.

Die Persönlichkeit des Einzelnen wird immer weniger als Gesamtheit herausgefordert, wir werden zu »Wanderern zwischen den Funktionswelten«[4], zu »Driftern«. Zwischen diesen Welten bleibt ein schmaler Hohlraum, eine Leerstelle, die wir mehr schlecht als recht mit eigenem Leben anzufüllen versuchen. Aber selbst dieses Stück eigenen Lebens unterliegt nicht unserer persönlichen Kontrolle: »Das eigene Leben hängt zum Beispiel ab von Kindergartenöffnungszeiten, Verkehrsanbindungen, Stauzeiten, örtlichen Einkaufsmöglichkeiten usw., von den Vorgaben der großen Institutionen: Ausbildung, Arbeitsmarkt, Arbeitsrecht, Sozialstaat; von den Krisen der Wirtschaft, der Zerstörung der Natur einmal ganz abgesehen. Manchmal muss nur die Oma, die die Kinder hütet, ausfallen, und die windigen Konstruktionen des eigenen Lebens brechen in sich zusam-

men.«[5] Das frei schwebende, selbst bestimmte, nur dem Ich und seinen Vorlieben verpflichtete Leben – es ist eine Illusion, und trotzdem eine Forderung, der wir uns täglich stellen müssen.

Früher wurden Menschen in Traditionen hineingeboren, die ihnen ausgetretene Pfade als gangbare Wege anboten. Auch der moderne Mensch ist nicht minder in ein Dickicht aus Vorgaben eingebunden, sobald er das Licht der Welt erblickt. Doch heute geht es vermehrt um die Selbstorganisation des eigenen Lebens und der Erfolg oder das Scheitern dieses Versuchs hängt von der Fähigkeit des Einzelnen ab, die Existenz mit immer weniger Hilfe von außen in den Griff zu kriegen: Schlagwort »Mut zur Eigenverantwortung«.

Das Horoskop als roter Faden des Lebens

Das eigene Leben ist ein nicht enden wollendes Experiment, in einer Zeit, in der es für Lebensführung keine wirklichen Vorbilder mehr gibt. Die Bedingungen, in die wir hineingeboren werden, bieten uns kaum Halt auf der Suche nach einem Sinn im Leben, sondern sind brüchig geworden und können für das, was wir uns aufbauen, keine Garantie mehr geben. Wir müssen flexibel sein, »fit« genug für das unaufhörliche Changieren des Zeitgeists. Über allem, was uns Menschen heute passiert, schwebt deshalb die eine Frage: Wie kann ich in einer Gesellschaft, die aus Episoden und Fragmenten besteht, meine Identität finden und ein erfülltes und glückliches Leben leben?

Wir stehen in einem Konflikt zwischen den alltäglichen Er-

fahrungen, die von Zusammenhangslosigkeit geprägt sind, und der Sehnsucht nach dem, was uns Stabilität verleiht. Wir fühlen uns vielleicht sogar durch all diese Veränderungen, die uns geschehen, ohne dass wir Einfluss auf sie nehmen könnten, bedroht.

Hier kommt Astrologie ins Spiel. Denn das Horoskop erzeugt eine Identität, einen roten Faden im Leben eines Individuums. Das Horoskop eines Menschen begleitet ihn von der ersten bis zur letzten Stunde und verändert dabei seine Gestalt nicht: Ob er nun fünf, fünfundzwanzig oder fünfzig Jahre alt ist. So kann es zur Landkarte des eigenen Lebens werden, zum schöpferischen Impuls für die Entdeckung eines Charakters, der unser Leben zu einer zusammenhängenden Erzählung bündelt.

Veränderung ist die grundlegendste menschliche Erfahrung der Gegenwart. Doch ob ich sie als Chance oder Bedrohung erlebe, hängt davon ab, mit welcher Haltung ich dem unablässigen Strom des Wandels begegne: Sehe ich mich als Dirigent meines Lebens, dem es gelingt, die eigenen Absichten mit dem großen Fluss der Zeit in Einklang zu bringen, oder betrachte ich mich als Treibholz auf den Wellen der Zeit, dem nichts anderes übrig bleibt, als mechanisch auf das zu reagieren, was kommt.

Das ist die eigentliche Wahl in unserem Leben und hier steckt die große Chance der Astrologie: Sie kann die Einsicht vermitteln, dass niemand als Treibholz geboren wird, sondern als Schöpfer seines eigenen Lebens.

Sinn-Schöpfung statt Sinn-Findung

Zwei grundsätzliche Haltungen zur Astrologie kann ich einnehmen, wenn ich das Horoskop beim Lösen des Puzzles meines Lebens zurate ziehe.

Die eine Haltung besagt, dass mein Puzzle das Ergebnis bereits in sich trägt. Das Horoskop enthüllt dieser Ansicht nach, wie wir *sein sollen*: Es ist ein Weg der Selbst*findung*. So wie ein klassisches Puzzlespiel nur eine Lösung kennt, legt das Horoskop den Menschen auf ein Ziel fest, in dessen Richtung sich sein Leben ganz mechanisch entwickeln würde, wenn der Mensch nicht die Freiheit hätte, sich auch gegen den Strom zu stellen. Der Auftrag eines solchen Horoskops wäre: Tue alles, um die in dir angelegte Ordnung nicht zu stören!

Im Gegensatz zu dieser Auffassung sehe ich das Horoskop als eine Möglichkeitsstruktur, die nicht vorgibt, was sein *soll*, sondern lediglich was sein *kann*. Aus dieser Sicht kann der Sinn des Lebens nicht im Horoskop *gefunden* werden, sondern muss erst *geschaffen* werden. Außer einem bunten Anlagenmix finde ich nichts in meinem Horoskop: Das Puzzle besteht aus einer Anzahl verschiedenartiger Teile, die mehr als nur auf eine Art und Weise zusammenpassen. Das Zusammensetzen des Puzzles wird zu einem kreativen Akt wie das Legen eines Mosaikbildes, dessen letztendliche Gestalt das Ergebnis eines schöpferischen Prozesses ist und nicht des Erfüllens einer Vorgabe.

Je länger wir über dem Puzzle unseres Lebens sitzen und das Bild wachsen sehen, umso klarer wird auch, wie das Bild am Ende aussehen könnte. Dabei bedingt ein gesetzter Stein den anderen und viele Muster, die wir bereits zemen-

tiert haben, lassen sich nicht mehr entfernen. Aber wir können sie in neue Muster, neue Formen und Farben betten, so wie wir auf der Leinwand einen fehlerhaften Pinselstrich geschickt in das Bild integrieren können. Deshalb ist es wichtig, nicht wahllos Stein an Stein zu reihen, sondern sich immer auf ein mögliches Ergebnis zu konzentrieren. Wir brauchen ein inneres Bild von etwas, an dem wir uns orientieren können und was uns eine leuchtende Zukunft voller Möglichkeiten sehen zeigt. Das Horoskop hilft uns, dieses innere Bild aus den vorhandenen Anlagen zu entwickeln.

Die Stimme des inneren Rufes

Das Horoskop ist die Lautschrift eines *inneren Rufes*. Über die Jahre hinweg versucht dieser innere Ruf immer wieder, sich Gehör zu verschaffen. Er formuliert sich seit unserer Kindheit in Visionen und Träumen und motiviert uns, unserem Leben eine eigene unverwechselbare Richtung zu geben, etwas Besonderes zu werden – das, was nur wir sein können. Im Lauf des Lebens aber verhallt dieser Ruf für viele ungehört im Alltag: Sie halten ihre Wünsche und Sehnsüchte für unvernünftig und orientieren sich lieber an den äußeren Bedingungen als an sich selbst. Das ist problematisch, denn gerade diese sich ständig wandelnden Bedingungen können, wie gezeigt, gar nicht mehr in der Lage sein, als Leitbild für den Weg in die Zukunft zu dienen. Der innere Ruf allein stellt noch kein Ziel dar und bietet auch keinen Plan an – vielmehr ist er eine vorwärts drängende Kraft, die uns immer wieder in Situationen bringt, in

denen wir die Chance haben, das Besondere in uns zur Entfaltung zu bringen und schließlich ein Ziel, eine *Berufung*, zu wählen. Von diesem Augenblick an werden wir nicht mehr in die Zukunft gedrängt, sondern von einem leuchtenden Bild dorthin gezogen.

In meinen Augen ist das Horoskop das kristallisierte Abbild dieses inneren Rufes, die Schallplatte, auf der seine Stimme eingraviert ist – ich muss sie nur zum Klingen bringen. Das Horoskop kann wertvolle Hilfe bei der Wiederbelebung jener ursprünglichen Kraft leisten. Viele Menschen wenden sich gerade dann ihrem Horoskop zu, wenn sie den inneren Ruf – oft nach langer Zeit – wie einen Stachel in sich spüren, und er sie unzufrieden und ruhelos mit den äußeren Umständen zurücklässt. Dann begreifen sie, dass sie sich nicht auf die mechanische Entwicklung der Dinge verlassen können. Das Horoskop kann diesen ungeordneten Impuls auffangen und ordnen. Die Beschäftigung mit dem eigenen Horoskop kann helfen, diese noch blinde Kraft mit dem Bild einer leuchtenden Zukunft zu verbinden und so den Sprung in das wirklich eigene Leben zu wagen.

Hinweise zum Buch

Ich gehe in diesem Arbeitsbuch davon aus, dass Sie bereits über grundlegende Kenntnisse der wichtigsten Elemente eines Horoskops verfügen.[6] Damit meine ich, dass Ihnen die grundsätzliche Bedeutung der Tierkreiszeichen, Häuser, Planeten und Aspekte bekannt sind. Zur Auffrischung Ihres Wissens dienen auch die Beschreibungen im Kapitel »Werkzeugkiste«.

Abgesehen von diesem klassischen Grundwissen, werden Sie in diesem Buch auf einige *Unterschiede* zur klassischen Deutung stoßen, zum Beispiel das Modell der Regelkreise. Daneben werden Sie mit Techniken vertraut gemacht, die im Grunde ebenso klassisch wie die »vier Säulen der Astrologie« (Tierkreis, Häuserkreis, Planeten und Aspekte) sind, leider aber viel zu selten erklärt werden, zum Beispiel die Technik der Häuserherrscher oder die Spiegelpunkte. Das soll im Kapitel »Grundlagen« ausführlich geschehen.

Insbesondere das *Kybernetische Modell* ist ein Deutungsweg, wie er typischerweise in der Schule für Transpersonale Astrologie (TPA) gelehrt wird und von Michael Roscher entwickelt wurde. Wie Sie selbst feststellen können, handelt es sich dabei *nicht* um eine neue Technik, sondern um eine neuartige Betrachtungsweise der bereits bekannten Elemente des Horoskops. Sie müssen also in keinster Weise Ihr bislang angesammeltes Wissen über Bord werfen – vielmehr erlauben Ihnen die hier dargestellten Modelle, Ihr Wissen neu zu organisieren.

Um Ihnen die Deutung zu erleichtern, finden Sie in bestimmten Abschnitten entsprechende Übersichten, in denen Sie Ihre Kenntnisse zusammenfassen und die als systematischer Leitfaden bei der Deutung immer wieder hilfreich sein können.

Der Aufbau des Buches

Die Deutungsschritte sind in zwei Komplexe gegliedert:

- das Große Kreuz aus Horizontachse (Aszendent/Deszendent) und Meridianachse (Imum Cœli/Medium Cœli);
- die Planeten in ihrer Anordnung nach dem Kybernetischen Modell.

Während das Große Kreuz eher den Rahmen unserer Möglichkeiten, die wir in diese Welt mitgebracht haben, festlegt, entscheidet die Dynamik der Planeten darüber, wie wir diese Potenziale in Bewegung setzen, um unser Leben zu verändern, wenn wir die Notwendigkeit dazu verspüren. Das Große Kreuz zeigt, was in uns skizzenhaft als Möglichkeit angelegt ist, während uns die Planeten darauf hinweisen, wie wir diese Chancen nutzen können, um unser Leben glücklicher und zufriedener zu gestalten.

Bei der Betrachtung des Großen Kreuzes erhalten Sie neben detaillierten Deutungsschritten auch eine Fülle von Deutungshilfen zu jeder möglichen Konstellation. Das soll Ihnen die Gelegenheit geben, ohne Umwege mit der Kunst der Kombination zu beginnen.

Bei der Deutung der Regelkreise habe ich derartige Hilfestellungen weggelassen, doch sind die Deutungsschritte so klar ausgeführt, dass Sie mithilfe der »Werkzeugkiste« keine Mühe haben werden, schnell die richtigen Entsprechungen zu erkennen.

Während sich die Regelkreise ganz auf die klassischen zehn Planeten beschränken, finden Sie im Anschluss an die Arbeit mit dem Kybernetischen Modell einige wichtige Gedanken zur Deutung der Mondknoten, des Planetoiden

Chiron und des Mondapogäums, auch Lilith genannt, an denen ein modernes Astrologiebuch heutzutage nicht mehr vorbeikommt – ungeachtet aller Vorbehalte, die man gegen ihre Verwendung ins Feld führen könnte. Auf eine ausführliche Deutung dieser Horoskopfaktoren wird in diesem Rahmen jedoch verzichtet.

Das Beispielhoroskop

Alle Deutungsschritte und alle Verständnisfragen, die die angewandten Techniken betreffen, werden von einem Horoskop begleitet. Wer über ein Computerprogramm verfügt, sollte sich dieses Horoskop ausdrucken und immer griffbereit haben.[7]
Die verwendeten Daten:
Marlene Dietrich. 27.12.1901. 22:08 MET. Berlin-Schöneberg 13°21'00" ö. L., 52°29'00" n. B.[8]
Dieses Horoskop dient als Leitfaden und deshalb beziehen sich alle Deutungen darauf. Daneben erfüllt es eine sehr wichtige Funktion, denn an diesem Beispiel möchte ich Ihnen vorführen, wie Sie die einzelnen Bausteine der Deutung zu einer sinnvollen und komplexen Interpretation zusammenfügen können. Es lohnt sich, die einzelnen Deutungsschritte an diesem Horoskop nachzurecherchieren.
(Das Horoskop von C. G. Jung wird dann aushelfen, wenn sich bestimmte, zur Erklärung notwendige Konstellationen aus dem Horoskop der Dietrich nicht ergeben.)

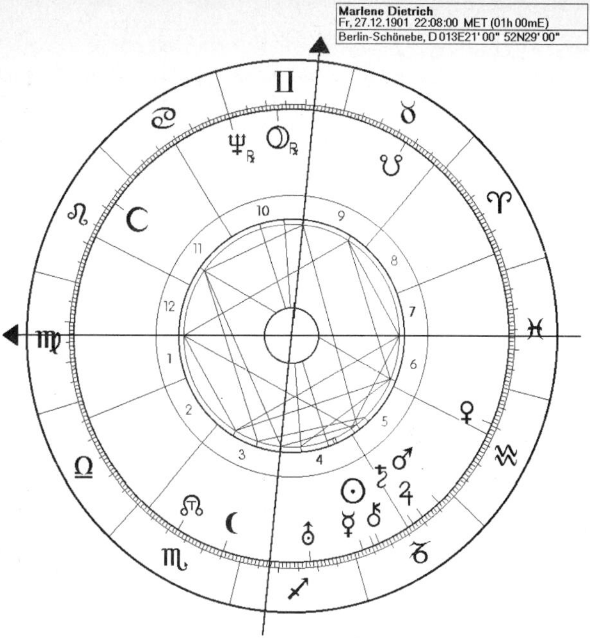

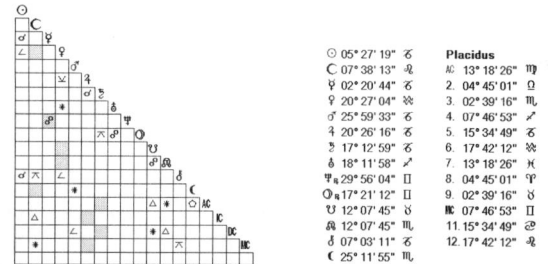

☉ 05° 27' 19" ♐
☽ 07° 38' 13" ♌
☿ 02° 20' 44" ♑
♀ 20° 27' 04" ♒
♂ 25° 59' 33" ♑
♃ 20° 26' 16" ♑
♄ 17° 12' 59" ♑
⚷ 18° 11' 58" ♐
♆ᵣ 29° 56' 04" ♊
♅ᵣ 17° 21' 12" ♐
☋ 12° 07' 45" ♉
⚸ 12° 07' 45" ♏
☊ 07° 03' 11" ♑
☾ 25° 11' 55" ♏

Placidus

AC 13° 18' 26" ♍
2. 04° 45' 01" ♎
3. 02° 39' 16" ♏
4. 07° 46' 53" ♐
5. 15° 34' 49" ♑
6. 17° 42' 12" ♒
7. 13° 18' 26" ♓
8. 04° 45' 01" ♈
MC 07° 46' 53" ♊
9. 02° 39' 16" ♉
11. 15° 34' 49" ♋
12. 17° 42' 12" ♌

Vorbereitung zur
Astro-Praxis

Symbol	Bedeutung	Symbol	Bedeutung
♈	Widder	☉	Sonne
♉	Stier	☾	Mond
♊	Zwillinge	☿	Merkur
♋	Krebs	♀	Venus
♌	Löwe	♂	Mars
♍	Jungfrau	♃	Jupiter
♎	Waage	♄	Saturn
♏	Skorpion	♅	Uranus
♐	Schütze	♆	Neptun
♑	Steinbock	♇	Pluto
♒	Wassermann	☊	Mondknoten
♓	Fische	⚷	Chiron
		⚸	Lilith

Die Werkzeugkiste

Die Werkzeugkiste ist eine Fundgrube, in der Sie in komprimierter Form die nötigen Grundlagen zu den astrologischen Deutungselementen erhalten. Die Stichpunkte erheben auf keinen Fall den Anspruch, in irgendeiner Weise der Komplexität der Prinzipien von Tierkreiszeichen, Planeten und Häusern gerecht zu werden – dies ist bereits ausführlich an anderer Stelle geschehen.[9] Sehen Sie darin vielmehr einen bunten Setzkasten mit Merkmalen, Eigenschaften, Verhaltensweisen und Situationen, geordnet nach Form und Farbe, aus dem Sie sich reichlich bedienen dürfen und zu dem Sie ruhig öfter zurückkehren sollten, wenn Sie Anregungen für Ihre Deutungen suchen.

Die Eigenschaften der Tierkreiszeichen

Der Tierkreis mit seinen zwölf Zeichen ist die »Matrix« der Astrologie und für unsere Horoskope der Bezugskreis, an dem wir die Positionen der Planeten und Häuser festmachen.

Da sich die Tierkreiszeichen auf kollektive Qualitäten beziehen, kommt ihnen in der individuellen Interpretation eines Horoskops eher die Aufgabe einer bestimmten Färbung der Häuser und Planeten zu. Sie verkörpern verschiedene Stilrichtungen und können am besten mit Eigenschaften verglichen werden.

In der Praxis der Deutung spielen sie eine untergeordnete Rolle, insbesondere was ihre Färbung der Planeten betrifft.

Da jede Hausspitze in ein Tierkreiszeichen zeigt, kann dieses Zeichen auch als »Einrichtungsstil« eines Hauses betrachtet werden.

- Fragen Sie sich bei einem Tierkreiszeichen immer: Wie ist eine Situation beschaffen? Wie geht etwas vonstatten?

Widder

Aktiv, einsatzbereit, willensstark, entscheidungsfreudig, direkt, aufrichtig, abenteuerlustig, spontan, begeisterungsfähig, mutig.

Ungeduldig, hitzig, zornig, rücksichtslos, unüberlegt, Hals über Kopf, rastlos, ungestüm, heißblütig, übermütig, aggressiv, angriffslustig.

Stier

Pragmatisch, beständig, solide, ausdauernd, geduldig, zuverlässig, sicherheitsorientiert, produktiv, sinnlich, genussfreudig, gesellig.

Statisch, naiv, selbstzufrieden, schwerfällig, unduldsam, voreingenommen, stur, besitzergreifend, materialistisch, einseitig, bequem.

Zwillinge

Beweglich, geschickt, wendig, lebhaft, vielseitig, kontaktfreudig, kommunikativ, aufgeschlossen, neugierig, interessiert, unbekümmert.

Flatterhaft, zerstreut, sprunghaft, nervös, geschwätzig, altklug, opportunistisch, unzuverlässig, oberflächlich, banal, leichtfertig.

Krebs

Empfindsam, sensibel, beeindruckbar, gefühlvoll, einfühlsam, verletzlich, zurückhaltend, intuitiv, phantasievoll, ruhig, versöhnlich.
Launisch, unbeständig, verletzlich, resigniert, melancholisch, eigenbrötlerisch, überempfindlich, nachtragend, unrealistisch.

Löwe

Lebensfroh, mutig, willensstark, tatkräftig, spielerisch, großzügig, warmherzig, loyal, charmant, stolz, verantwortungsbewusst.
Dramatisch, theatralisch, geltungsbedürftig, angeberisch, selbstherrlich, unbeherrscht, narzisstisch, autoritär, autokratisch, großspurig.

Jungfrau

Realistisch, vernünftig, gewandt, methodisch, analytisch, reflektierend, überlegt, bedächtig, ökonomisch, sorgsam, anpassungsfähig.
Argwöhnisch, vernünftelnd, haarspalterisch, penibel, kleinlich, ängstlich, gehemmt, prüde, zimperlich, unspontan, angepasst, opportunistisch.

Waage

Gesellig, sozial, entgegenkommend, diplomatisch, vermittelnd, kompromissbereit, unparteiisch, ausgewogen, ästhetisch, friedliebend.
Passiv, tatenlos, unschlüssig, vage, schönfärberisch, scheinharmonisch, zwischen den Stühlen, kokett, affektiert.

Skorpion

Tiefgründig, leidenschaftlich, intensiv, entschlossen, selbstbeherrscht, beharrlich, treu, opferbereit, verschwiegen, idealistisch.

Eigensinnig, unduldsam, bohrend, provokativ, drastisch, eifersüchtig, kontrollierend, besitzergreifend, zwanghaft, intolerant, machtorientiert.

Schütze

Optimistisch, großzügig, jovial, einsichtig, unternehmungslustig, weitherzig, begeisterungsfähig, visionär, geistreich, sozial.

Überheblich, theatralisch, unverbindlich, ungenau, missionarisch, scheintolerant, übertrieben, maßlos, überspannt.

Steinbock

Ernst, organisiert, nüchtern, diszipliniert, pflichtbewusst, gründlich, zielstrebig, arbeitsam, seriös, ausdauernd, selbstgenügsam.

Gefühlskalt, scheu, misstrauisch, pedantisch, erbarmungslos, unzugänglich, unflexibel, rigide, berechnend, unspontan.

Wassermann

Idealistisch, zukunftsorientiert, erfinderisch, intuitiv, originell, witzig, freiheitsliebend, unabhängig, ungewöhnlich, reformerisch.

Theoretisch, ungeduldig, nervös, hektisch, unberechenbar, elitär, individualistisch, umstürzlerisch, lebensfremd.

Fische

Phantasievoll, vielseitig, mitfühlend, sozial, solidarisch, demütig, vertrauensvoll, nachgiebig, weich, intuitiv, sanftmütig, uneigennützig.

Konturlos, passiv, phantastisch, unpraktisch, ungreifbar, anonym, haltlos, chaotisch, kraftlos, willensschwach, unehrlich, verführbar.

Das Wesen der Planeten

Die Planeten sind die zweite wichtige Säule der Astrologie. Im Gegensatz zu den Tierkreiszeichen, die fix aufeinander bezogen sind, können sich die Planeten gewissermaßen frei bewegen und verschiedene Positionen zueinander einnehmen (Aspekte).

In der Deutung kommt ihnen daher auch der aktive Part zu. Sie beschreiben Aktionspotenziale, die sich je nach Charakter des Planeten eher als Fähigkeit zur Aufnahme oder zur Freisetzung von Energien eignen.

Anhand des Modells der Regelkreise werden wir später sehen, wie sich die Planeten in ihren Bedeutungen wechselseitig bedingen und ergänzen. Für die Deutungspraxis genügt uns vorerst eine einfache Charakteristik.

• Fragen Sie sich bei einem Planeten: Auf welche Verhaltensweisen spielt er an? Was kann er für mich tun?

Sonne

Handeln, ausdrücken, freisetzen, aktivieren, verwirklichen, aus sich herausgehen, schöpfen.

Mond

Wahrnehmen, aufnehmen, empfinden, beeindruckt werden, sich identifizieren, offen sein, sich aufgehoben fühlen.

Merkur

Neutralisieren, vermitteln, überbrücken, verbinden, kommunizieren, intellektualisieren, analysieren, aussteuern, egalisieren.

Venus

Begegnen, sich hingeben, sich auf etwas beziehen, sich ergänzen, ausgleichen, absichern, haben wollen.

Mars

Sich durchsetzen, sich behaupten, sich verteidigen, angreifen, Initiative ergreifen, attackieren, Ellbogen zeigen, aufbrausen.

Jupiter

Sich erweitern, ausdehnen, expandieren, fördern, wachsen, miteinbeziehen, verstehen, einsichtig, tolerant, über das Ziel hinaus schießen, maßlos, übertreiben.

Saturn

Abgrenzen, ausgrenzen, konzentrieren, zusammenfassen, bündeln, strukturieren, sich beschränken, einschränken, reifen, Maßstäbe setzen, unflexibel, starr.

Uranus

Exzentrisch, originell, reformieren, aus dem Rahmen fallen, erneuern, Gegensätze überwinden, Widersprüche erzeugen, unbeständig, sich entfremden.

Neptun

Verschleiern, vernebeln, lähmen, idealisieren, auflösen, täuschen, betrügen, lügen, Wahrheit suchen, intuitiv, spirituell, sich selbst vergessen.

Pluto

Sich für Ideale einsetzen, sich opfern, einen Weg zu Ende gehen, vervollkommnen, umwandeln, transformieren, Vorbild, sich zwingen, (sich) Gewalt antun, verdinglichen.

Häuser und Lebensbereiche

Der Kreis der Häuser beschreibt, wie der Einzelne in die kollektiven Erfahrungen (Tierkreis) eingebunden ist und wie er davon profitieren kann. Die Häuser entsprechen dem persönlichen Horizont des Einzelnen und damit der Ebene der individuellen Verwirklichung.

Analog zu den zwölf Tierkreiszeichen gibt es zwölf Häuser, die eine entsprechende Anzahl von Lebensbereichen bei einem Menschen abdecken. Diese Bereiche werden durch die Qualitäten der Tierkreiszeichen an den Spitzen der Häuser gefärbt und dienen als Bühne für die Aktionspotenziale der Planeten.

Da die Häuser den Kernpunkt der hier dargestellten Interpretationstechnik bilden, ist die Auseinandersetzung mit ihren Themen besonders wichtig.

• Fragen Sie sich bei Häusern: Wo findet etwas statt? Worum geht es dabei? Welches Szenario bildet den Rahmen für die Geschehnisse?

Haus [1]

- Was sind meine typischen körperlichen Bedürfnisse und wie will ich sie durchsetzen?

Weitere Themen: Umstände der Geburt, Aggression, Ausprägung der instinktiven Reaktionen wie Angst, Verteidigung etc.

Haus [2]

- Was bedeutet materielle Existenz für mich und wie sichere ich sie ab?

Weitere Themen: Besitz, Gruppenbindung, Familie als physische Einheit.

Haus [3]

- Wie trete ich körperlich in Kontakt mit meiner Umwelt, wie kommuniziere ich mit ihr?

Weitere Themen: Bewegungsapparat, Sinnesorgane, Intellekt, Geschwister, kurze Reisen, Lernen im Sinne von Wissen.

Haus [4]

- Welches sind meine typischen emotionalen Bedürfnisse? Woraus schöpfe ich Identität?

Weitere Themen: Zuhause, Phantasie, Talente, Mutter.

Haus [5]

- Was möchte ich konkret ausdrücken? Was gibt mir das Gefühl von Persönlichkeit?

Weitere Themen: Vergnügen, Risiko, Sexualität, Kreativität, Kinder, Vater.

Haus [6]
- Wie trete ich emotional mit meiner Umwelt in Kontakt? Wie vermittle ich meine Gefühle?

Weitere Themen: Psychosomatik, Vernunft, Anpassung an die Umweltbedingungen.

Haus [7]
- Wie ist mein typischer Zugang zur Umwelt beschaffen? Wie baue ich Beziehungen auf?

Weitere Themen: der (ideale) Partner, Freunde, Gegner, Interessen, Art und Weise des Denkens.

Haus [8]
- An welche Vorstellungen und Ideen binde ich mich? Auf welche geistigen Werte stütze ich mich?

Weitere Themen: Verträge, Lebensgemeinschaft, Ehe, Ideologie, Erbgut, Tod.

Haus [9]
- Wie stelle ich mich geistig dar? Wie vermittle ich meine Ideen und Vorstellungen?

Weitere Themen: soziales Milieu, Toleranz, Philosophie, Religion, Glaube, Reisen in andere Kulturen, Lernen im Sinne von Erkenntnisgewinn.

Haus [10]
- Welche typische Bedeutung hat für mich das Leben in der Gesellschaft?

Weitere Themen: Beruf, Berufung, Frage nach dem Ziel im Leben, Karriere, Öffentlichkeit.

Haus [11]

• Wie sehe ich mich als Individuum in der Gesellschaft? Wo treten Widersprüche auf?

Weitere Themen: Gesinnungsfreude, Opposition, Gegenkurs, Reform, Freiheit.

Haus [12]

• Wie zeige ich mich in der Gesellschaft? Wie sieht mich die Gesellschaft?

Weitere Themen: Spiritualität, Meditation, Freiheit, Isolation von der Gesellschaft (Kloster, Gefängnis, Krankenhaus, Psychiatrie), Wahrheitssuche.

Häuser vs. Tierkreiszeichen – die »Raum-Zeit-Spezifität«

Es ist das alte Leid aller Einsteiger und so manches Mal auch noch das der Profis: Wo um alles in der Welt beginne ich mit der Deutung des Horoskops? Tatsächlich scheiden sich hier die Geister: Der eine schwört auf eine Deutung des Trios Aszendent, Sonne und Mond, während ein anderer sich unverzüglich auf die Position des Mondknoten stürzt und darin die Quintessenz des Horoskops zu finden glaubt.

Nur so viel sei vorausgeschickt: Egal, was Sie tun in der Astrologie – es sollte in irgendeiner Weise einen Bezug zum Himmel haben. Es muss schon eine sehr gute Begründung geben, wenn das nicht der Fall ist und warum man so

und nicht anders verfahren sollte. Deshalb schlage ich Ihnen eine Strategie zur Deutung vor, die sich an der Anschauung des Himmels orientiert.

Folgende Überlegung sollte im Vorfeld angestellt werden: Worauf möchten Sie bei der Deutung denn hinaus? Ich vermute, dass auch Sie ein möglichst unverwechselbares Bild eines Menschen zeichnen möchten. Das Horoskop soll ein Schlüssel zur Individualität des Menschen sein und darin das Besondere abbilden – und nicht Gemeinplätze wiederholen und das Offensichtliche darstellen.

Also müssen wir uns die Frage stellen: Welche Horoskopfaktoren sind die individuellsten? Die Antwort kann nur lauten: Diejenigen, die zu einem bestimmten Zeitpunkt und in einem bestimmten Raum für nur wenige Leute gelten – eine hohe *Raum-Zeit-Spezifität* haben.[10]

Je kleiner der Zeitraum und je kleiner der geografische Raum ist, innerhalb dessen eine bestimmte Konstellation Gültigkeit hat, umso individueller ist sie auch.

Die einzigen Konstellationen, die sowohl eine zeitliche als auch eine räumliche Dimension haben, sind die, die mit dem Häuserkreis in Zusammenhang stehen! Die Positionen der Planeten in den Zeichen gelten zwar für bestimmte Zeiträume, aber sie sind überall auf der Welt zu einem gegebenen Zeitpunkt für alle Menschen gleich – und davon ist der Mond mit ca. zweieinhalb Tagen pro Zeichen noch der Schnellste. Die Position eines Planeten in einem Haus verändert sich jedoch mit der Geschwindigkeit, in der sich auch die Hausspitzen bewegen. In etwa 24 Stunden bewegen sich die Häuser einmal durch den ganzen Tierkreis. Das bedeutet, dass ein Planet für jedes Haus durchschnittlich nur zwei Stunden für einen Durchgang benötigt. Zugleich

bewegen sich die Hausspitzen auch, wenn wir uns auf der Erdoberfläche zu einem bestimmten Zeitpunkt bewegen: An einem Ort kann ein Planet in Haus [7] stehen, während er etwas weiter östlich noch in Haus [6] steht usw.

Daraus können wir folgern:

• Alle Konstellationen, die in irgendeiner Form an den Häuserkreis geknüpft sind, haben in der Deutung Priorität.[11]

Nach der Schule für Transpersonale Astrologie werden die Planeten in den Tierkreiszeichen nicht mehr gedeutet – mit Ausnahme des Mondes, der sich schnell genug bewegt, um noch von einer persönlichen Ebene der Deutung sprechen zu können. Das heißt jedoch nicht, dass die Positionen der Planeten in den Tierkreiszeichen *keine* Bedeutung hätten – es heißt lediglich, dass sie keine besonders *individuelle* Bedeutung haben!

In diesem Buch werden Sie deshalb keine Hinweise zur Deutung der Planeten in den Tierkreiszeichen finden, sondern es dreht sich alles um ihre Beziehungen zu den Häusern und vor allen Dingen um ihre Rolle als Häuserherrscher. Diese hilft uns, die Raum-Zeit-Spezifität einer Konstellation zu erhöhen, weil sie jeden Planeten fest an das Häusergerüst bindet – davon später mehr.

Noch mehr Häuser

Bei der Deutung des Horoskops spielen demnach die Häuser eine herausragende Rolle, daher lohnt es sich, einen ge-

naueren Blick darauf zu werfen. Zwei Aspekte möchte ich
Ihnen in diesem Abschnitt näher bringen:
- die Wechselbeziehungen der Häuser untereinander,
- die Regel vom letzten Sechstel.

Häuserbeziehungen

Schon ein flüchtiger Blick auf die Themen der Häuser zeigt,
dass Spannungen vorprogrammiert sind – und das mit
System, wie wir gleich sehen werden! Tatsächlich konkurrieren einige Häuser eher miteinander, während andere
sehr gut harmonieren. Dieses Wissen wird uns später bei
der Deutung der Häuserherrscher von großem Wert sein.
Zunächst müssen wir folgende Wechselbeziehungen unterscheiden:
1. Häuser, die sich nebeneinander (»30°«) befinden,
2. Häuser, die sich im Sextil (»60°«) zueinander befinden,
3. Häuser, die sich im Quadrat (»90°«) zueinander befinden,
4. Häuser, die sich im Trigon (»120°«) zueinander befinden,
5. Häuser, die eine Quinkunx (»150°«) zueinander bilden,
6. Häuser, die sich in Opposition (»180°«) zueinander befinden.

Von Aspekten in eigentlichem Sinne kann nicht gesprochen werden, denn gerade bei Häusersystemen, bei denen
sich ungleich große Häuser ergeben, variiert der Abstand.
Aus diesem Grund habe ich die Gradzahlen in Anführungs-
zeichen gesetzt. Dennoch trägt die Beziehung zwischen
diesen Häusern den Charakter der angesprochenen Aspek-

te, die wiederum Häuser unterschiedlicher Beschaffenheit, je nach Ausrichtung (innen – außen), Qualitäten (kardinal – fix – fallend) und Zuordnung der Elemente (Feuer – Erde – Luft – Wasser) verbinden.[12]

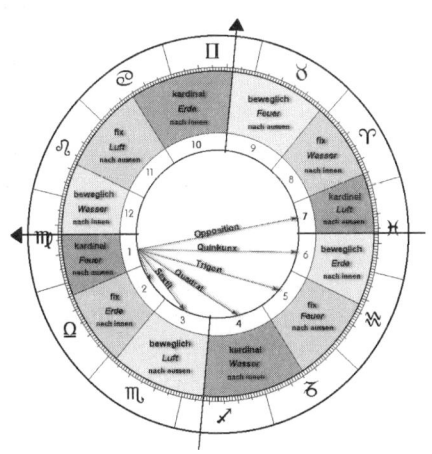

Nachfolgend möchte ich die typischen Merkmale dieser Wechselbeziehungen am Beispiel des ersten Hauses aufzeigen.

Häuser-Nachbarschaft

- Benachbarte Häuser sind durch eine prinzipielle Unvereinbarkeit ihrer Themen gekennzeichnet, vor allem weil ihre Energien eine völlig unterschiedliche Ausrichtung verfolgen. Trotzdem ergänzen sie sich, weil eine konsequente Entwicklung ihrer Energien ermöglicht wird, indem verschiedene Phasen eines Prozesses durchlaufen

werden. Günstig ist daher eine Verbindung von benachbarten Häusern in Richtung des Häuserkreises – Verbindungen *entgegen* der Zählrichtung entsprechen eher einem Rückschritt und müssen daher als problematischer betrachtet werden.

Das erste Haus benötigt Unabhängigkeit. Es möchte auf niemanden Rücksicht nehmen müssen, um jederzeit für die Durchsetzung seiner Bedürfnisse bereit zu sein. (Ausrichtung: nach außen).

Das zweite Haus hingegen sucht nach Sicherheit und Beständigkeit des Lebens. Dazu bettet es sich in eine Gruppe oder auch in materiellen Besitz. Ausrichtung: nach innen.

Häuser-Sextil

• Häuser, die im Sextil zueinander stehen, haben ein offenes Verhältnis zueinander. Sie harmonieren gut, weil ihre Energien die gleiche Ausrichtung verfolgen.

Das erste Haus enthält alle Informationen über unseren Körper und seine Bedürfnisse. Zudem zeigt es uns, wie wir diese Bedürfnisse durchsetzen wollen.

Das dritte Haus ermöglicht dem Körper, sich darzustellen. Es verschafft ihm Beweglichkeit und Kontakt zur Umgebung, wodurch die Bedürfnisse eine entsprechende Ausdrucksmöglichkeit erhalten.

Häuser-Quadrat

• Häuser-Quadrate verbinden stets Häuser von gleicher Qualität, also kardinale mit kardinalen, fixe mit fixen und bewegliche mit beweglichen. Gleiche Qualitäten haben den Anspruch, die gleichen formbildenden Prozesse

in Gang zu setzen und konkurrieren dabei untereinander. Quadrate unter Häusern erzeugen Spannungen.

Das erste Haus bietet das Potenzial zur Selbstdurchsetzung – es versucht, sich gegen die Umwelt und ihre Bedürfnisse rigoros zu behaupten. Es hat keine Muße, sich um innere Befindlichkeiten zu kümmern.

Das vierte Haus hingegen bringt das Potenzial der seelischen Qualitäten durch. Es versucht den Blick nach innen zu wenden, um herauszufinden, wer wir im Inneren sind. Es lehnt die Hektik des ersten Hauses ab und will sich auf die Eindrücke konzentrieren.

Häuser-Trigon

- Häuser, die im Trigon zueinander stehen, teilen sich die Zugehörigkeit zu ein und demselben Element, jedoch in jeweils ganz anderen Stadien des Prozesses, sodass sie sich nicht in die Quere kommen, sondern sich optimal ergänzen können.

Das erste Haus stellt ein großes Potenzial an Energie zur Verfügung. Diese Energie ist ungerichtet und äußert sich auf der Ebene des ersten Hauses recht unwillkürlich und nur auf Außenreize hin.

Das fünfte Haus trägt den Willen zur Kreativität in sich. Es weiß, was es will und kann daher die Energien aus dem ersten Haus hervorragend zu Gunsten seiner Themen einsetzen.

Häuser-Quinkunx

- Die Quinkunx ist der Gegenaspekt zum Nachbarschaftsaspekt (»30°«) – nur wohnt der Nachbar jetzt »schräg gegenüber«. Es gilt jedoch prinzipiell das Gleiche: Man

passt nicht recht zusammen, weil die Ausrichtung des Energieflusses nicht übereinstimmt.

Das erste Haus begründet seine durchschlagende Kraft in erster Linie auf Rücksichts- und Kompromisslosigkeit, die dem Motto »Überlebe, koste es was es wolle« folgt.

Das sechste Haus hat bereits gelernt, sich an anderen auszusteuern. Es versucht, die Bedürfnisse seiner Umwelt mit einzubeziehen und nicht gegen diese zu kämpfen.

Häuser-Opposition

• Die Opposition zwischen Häusern entspricht zugleich der Häuserachse: Hier ergänzen sich zwei widerstreitende, aber voneinander abhängige Inhalte. Deshalb stehen die Zeichen bei dieser Beziehung auf »Sturm«, es wird viel Energie freigesetzt, die jedoch gut in den Griff zu bekommen ist.

Das erste Haus entspricht dem egoistischen, nur am eigenen Überleben interessierten Antrieb des Menschen. Es geht ausschließlich um die Durchsetzung der eigenen Bedürfnisse.

Das siebte Haus aber ist interessiert an den anderen und sucht den Austausch. In der konstruktiven Auseinandersetzung mit den Themen des siebten Hauses erfährt das erste Haus, dass es andere Menschen mit eigenen Bedürfnissen gibt. Auf diese Weise lernt es, sich selbst besser wahrzunehmen und mit anderen zu kooperieren.

Die Planeten in den Häusern und die Regel vom »letzten Sechstel«

Das System, das ich Ihnen hier vorstelle, ist stark »häuser-lastig«, das heißt, es räumt den Stellungen der Horoskop-faktoren in den Häusern den Vorrang ein.

Es gilt: Ein Planet in seiner Häuserposition ist um ein viel-faches aussagekräftiger als ein Planet im Tierkreis.

In diesem Zusammenhang ist eine wichtige Regel zu be-achten: Die Häuser entfalten ihr »Territorium« schon ein gutes Stück *vor* der eigentlichen Häuserspitze. Tatsächlich belassen viele astrologische Schulen einen bestimmten Be-reich am Ende eines Hauses, der jedoch im darauf folgen-den gedeutet wird. Für Planeten in diesem Bereich bedeutet das, dass sie augenscheinlich in einem Haus stehen, ihrer Bedeutung nach jedoch zum Folgehaus gezählt werden.

Wie groß ist dieser Bereich und wie kommt es zu dieser Re-gel?

Der technische Teil der Frage ist schnell erklärt:

- Befindet sich ein Planet im letzten Sechstel eines Hauses, zählt er bereits zum Folgehaus.

Dazu müssen Sie zunächst ausrechnen, wie viele Grade ein Haus umfasst.[13] Das Ergebnis teilen Sie durch sechs und zie-hen diesen Betrag von der Hausspitze des Folgehauses ab. *Alle Planeten, die in diesem Bereich stehen, müssen im fol-genden Haus interpretiert werden.*

In der folgenden Abbildung (Beispielhoroskop von C. G. Jung) steht Pluto im letzten Sechstel von Haus [3], das knapp 26° groß ist. Dadurch zählt er bereits zum vierten Haus. Man könnte das letzte Sechstel von einem Haus mit einem Vorgarten vergleichen: Wenn ich dort stehe, befinde

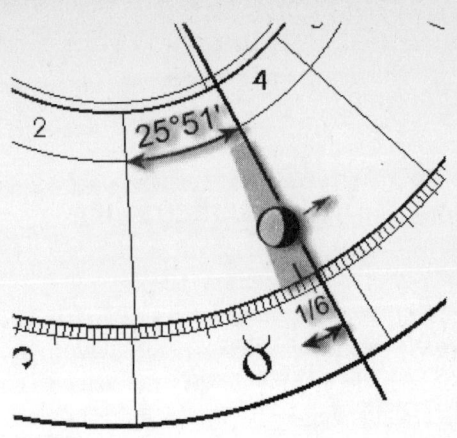

ich mich zwar schon auf dem Grundstück, bin aber noch nicht im Haus.

Unklar ist, wie es zu dieser Regel gekommen ist. Vorbild aus der Betrachtung des Himmels könnte die Dämmerung sein – die Abenddämmerung. Genau genommen versteht man unter Dämmerung jenen Zeitraum nach Sonnenuntergang, bis ein bestimmter Grad an Dunkelheit erreicht, die Sonne bereits verschwunden ist, aber ihr Licht noch deutlich wahrgenommen werden kann.

Um dies in Beziehung zu der Regel des letzten Sechstels zu bringen, müssen Sie sich vergegenwärtigen, dass alle Gestirne täglich im Uhrzeigersinn und *entgegen der Zählung* durch die Häuser wandern. So passiert die untergehende Sonne aus dem siebten Haus kommend den Deszendenten und taucht in das sechste Haus ein. Solange die Sonne aber im letzten Sechstel von Haus [6] steht, haben wir in Haus [7] Dämmerung und damit noch Licht.

Übertragen auf alle Planeten und Häuser wirft jeder Planet,

der sich im letzten Sechstel eines Hauses befindet, ein »Dämmerlicht« auf das folgende Haus.

Die Häuserherrscher

Die Deutung eines Horoskops ist zweifellos eine anspruchsvolle Aufgabe. Vieles hängt davon ab, welche Techniken ich dieser Aufgabe zu Grunde lege. Die meisten Astrologiebücher zeigen Wege auf, die auf dem Gedanken einer Rezeptur beruhen: Man füge Sonne in Fische zu Mond im achten Haus, würze mit dem Pluto-Trigon und rühre kräftig um. Es werden lediglich die möglichen Zutaten aufgelistet und das Horoskop dient als Kochbuch, mit dem wir uns so etwas wie eine Interpretation zusammenbrauen. Natürlich *kann* man so vorgehen und erzielt zum Teil ganz ordentliche Ergebnisse. Aber: Wird dies der Komplexität des menschlichen Wesens gerecht? Ist der Mensch zu beschreiben wie ein Sammelsurium von Eigenschaften, die irgendwie unter einen Hut gebracht werden sollen?

Die Idee der Häuserherrscher

Ich denke anders: Der Mensch ist ein sehr komplexes Wesen und besitzt alle möglichen Eigenschaften, Talente und Fähigkeiten, die nicht einfach nach dem Baukastenprinzip zusammengebastelt, sondern untereinander vernetzt sind

und ein dichtes Beziehungsgewebe bilden. Dieses Gewebe wirkt an manchen Stellen wie ein undurchdringliches Dickicht, an anderen eher wie luftige Gaze.

Durch dieses Netz stehen alle Qualitäten des Menschen in unaufhörlicher Wechselbeziehung zueinander. Wenn ich an einem Ende etwas wegnehme, werde ich an einem anderen Ende entsprechende Veränderungen verursachen. Unsere Lebensbereiche sind in unterschiedlicher Weise miteinander verknüpft: Für den einen ist Glück in der Partnerschaft unvereinbar mit der konsequenten Durchführung seines Berufs, für den anderen funktioniert das eine ohne das andere nicht; einer fühlt sich geborgen in stiller Meditation, während ein anderer sich selbst am nächsten ist, wenn er ins Leben geworfen wird und irgendwo auf der Straße Partys feiert. Manche Menschen messen ihren Erfolg an einer vollen Brieftasche, andere wiederum brauchen Anerkennung in der Öffentlichkeit und wieder andere nur das Lächeln ihres Gegenüber usw.

Die Technik der Häuserherrscher

Zur Entwirrung des Beziehungsgeflechts, das zwischen den Lebensbereichen eines Menschen existiert, dient die Technik der *Häuserherrscher*. Sie basiert auf dem Gedanken, dass jedem Tierkreiszeichen ein Planet zugeordnet werden kann, der durch seine Eigenschaften dem entsprechenden Zeichenprinzip ganz natürlich verwandt ist.

So werden die Häuserherrscher gebildet:

Die Spitzen der zwölf Häuser sind in das Rad des Tierkreises eingespannt: Jede einzelne Häuserspitze (damit ist die Li-

nie eines Häuseranfangs gemeint) zeigt in ein bestimmtes Tierkreiszeichen.

Der Planet, der über das angeschnittene Zeichen herrscht, wird zugleich als *Häuserherrscher* des betreffenden Hauses bezeichnet. Jedes der zwölf Häuser hat seinen Häuserherrscher, der dadurch bestimmt wird, welches Tierkreiszeichen an den Spitzen der Häuser zu finden ist.

Nun stehen die Planeten über das Horoskop verstreut in den verschiedenen Häusern. Da sie in einem Haus stehen, in einem anderen aber gewissermaßen ihre Wurzeln haben, *verbinden* sie beide Häuser und damit die durch Häuser repräsentierten Lebensbereiche: Das Netz der Beziehungen wird geknüpft.

Betrachten Sie unser Beispielhoroskop:

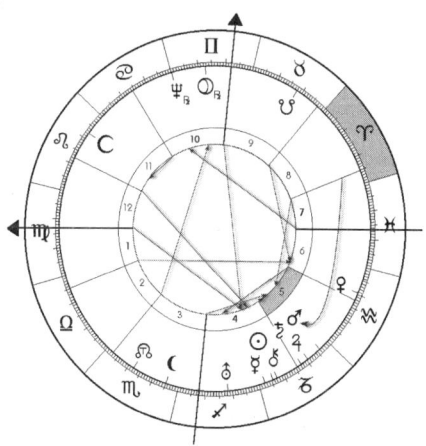

In der Mitte des Horoskops finden Sie nicht wie üblich die Aspekte eingezeichnet, sondern mithilfe von Pfeilen wird das Netz der Häuserherrscher-Beziehungen dargestellt:

Von der jeweiligen Häuserspitze ausgehend führen die Pfeile an die Position des Hauses, in dem sein Herrscher steht. Exemplarisch wird hier der Planet Mars besonders hervorgehoben:

Mars regiert über das Tierkreiszeichen Widder. Jetzt suchen wir im Horoskop, welche der Häuserspitzen sich im Tierkreiszeichen Widder befindet: Haus [8]. Deshalb ist Mars der Herrscher von [8]. Mars kann jedoch an jedem beliebigen Ort im Horoskop stehen – bei unserem Beispiel steht er in Haus [5]. Man sagt deshalb: Mars ist der Herrscher von [8] in [5].

Auf diese Weise verbindet jeder Planet als Häuserherrscher zwei Häuser miteinander: das Haus, aus dem er *kommt* (über das er herrscht), mit dem Haus, in dem er *steht*. Verfolgen Sie dies einmal anhand der Pfeilspitzen für alle Planeten im Horoskop nach! Da gibt es einen Planeten wie Pluto, der sehr weit entfernt von seinem »Heimathaus« (Haus [3] in Haus [10]) steht; andere haben sich nicht weit bewegt und stehen im selben Haus, über das sie auch herrschen, zum Beispiel Saturn als Herrscher von [5] in [5] oder Mond als Herrscher von [11] in [11]. Hier kann uns das Wissen um die Verhältnisse zwischen den Häusern, wie sie im vorangegangenen Kapitel beschrieben wurden, nützen, denn manche Planeten verbinden Häuser miteinander, die zunächst nicht wirklich harmonieren. Daran erkennen wir zum Beispiel, warum sich manche Lebensbereiche bei einem Menschen scheinbar nicht unter einen Hut bringen lassen oder es großer Anstrengung bedarf, während es anderen ganz leicht von der Hand geht.

Beachten Sie auch folgenden Sonderfall der Häuserherrscher-Technik: die Doppelherrschaft von Venus und Mer-

kur. Beide herrschen über jeweils zwei Tierkreiszeichen. Zwillinge *und* Jungfrau werden von Merkur, Stier *und* Waage von Venus regiert. Daraus ergibt sich, dass beide Planeten stets über zwei Häuser herrschen (in einigen Fällen sogar über drei, wenn sich zwei Häuserspitzen in einem der von ihnen regierten Zeichen befinden – dazu später mehr).

Zusammenfassung:

Man könnte das Häuserherrscher-Verhältnis als eine Art »Auftrag«[14] bezeichnen, der vom Herrscherhaus ins Haus der Position eines Planeten führt. Dieser Auftrag kann wie folgt aufgeschlüsselt werden:

- Haus, aus dem der Planet kommt: Thema des Auftrags.
- Haus, in dem der Planet steht: Ort, an dem der Auftrag ausgeführt werden soll.
- Qualität des Planeten: Art und Weise, wie der Auftrag ausgeführt werden soll.

Beispiel:

Mars in unserem Beispielhoroskop kommt aus [8].

Das Thema seines Auftrags ist eine bestimmte Idee, eine konkrete Vorstellung, ein fest umrissener geistiger Inhalt, dem man sich verpflichtet fühlt.

Mars steht in [5].

Dieser Auftrag soll im Handeln konkretisiert werden. Das heißt, dieser Idee einen schöpferischen Ausdruck zu verleihen und sie zum Ausdruck der Persönlichkeit zu machen. Aber: [8] und [5] sind fixe Häuser und stehen in einem natürlichen Quadrat zueinander! Es herrscht eine prinzipielle Spannung zwischen beiden, da [5] seine Schöpferkraft gern ungezwungen ausleben und sich keinem Prinzip unterordnen möchte und [8] sich auf eine Idee, die es zu erfül-

len gilt, voll und ganz konzentrieren will. Man könnte auch sagen: [8] zwingt [5], seine Kreativität zu bündeln, was einerseits zu großer Durchschlagskraft, andererseits zu übertriebenem Perfektionismus führen kann.

Mars selbst.

Da Mars diese Verbindung herstellt, wird die Art und Weise, wie dieser Auftrag erfüllt wird, im Leben der Geborenen sicherlich hohe Wellen schlagen, denn Mars kennt keine Lauheit, sondern nur die Hitze des Gefechts.

Wenn ein Planet im selben Haus steht, über das er herrscht ...

Diese Konstellation verdient besondere Aufmerksamkeit, denn wenn der Planet in dem Haus steht, über das er herrscht, hat er es hinsichtlich seines Auftrags relativ einfach: Er muss nicht unterschiedliche Lebensbereiche unter einen Hut bringen, sondern kann alles an Ort und Stelle erledigen, ganz im Einklang mit sich selbst. Man könnte auch sagen, dass wir es hier mit einer vom übrigen Horoskop isolierten Thematik zu tun haben, die im Großen und Ganzen unabhängig von den Einflüssen anderer Themen funktionieren kann. Dadurch ist man in der Lage, in diesem Bereich ganz besonders eigenständig zu sein und über eine entsprechend große Freiheit der Verwirklichung zu verfügen.

Der Haken an der Sache ist, dass die Fähigkeiten und Talente, die in einer solchen Konstellation liegen, nicht nach Entwicklung drängen, denn es fehlt der Auftrag dazu! Die Herausforderung besteht darin, sich einer Sache um ihrer

selbst willen anzunehmen und einem weiteren Ziel zuzuführen. Der Schlüssel liegt in erster Linie in der Qualität des Planeten, der als Herrscher in seinem eigenen Haus steht – ihm kommt eine ganz besondere Bedeutung zu. Zusätzlich gilt es, vorhandene Aspekte gründlich zu betrachten, und letztlich gibt es über die Methode der Regelkreise immer eine Verbindung zu anderen Planeten (darüber später mehr).

Wenn ein Planet über zwei Häuser herrscht ...

Durch eine ungleichmäßige Verteilung der Häuserspitzen ist es möglich, dass zwei Häuserspitzen in *einem* Tierkreiszeichen zu finden sind.[15] Dadurch haben beide Häuser ein und denselben Häuserherrscher.
Welche Folgen hat das für die Deutung?
Denken Sie an den Auftrag eines Planeten, der normalerweise auf ein Lebensthema beschränkt ist. Hier aber muss ein Planet zwei Aufträge an einem Ort erfüllen! Dies heißt, dass dieser Planet nur dann Erfolg haben kann, wenn *beide* Aufträge erledigt werden. Anders ausgedrückt: Wird das eine Lebensthema erfolgreich bewältigt, gibt es auch mit dem anderen keine Schwierigkeiten. Schafft jedoch eines der beiden Probleme, wird es das andere mit nach unten ziehen.
Die folgende Abbildung zeigt das Horoskop von C. G. Jung. Hier liegen die Spitzen der Häuser [9] und [10] im Skorpion: Deshalb hat Pluto als Regent des Skorpion zwei Aufträge zu erfüllen. Pluto steht in [4] (vgl. hierzu die Regel vom letzten Sechstel).

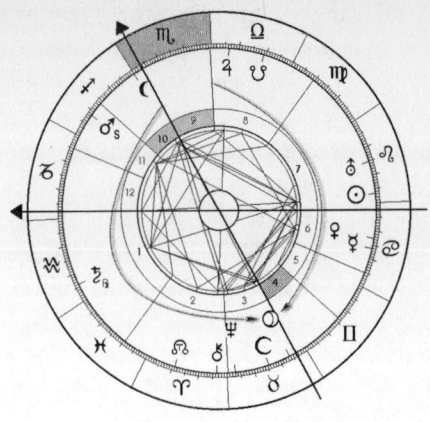

Wenn zwei Planeten über ein Haus herrschen ...

Entsprechend muss es auch den Fall geben, dass ein Tierkreiszeichen in einem Haus eingeschlossen ist. Hier haben
wir es nicht nur mit einem Häuserherrscher zu tun, sondern
mit *zwei*.

Der Idee nach gibt es nun zwei Planeten, die denselben
Auftrag ausführen – das kann von Vorteil sein, weil sich
die Chancen auf Erfolg verdoppeln. Problematisch ist es,
wenn sich diese beiden Planeten in einer schwierigen Konstellation zueinander befinden, sich gegenseitig behindern,
zum Beispiel, weil sie in einem Quadrat zueinander stehen
oder sich in zwei Häusern, die sich nicht vertragen, verteilt
haben. Hinzu kommt, dass es sich in der Regel um Planeten
handelt, die über benachbarte Zeichen regieren wie zum
Beispiel Neptun über Fische und Mars über Widder. Mars
und Neptun verkörpern zwei konträre Prinzipien, sodass

beide zwei völlig unterschiedliche Strategien ausüben werden, um den gemeinsamen Auftrag zu erledigen. Das muss aber nicht von Nachteil sein, denn im günstigsten Fall kann man beim Versagen des einen Prinzips immer noch auf das andere zurückgreifen (vgl. auch den Sonderfall des »doppelten Aszendenten« weiter unten).

Generell gilt, dass das Thema des doppelt beherrschten Hauses auch zweimal im Horoskop durch Häuserherrscher vertreten ist und eine gewisse Dominanz aufweisen wird.

Wenn im ersten Haus ein Tierkreiszeichen eingeschlossen ist ...

Es kann der Fall eintreten, dass insbesondere bei den so genannten schnell aufsteigenden Tierkreiszeichen neben dem Zeichen am Aszendenten das Folgezeichen im ersten Haus eingeschlossen ist: So kann zum Beispiel bei einem Steinbock-Aszendenten in unseren Breiten auch das Wassermann-Zeichen mit eingeschlossen sein.

Als Beispiel dient wieder das Horoskop von C. G. Jung. Hier ist im ersten Haus des Steinbock-Aszendenten das Tierkreiszeichen Wassermann eingeschlossen: Es gibt demnach zwei Herrscher von [1] – Saturn in [1] *und* Uranus in [7]. Man könnte sagen, dass der Horoskopeigner über *zwei* Aszendenten verfügt und damit auch über zwei Aszendentenherrscher – in unserem Fall herrscht nicht nur Saturn über Steinbock, sondern zusätzlich noch Uranus über Wassermann!

In diesem Fall müssen Sie beide Herrscher berücksichtigen, was unter Umständen nicht einfach ist, vor allem wenn

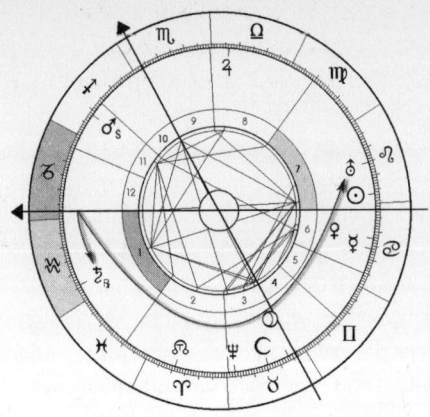

beide Planeten in völlig unterschiedlichen Häusern stehen (in unserem Beispiel in den gegenüberliegenden Häusern [1] und [7]). Hilfreich ist dabei folgender Gedanke:

- Der Herrscher des Zeichens, das unmittelbar an der Spitze des Aszendenten steht, repräsentiert die eigentliche und damit vorherrschende Qualität der Lebensenergie: Ihr ist in jedem Fall Priorität einzuräumen.

- Der Herrscher des Zeichens, das darüber hinaus in [1] eingeschlossen ist, verkörpert sozusagen eine »Ersatzenergie«, die immer dann aktiviert wird, wenn die primäre Quelle außer Kraft tritt oder geschwächt wird. Man könnte sagen, dass Menschen mit einem eingeschlossenen Zeichen im ersten Haus über eine zusätzliche Reserve verfügen.

Dies hört sich nach einem Vorteil an, stellt in der Mehrzahl der Fälle jedoch ein Problem dar: Diese Reserve hat die irritierende Eigenschaft, sich zuweilen völlig unangemeldet einzumischen – nicht nur dann, wenn man sie wirklich be-

nötigt. Bedenken Sie dabei: Es ist immer das Folgezeichen zum Aszendentenzeichen eingeschlossen und jedes Folgezeichen ist geprägt von einer gegenläufigen Ausrichtung des Energieflusses. Sie können sich vorstellen, wie ungewohnt und oft kontraproduktiv das plötzliche Einsetzen der Reserve wirken kann. Leider verwirrt es oft mehr, als die Funktion eines Notstromaggregats einzunehmen und zusätzliche Energien freizusetzen. Vielmehr ist zu beobachten, dass sich der Strom des Lebens umkehrt – als ob ein Schalter umgelegt würde und einen Mechanismus in Gang setzte, der die Menschen in eine völlig andere Richtung reißt: Während »einfache« Aszendenten eher das Problem haben, durch Erschöpfung zum Stillstand zu kommen, müssen »doppelte« im akuten Fall damit rechnen, sich noch weiter von ihren ursprünglichen Zielen zu entfernen.

Wie könnte eine konstruktive Lösung aussehen? Wer sich mit seiner Reservekraft im ersten Haus auseinander setzt und lernt, sich auf ihre Eigenschaften einzustellen und mit ihren Wirkungen zu rechnen, der kann ein bemerkenswertes Phänomen an sich beobachten: Dort wo anderen die Kraft ausgeht, ist das doppelte Aszendentenzeichen mit seinen zwei Herrschern noch lange nicht am Ende – mit einer neuen Strategie und einer neuen Ausgangsposition geht es weiter. Voraussetzung ist, Erfahrungen mit den eingeschlossenen Qualitäten zu sammeln.

Beispiel:

Betrachten Sie das Horoskop von C. G. Jung: Normalerweise würde ihm sein Steinbock-Aszendent genügen, um das Leben zu bewältigen. Alles, was ihm begegnet (vgl. Krebs am Deszendent), wird in ihm einen Mechanismus auslösen, der Ordnung und Struktur in die Angelegenheit bringt –

das genau ist seine Stärke. Nehmen wir an, der Aszendent kann seine Fähigkeiten nicht mehr ausspielen, weil die Umwelt zum Beispiel nicht mehr genügend Material zur Verfügung stellt. Ein »einfacher« Aszendent würde hier mit »Hunger« reagieren. Das heißt, der Horoskopeigner würde veranlasst, sich auf die Suche nach neuen Erfahrungen im Sinne des »nährenden« Deszendenten zu machen, um das Gleichgewicht wieder herzustellen. Nicht so im Fall von Jung: Hier wirft der Aszendent einfach sein Notstromaggregat an und verändert schlagartig die Strategie: wenn das eine nicht funktioniert, klappt es mit dem anderen! Nun steht nicht mehr die ordnende Steinbock-Energie zur Verfügung, sondern die Ordnung boykottierende Kraft des Wassermann schaltet sich alternativ ein – und kann unter Umständen das einmal Erreichte ganz gehörig durcheinander werfen, oder gar zunichte machen.

Dabei könnte sich das Umschalten auf die Energie des zweiten Aszendentenherrschers auch konstruktiv äußern, indem der Horoskopeigner sich die konträre Ausrichtung zunutze macht: Der Steinbock-Aszendent hat die Tendenz, alles bis zum Überdruss durchzustrukturieren, gewissermaßen den freien Fluss des Lebendigen durch ständiges Einsortieren und Systematisieren zum Stocken zu bringen. In dieser Situation sprengt der Zweit-Aszendent Wassermann mit Leichtigkeit die Blockade, indem er es sich zur Aufgabe macht, die herrschenden Strukturen in Frage zu stellen und neue Ideen ins Spiel zu bringen.

Der richtige Umgang mit Aspekten

Was gibt es zu beachten?

Aspekte im Horoskop sind wichtig, denn sie sorgen für eine weitere Vernetzung der Lebensthemen. Aber: Allgemein wird den Aspekten eine zu große Bedeutung beigemessen, obwohl sie weit hinter der Vernetzung durch die Häuserherrscher zurückstehen. Das mag daran liegen, dass Aspekte leichter aufzufinden sind.

Wenn von Aspekten gesprochen wird, sind in der Regel solche gemeint, die zwei Planeten verbinden. Es gibt auch Aspekte zu Planeten, die die Häuserspitzen betreffen, doch dazu später.

Das Problem bei den so genannten *orbitalen* Aspekten[16] besteht darin, dass sie sich auf den Gradabstand der Positionen im Tierkreis beziehen und deshalb für sich genommen keinen besonders individuellen Stellenwert haben (vgl. Kapitel »Raum-Zeit-Spezifität«): Sie gelten für relativ lange Zeiträume und vor allen Dingen auf der ganzen Welt gleichzeitig.

Um Aspekte zu individualisieren, gibt es einen einfachen Trick: Man knüpft die beteiligten Planeten als Häuserherrscher an den Häuserkreis mit seiner hohen Raum-Zeit-Spezifität. Dieses Verfahren werde ich Ihnen später kurz vorstellen.

Welche Aspekte?

Aspekte im Horoskop sind mit den Gewürzen eines Essens zu vergleichen – keinesfalls aber sind sie die Hauptbestandteile!

Die Menge von Aspekten, die verwendet werden können, entspricht einem vollen Gewürzregal. Aber Vorsicht! So bestechend das auch sein mag, je mehr Aspekte Sie berücksichtigen, desto mehr Informationen fügen Sie letztlich dem Horoskop hinzu – um in unserem Bild zu bleiben: Sie *überwürzen* Ihre Interpretation. Gewürze sollen den Eigengeschmack der Ingredienzien unterstreichen und nicht überlagern. Die Verwendung zu vieler Aspekte führt sehr schnell dazu, dass Sie den Blick für das Wesentliche verlieren.

Ich rate daher jedem, sich auf die wenigen wichtigen Aspekte zu konzentrieren und alle anderen zunächst außen vor zu lassen. Wie ich an anderer Stelle bereits ausführlich erläutert habe[17], ist eine gute Interpretation des Horoskops bereits auf der Grundlage der fünf großen Aspekte möglich. Diese sind in der Reihenfolge ihrer Priorität:

Mein Tipp: Bleiben Sie bei der Deutung dieser fünf Aspekte (plus der Spiegelpunkte, die später beschrieben werden). Erarbeiten Sie sich *vor* ihrer Betrachtung immer die Häuserherrscher-Beziehungen und greifen Sie auf die Aspekte erst dann zurück, wenn Sie das Beziehungsgeflecht der Häuserherrscher in seinen Grundzügen verstanden haben.

Sie werden sehen: Auch ohne sich gleich auf die Aspekte zu stürzen, erzielen Sie sehr gute Ergebnisse.

Einfache, erweiterte und komplexe Deutung

Prinzipiell können Sie bei der Deutung von Aspekten aus zwei Perspektiven vorgehen:

• *Einfache Deutung*: Sie deuten die Planeten nach ihrem Grundprinzip, das heißt *ohne* Berücksichtigung der Häuserherrscher-Verhältnisse. Diese Vorgehensweise schlage ich allen vor, die mit Aspekten noch nicht so vertraut sind und dennoch nicht auf sie verzichten wollen.

Beispiel:

Bei der Opposition des Neptun zum Herrscher von [1] (Merkur) in unserem Beispielhoroskop deuten Sie Neptun in seinen grundsätzlichen Qualitäten wie Verschleierung, Illusion etc., die den Herrscher von [1] beeinflussen.

• *Erweiterte Deutung:* Sie deuten die Planeten nach dem Grundprinzip *und* berücksichtigen, in welchen *Häusern* sie stehen. Dabei wird die Betonung darauf gelegt, dass der Aspekt zwischen zwei Planeten auch die beiden Häuser, in denen die Planeten stehen, auf bedeutsame Weise verbindet.

Beispiel:

Jetzt berücksichtigen bei o. g. Opposition des Neptun zu Merkur als Herrscher von [1], dass Neptun in [10] und Merkur in [4] steht. Es handelt sich um eine Verbindung von gegenüberliegenden Häusern und betont den Konflikt zwischen Öffentlichkeit (Neptun in [10]) und Privatleben (Merkur in [4]).

• *Komplexe Deutung*: Sie deuten den Planeten im Sinne seiner eigenen Häuserherrscher-Konstellation. Dabei betrachten Sie den aspektierenden Planeten sozusagen als Botschafter des Hauses, über das er herrscht, ergänzt durch die Thematik des Hauses, in dem er steht.

Beispiel:

Sie deuten o. g. Neptun-Opposition, jedoch überprüfen Sie nun, über welches Haus Neptun herrscht. In unserem Beispielhoroskop herrscht Neptun über [7]: Jetzt deuten Sie diese Opposition als eine (problematische) Verbindung zwischen dem Thema von Haus [1] (vertreten durch Merkur als Herrscher von [1]) und Haus [7], das durch Neptun vertreten wird, zum Beispiel als Konflikt zwischen dem Willen, sich durchzusetzen, und dies auch gegenüber seiner Umwelt zu vertreten.

Sie merken, wie fein die Analyse werden kann, wenn wir die Häuserherrscher auf das Gebiet der Aspekte ausdehnen. Ich empfehle deshalb für den Anfang, auf die Deutung der Aspekte zu den Häuserherrschern zu verzichten und die Planeten nur ihrem Grundprinzip nach zu interpretieren, und in einem zweiten Schritt die Position in den Häusern zu berücksichtigen. Eine wichtige Hilfe ist auch hier das grundsätzliche Verständnis der Wechselwirkungen zwischen den Häusern.

Bedenken Sie: Die Deutung der Planeten als Häuserherrscher und gemäß ihrer Position im Häuserkreis ist immer aussagekräftiger als die Deutung nach dem Planetenprinzip. Warum? Durch die Anbindung der Planeten an den Häuserkreis erhält jeder Planet seine größte Individualität – im Sinne der Raum-Zeit-Spezifität.

An dieser Stelle wird auf die komplexe Deutung nicht nä-

her eingegangen – sie soll dem fortgeschrittenen Astrologie-Interessierten vorbehalten sein.

Aspekte zu den Häuserachsen

Jeder Planet kann auch eine Häuserspitze aspektieren – und das sollten Sie auf keinen Fall vernachlässigen! Dabei wird das Prinzip des Planeten so gedeutet, als ob er in diesem Haus stünde. Also: Sonne im Quadrat zur Häuserspitze von [2] bedeutet so viel wie Sonne in [2]. Das erweitert das Spektrum der Deutungsmöglichkeiten erheblich, auch wenn für diese Aspekte nur ein sehr kleiner Orbis von maximal +/- 1° gültig sein sollte.

In der Praxis sollten Sie sich zunächst auf die Aspekte zu den Hauptachsen beschränken und auch hier nicht mehr als +/- 1,5° zulassen. Aspekte zu den Zwischenhäusern werden hier nicht näher behandelt.

Ich gehe sogar noch weiter in der Einschränkung und empfehle, sich nur auf die Konjunktion und das Quadrat sowie Spiegelpunkte zu konzentrieren.

Hier kann sich ein interessanter und wichtiger Sonderfall ergeben:

- Ein Planet steht im Quadrat zur Aszendent/Deszendent-Achse, entweder aus der oberen Horoskophälfte[18] oder aus der unteren.
- Ein Planet steht im Quadrat zur Imum Cœli/Medium Cœli-Achse, entweder aus der linken oder der rechten Horoskophälfte heraus.

Was bedeutet das? Dieser Planet kann gewissermaßen als »Stolperstein« für die Entwicklung der Kräfte an der Haupt-

achse gedeutet werden. Besonders gravierend ist ein Aspekt zum Aszendenten: Er verkörpert Einflüsse in unserem Leben, die wir immer wieder als besonders hemmend empfinden und die uns auf Schritt und Tritt zu verfolgen scheinen. Diesem Planeten müssen Sie Ihre ganze Aufmerksamkeit widmen, denn er weist auf wirklich wichtige Schwierigkeiten hin, mit denen der Horoskopeigner im Lauf seines Lebens immer wieder konfrontiert wird! Dabei zeigt sich die Quelle aller Schwierigkeiten in dem Haus, über das der Planet herrscht.

Besonders dramatische Auswirkungen hat dieser Aspekt dann, wenn der Planet zugleich Herrscher von [1] ist, wenn also der Aszendentenherrscher sein eigenes Haus im Quadrat aspektiert! Man hat das Gefühl, als ob man sich bei der Durchsetzung des eigenen Lebens ständig selbst im Weg stünde – eine frustrierende und belastende Erfahrung.

Dies gilt parallel für alle Planeten, die ein Quadrat auf die Spitze des Hauses werfen, über das sie selbst herrschen.

Spiegelpunkte

Die Idee der Spiegelpunkte

Eine besondere Gruppe im Rahmen der Aspekte bilden die so genannten *Spiegelpunkte*. Sie sind nicht so einfach aufzufinden wie die herkömmlichen Aspekte, da der Abstand zwischen zwei Horoskopfaktoren, die spiegelbildlich aufeinander fallen, nicht fest ist. Das mag der Grund sein, wa-

rum sie keine große Popularität besitzen, was nichts über ihren Wert aussagt – und der kann nicht genug betont werden.

Die Grundidee der Spiegelpunkte liegt in den beiden Jahreszeitenachsen des Tierkreises begründet: Die Achse 0° Widder/0° Waage für die beiden Tagundnachtgleichen und 0° Krebs/0° Steinbock für die Sonnenwenden. Diese beiden Achsen wurden in der Astrologie schon früh zur Spiegelung verwendet.

Vereinfacht ausgedrückt entspricht jeder Grad des Tierkreises einem Tag mit einer bestimmten Länge zwischen Sonnenaufgang und Sonnenuntergang (Tagbogen) sowie zwischen Sonnenuntergang und Sonnenaufgang (Nachtbogen). Wie wir alle wissen, variiert das Verhältnis zwischen Tag- und Nachtbogen: Im Sommer sind die Tage länger als die Nächte, im Winter ist es umgekehrt.

Die Spiegelung an der Krebs/Steinbock-Achse (Antiszium) beruht auf dem Gedanken, dass Punkte auf dem Tierkreis, die gleich weit von dieser Achse entfernt liegen, genau gleich lange Tag- und Nachtbögen aufweisen.

Die Spiegelung an der Widder/Waage-Achse (Gegen-Antiszium) verbindet Grade im Tierkreis, bei denen der Nachtbogen des einen in seiner Länge mit dem Tagbogen des anderen übereinstimmt.

Wie werden Spiegelpunkte gebildet?

Legt man zunächst die 0° Widder/0° Waage-Achse zu Grunde, besitzt jeder Punkt auf der einen Hälfte des Tierkreises einen Spiegelpunkt auf der anderen, der gleich weit

von der genannten Achse entfernt ist – eine Art »Spiegel-planeten«.

Zu diesen Spiegelplaneten kann jeder andere Horoskopfak-tor Aspekte bilden wie zu seinen »Originalen«. In der Regel aber beschränkt man sich auf die Spiegelpunkt-Konjunktion, die Spiegelpunkt-Opposition und das Spie-gelpunkt-Quadrat. (Der Orbis zu den Spiegelpunkten sollte dabei 3,5° nicht überschreiten.)

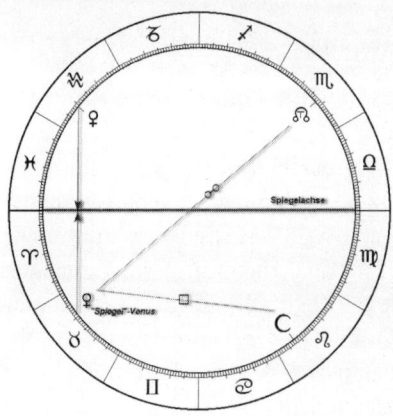

In unserem Beispielhoroskop befindet sich Venus auf 20°27' Wassermann. Spiegelt man ihre Position an der Widder/Waage-Achse, so erhält man einen Spiegelpunkt auf 9°33' Stier: Hier sitzt die (unsichtbare) »Spiegel-Venus«. In Opposition zu dieser Spiegel-Venus befindet sich der Mondknoten auf 12°08' Skorpion und auch noch im Orbis mit 7°38' Löwe steht der Mond im Quadrat. Wir können sagen: Die »originale« Venus hat einen Spiegel-punktaspekt mit dem Mond und dem Mondknoten.

In der Astrologie wird neben der Widder/Waage-Achse auch die Krebs/Steinbock-Achse als Ausgangspunkt für das Auffinden von Spiegelplaneten verwendet. Sie werden erkennen, dass das keine anderen Ergebnisse bringen wird – außer dass Spiegelpunkt-Konjunktionen zu Spiegelpunkt-Oppositionen werden und umgekehrt. Spiegelpunkte an der Widder/Waage-Achse nennen sich auch *Gegenantiszien* und solche an der Krebs/Steinbock-Achse *Antiszien*.

Deutung der Spiegelpunkte

In der Deutung machen wir keinen Unterschied zwischen Spiegelpunkt-Konjunktionen, -Oppositionen und -Quadraten. Allgemein gilt, dass Spiegelpunkte einer herkömmlichen Konjunktion ebenbürtig sind und entsprechende Wichtigkeit genießen sollten. Praktisch können Sie wie bei einer Konjunktion vorgehen, wobei Spiegelpunkte eher eine problematische Verbindung zwischen den Planetenprinzipien darstellen.

Eine einfache Faustregel wird Ihnen das Auffinden von Spiegelpunkten erleichtern:

Egal, welche Achsen Sie benutzen, um die Spiegelpunkte zu finden, es gilt immer:

- kardinale Zeichen bilden ihre Spiegelpunkte in beweglichen Zeichen,
- fixe Zeichen bilden ihre Spiegelpunkte in fixen Zeichen,
- bewegliche Zeichen bilden ihre Spiegelpunkte in kardinalen Zeichen.

Das bedeutet, dass ein Planet in Widder in allen beweglic-

chen Zeichen einen Spiegelpunkt besitzt, also in den Zwillingen, der Jungfrau, dem Schützen und den Fischen.

Seine genaue Position errechnen Sie, indem Sie seine Gradangabe von 30° abziehen: Das Ergebnis ist die Position in Grad im Spiegelzeichen. Steht also ein Planet auf 10° Widder, ist seine Position in jedem Spiegelzeichen gleich 30° – 10° = 20°.

Mit etwas Übung können Sie mit der Zeit Spiegelpunkte genauso schnell erkennen wie »feste« Aspekte.

Das Große Kreuz
im Horoskop

Wir beginnen die Horoskopdeutung mit der Landkarte, die uns den Weg zum Wesen eines Menschen zeigen soll: Das Große Kreuz aus Aszendent/Deszendent-Achse und Imum Cœli/Medium Cœli-Achse.

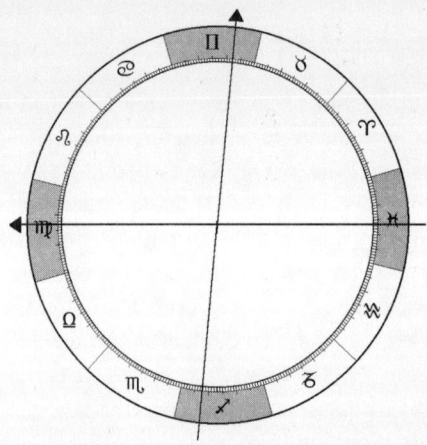

Unser Ausgangspunkt sind die Tierkreiszeichen an den Spitzen der Hauptachsen. Sie geben uns Auskunft darüber, welche Qualitäten den Rahmen für unser Leben bilden.

In den folgenden Kapiteln möchte ich Ihnen die Deutung des Großen Kreuzes Schritt für Schritt näher bringen. Für jeden Schritt finden Sie Vorschläge zur Deutung und um diese Deutungshilfen sinnvoll erfassen zu können, dient als Beispiel das Horoskop von Marlene Dietrich, das Sie sich am besten daneben legen. Dieses und weitere Horoskope können Sie auch über meine Homepage www.phoenix-astrologie.de ausdrucken. Im Anhang finden Sie Muster-tabellen, um die Konstellationen des Großen Kreuzes für eigene Horoskope übersichtlich darzustellen.

Aszendent und Deszendent –
die Horizontachse

Die Erfahrung des Horizonts

Der Horizont, jener Kreis, der das Gesichtsfeld des Menschen in alle Richtungen begrenzt, ist der erste Schlüssel zum Horoskop. Dort, wo der Tierkreis den Horizont im Osten überschreitet, liegt der Aszendent, das aufsteigende Zeichen; dort, wo er im Westen hinter dem Horizont verschwindet, ist der Deszendent, das absteigende Zeichen, angesiedelt. Beide, Aszendent und Deszendent, bilden im Horoskop eine Achse – eine unzertrennliche Polarität.

Der Horizont ist ein *Gesichtskreis*, die Begrenzung des Sichtbaren: Hinter seiner Linie beginnt eine unsichtbare, unbekannte Welt. Zugleich erleben wir uns als sein Mittelpunkt: Wir stehen auf einer gewaltigen Plattform, darüber die Himmelskuppel, die mit ihren Rändern den Horizont berührt.

Doch was befindet sich jenseits des Horizonts? Wir können es nicht wissen. Sobald wir uns auf den Weg hinter den Gesichtskreis machen, müssen wir erkennen, dass er uns immer fest umschließt. Es ist nicht möglich, die Distanz zwischen ihm und uns zu überwinden. Jenseits des Horizonts liegt ein Wunschort, ein Ort der Sehnsüchte und der Phantasie. Er steht für die Überwindung einer Grenze, die uns im Hier und Jetzt einkesselt.

Nichtsdestoweniger hat der Horizont auch einen beschützenden und beruhigenden Charakter. Er umfriedet das uns

bekannte Land und sorgt mit seinen gleich bleibenden Umrissen für Sicherheit. In vielen Kulturen wurde der Horizont mit seinen unregelmäßigen, aber beständigen Erhebungen, Klüften und Spalten zum Kalender, indem der Auf- und Untergang der Gestirne, insbesondere der Sonne, über markanten Stellen benutzt wurde, um die Wiederkehr bestimmter, für Viehzucht und Landwirtschaft günstiger Termine festzustellen. Später erschuf man sich künstliche Horizonte, um diese Beobachtungsmethoden zu verfeinern, errichtete Hügel und stellte Steine auf, wie zum Beispiel in Stonehenge und anderen megalithischen Bauten.

Der Gesichtskreis ist der Wirkungskreis des Menschen: Hier findet sein Leben statt, hier kennt er sich aus, hier herrscht Ordnung und Verlässlichkeit. Diesen Kreis zu verlassen, stellt ein Wagnis dar und bedeutet, dem Unbekannten und Unsicheren zu begegnen. Doch auch innerhalb seiner Grenzen war man nicht unbedingt sicher. In der Vorstellung vieler Kulturen lauern feindselige Kräfte jenseits des Horizonts: Das Chaos ist jederzeit bereit, in die fest gefügte Ordnung einzubrechen. Der Horizont ist nicht nur Herausforderung für den Abenteurer, er ist auch Bedrohung, hinter dem das Fremde auftauchen und die Kreise des Vertrauten stören kann. Zum Schutz befestigte man den Horizont, errichtete Mauern, Wälle und Zäune – vergleichbar dem Bannkreis, den der Magier in seiner Mitte gegen die Kräfte des Bösen absichert.

Die Physiognomie des Menschen ist ganz auf die horizontale Ebene ausgerichtet, auf die Beobachtung des waagrechten Ausschnitts der Wirklichkeit. Von dort hatte der Mensch die meisten Gefahren zu erwarten: von vorne, von hinten und von der Seite. Sein Gesichtsfeld ist – im Gegen-

satz zu Vögeln und Fischen – in die Breite ausgedehnt[19] und mit seinen Armen greift er in der Waagrechten nach Dingen, die ihn interessieren und die er näher betrachten möchte. Die Horizontale ist für den Menschen die Ebene, die er am stärksten als Umwelt erlebt, aus der er Impulse empfängt und auf die er mit seinen Taten kontrollierend einwirkt: die Ebene von Aktion und Reaktion.

Senkrechte Strukturen beunruhigen den Menschen, waagrechte beruhigen ihn. Vergleichen Sie ein flaches Gebäude mit einem Turm oder einem Hochhaus. Das an der Horizontalen ausgerichtete Bauwerk fügt sich müheloser in eine Landschaft ein, integriert sich leichter in einen bestehenden Lebensraum. Ein senkrechtes Bauwerk dagegen fällt stets aus dem Rahmen, es nötigt uns, den Blick zu heben und erzwingt Distanz, damit es in seiner Größe erfasst werden kann. Die Vertikale demonstriert Macht und Erhabenheit – wie der aufrechte Gang des Menschen, wie er gern glaubt, ihn zur »Krone der Schöpfung« gemacht hat.

Das Waagrechte verbindet die Menschen miteinander. Es stellt das Bild der Masse, die sich über eine Ebene ausbreitet, dar. Das Senkrechte jedoch versinnbildlicht, was Menschen voneinander trennt: wer aus dieser Masse herausragt, wer oben und wer unten steht.

Für die Achse zwischen Aszendent und Deszendent bedeutet das:

- Die Horizontachse des Horoskops beschreibt den Wirkungskreis des Menschen. Er verkörpert das Gegebene, das uns umfriedet und Grundlage unserer Entwicklung ist. Die Welt innerhalb des Horizonts vermittelt Sicherheit und Ordnung.
- Was sich jenseits des Horizonts befindet, ist für uns nicht

erfahrbar, nur wenn es in unseren Gesichtskreis tritt, können wir es zu einem Bestandteil unseres Lebens werden lassen. Die Welt hinter dem Horizont ist Herausforderung und Bedrohung zugleich.

Von der Geburt des Lichts bis zum Ende der Dinge

So wie die Sonne im Osten aufgeht und mit ihr der Tag »geboren« wird, hat der Aszendent eine enge Verbindung zu unserer Geburt[20]: Er fasst den Augenblick, wenn wir das Licht der Welt erblicken, symbolisch zusammen. Wie die Sonne sind wir aus der Welt jenseits des Horizonts aufgetaucht, und der Aszendent verkörpert, was wir aus dieser unbekannten Welt mitbekommen haben. Er steht für das ganz besondere Potenzial, mit dem wir in unser Leben aufbrechen.

Wenn der Aszendent der Idee des Ostens entspricht, spiegelt der Deszendent analog die Idee des Westens wider. Da dort die Sonne und damit das Licht des Tages untergeht, steht diese Himmelsrichtung für das Ende des Lebens, für Niedergang, Sterben und Tod.[21] Der Deszendent verkörpert die Tatsache, dass unserem Leben, *unabhängig vom Sinn, den wir ihm verleihen*, ein Ende gesetzt ist. Er steht für die Vollendung des Daseins, so wie sich die Linie des Lebens zu einem perfekten Kreis schließt.[22]

Der Aszendent führt uns in die sichtbare Welt diesseits des Horizonts. Was sich hier befindet, steht uns unmittelbar zur Verfügung, weil es wahrnehmbar ist.

Mit dem Deszendenten hingegen tauchen wir in die un-

sichtbare Welt hinter dem Horizont. Was sich dort befindet, stellt für uns das Unbekannte dar, über das wir keine willkürliche Kontrolle haben.

Wie sich die Sonne von Osten nach Westen bewegt, so entwickelt sich unser Leben ganz von selbst vom Aszendenten zum Deszendenten. Vom Aszendenten kommend bringen wir die »Morgengabe« unseres Lebens mit und gehen dem Unbekannten entgegen, das in unser Leben tritt – uns begegnet, um von uns erfahren zu werden. Der Aszendent ist der Ort, an dem wir das Geschenk unseres Lebens erhalten haben. Der Deszendent ist der Ort, an dem die Welt außerhalb des Horizonts in unser Leben eindringen kann.

Da der Deszendent mit Erfahrungen zu tun hat, die wir nicht von Anfang an in unserem Leben vorfinden, sondern die für uns erst Wirklichkeit werden, wenn sie unseren Horizont passiert haben, ist er ein geistiger Ort, ein Ort der Ideen und Vorstellungen. Der Aszendent hingegen ist etwas Anwesendes, eine Kraft, die uns bereits zur Verfügung steht, um den Herausforderungen jenseits des Horizonts zu begegnen.

Es ist wichtig zu verstehen, dass die Bewegung vom Aszendenten zum Deszendenten *von selbst* geschieht. Was sich zwischen den beiden Polen der Horizontachse abspielt, hat noch nichts mit unseren Wünschen und Zielen im Leben zu tun – hier baut sich erst die Grundlage auf, die zur Verwirklichung unserer Absichten zur Verfügung steht.

Das eigene Leben und das Leben der anderen

Der Aszendent zeigt uns all das, was wir bei unserer Geburt mitbekommen haben und worüber wir frei verfügen können – es ist unsere *Anlage*. Der Deszendent steht für das, was wir noch nicht haben, was wir erst integrieren müssen, um uns vollständig zu fühlen – das holen wir uns aus der *Umwelt*.

Beide bedingen einander, um das Leben in seiner Entwicklung aufrechtzuerhalten. So ist der Deszendent Bedrohung und notwendiger Impuls zugleich, denn ohne den Austausch mit der Welt um uns herum werden die Mittel, die uns zur Verfügung stehen (Aszendent), bald verbraucht sein: Neue Gedanken und Inspirationen sorgen dafür, dass wir uns nicht selbst »aufzehren«, sondern erneuern können und so unsere Kraft erhalten. In der Umwelt muss sich unsere Eigenart bewähren und messen lassen. Hier wird sie lernen sich zu entfalten, indem sie Antworten auf immer neue Herausforderungen geben muss.

Die Erfahrung des Aszendenten beinhaltet, ein eigenes Leben mit ganz besonderen Merkmalen und Potenzialen, die nach Entwicklung drängen, zur Verfügung bekommen zu haben. Der Deszendent weist darauf hin, welche Situationen geeignet sind, um diese Gaben optimal zu fördern und zu verbessern. Der Deszendent bildet das Experimentierfeld für unsere Fähigkeiten, die durch immer neue, aber auf meine Bedürfnisse abgestimmte Bedingungen geschult werden.

Der Aszendent – was ich zum Leben mitbekommen habe

Der Aszendent spricht jene Quelle der Kraft in uns an, mit der wir von Geburt an ausgestattet sind und mit der wir unseren Überlebenswillen aufrechterhalten können. Der Drang, sich selbst zu behaupten und mit seinen Bedürfnissen im Leben durchzusetzen, ist allen Menschen gemein, doch die Kraft, aus der dieser Wille gespeist wird, ist unterschiedlich und gemäß den zwölf Tierkreiszeichen können auch zwölf Grundtypen unterschieden werden.

Seine Quelle der Kraft zu kennen ist wichtig, da sie uns Auskunft darüber gibt, was uns am Leben erhält und was in uns stimuliert werden muss, um in problematischen und schwächenden Situationen neue Energie zu tanken. Der Aszendent sagt aus, welche Stärken in uns angeregt werden müssen, um wieder durchsetzungsfähig zu werden, wenn wir uns kraftlos und niedergeschlagen fühlen. Einem Menschen geht es dann gut, wenn er diese Kräfte in sich wahrnehmen und einsetzen kann, es verleiht ihm Flügel.

Das Geheimnis des Aszendenten besteht darin, dass er einen inneren Kampf anregt, der uns aus einem Zustand, in dem wir die Dinge mit uns geschehen lassen, ausbrechen und unser Leben wieder selbst in die Hand nehmen lässt. Wird der Kraft des Aszendenten Raum gegeben, kommt es rasch zu einer Entscheidung in Situationen, in denen zuvor noch Zwiespalt und Verzweiflung herrschte. Unser Lebensmotor wird aktiviert und kennt nur ein Ziel: überleben, koste es, was es wolle.

Der Aszendent antwortet auf die Fragen:

- Welche Kraft in mir gibt mir das Gefühl, am Leben zu sein?
- Welche Eigenschaften verleihen mir die Stärke, meine ureigensten Bedürfnisse durchzusetzen und mich im Leben zu behaupten?

Der Deszendent –
was mir zum Leben noch fehlt

Das absteigende Tierkreiszeichen liegt stets in Opposition zum aufsteigenden und ist so gesehen sowohl Gegner als auch Ergänzung. Es ist Gegner, weil es im engsten Sinne des Wortes Inhalte verkörpert, die mir be-*gegnen*. Erfahrungen, die aus der mich umgebenden Welt auf mich zukommen und nicht Bestandteil meiner Anlage sind. Aus diesem Grund kann ich sie auch als Ergänzung meiner Anlagen betrachten, da sie mich im eigentlichen Sinne *ganz* machen.

Das Wesen des Deszendenten liegt in der Herausforderung des Aszendenten, denn die Erfahrungen, die ich hier machen kann, bilden den notwendigen Reiz, um die in mir angelegten Kräfte in Bewegung zu setzen. Hier fließt das Wasser auf meine Mühlen, um in der Kraftzentrale für die Durchsetzung meiner Bedürfnisse genügend Energie zu erzeugen. Wenn mir die Qualitäten des Zeichens am Deszendenten nicht zur Verfügung stehen, liegt mein Durchsetzungspotenzial brach. Das Verhältnis von Aszendent und Deszendent gleicht dem von Motor und Brennmaterial: Wenn keine Kohle nachgelegt wird, kommt die Dampfmaschine zum Stillstand, so viel Kraft sie auch entwickeln

könnte. Später, bei der Betrachtung der Meridianachse, werden wir sehen, dass das die unabdingbare Voraussetzung dafür ist, die im Leben gesetzten Ziele zu erreichen – denn wenn das Fahrzeug nicht vorwärts kommt, kann es auch keine Richtung aufnehmen. Wohin auch immer Sie gelangen wollen: Ohne das funktionierende Wechselspiel zwischen Aszendent und Deszendent können Sie keinen Schritt gehen, sondern treten kraftlos auf der Stelle.

Der Deszendent erzeugt außerdem ein Gegengewicht zur Kraft des Aszendenten, die leicht Überhand nehmen kann, wenn sie sich willkürlich und planlos entfaltet, das heißt kein Ziel hat, auf das sie sich ausrichten kann. So wirkt der Deszendent durch seine komplementäre Position wie ein natürliches Korrektiv, das in der Lage ist, die Kraft des Aszendenten nötigenfalls zu bändigen und auf diese Weise in konstruktive Bahnen zu lenken. So gesehen beinhaltet der Deszendent unser Lernpotenzial, indem er uns immer wieder die Grenzen unserer Fähigkeiten aufzeigt und sie zur optimalen Entfaltung anregt.

Der Deszendent antwortet auf die Fragen:

• Welche Bedingungen fordern mich dazu heraus, die in mir wohnenden Kräfte zu wecken?
• Welche Situationen, Menschen, Themen etc. ergänzen mich und erzeugen in mir das Gefühl von Vollständigkeit?
• Durch welche Erfahrungen lerne ich, mit den Kräften am Aszendenten richtig umzugehen?

Sowohl Aszendent als auch Deszendent bilden die Grundlage unserer Existenz. Ihnen können wir nicht entkommen und so gesehen bedingen sie uns vom Anfang bis zum Ende. Zugleich aber stellen sie uns ein einmaliges Potenzial

zur Verfügung, das wir im Rahmen unserer Möglichkeiten entwickeln können – nicht müssen. Schließlich »funktioniert« das Wechselspiel solange wir am Leben sind, egal welche Ebene der Verwirklichung wir gewählt haben. Der Horizont umfriedet unsere Existenz wie ein Stück Land, das wir mit unserer Geburt als Geschenk des Lebens erhalten haben. Wir können uns eine Zeit lang von diesem Boden ernähren, uns seiner bedienen. Ob er aber zu einem blühenden Garten wird oder durch den kontinuierlichen Raubbau an seinen Ressourcen irgendwann brachliegen muss, hängt von den Wünschen, Hoffnungen und Visionen ab, die wir in unserem Leben haben. Der Horizont könnte uns die Kraft geben, diese zu erfüllen – die Anstrengung, den Horizont in dieser Hinsicht zu erweitern, bleibt jedoch uns überlassen und ist Thema der Meridianachse.

Die Deutung des Aszendenten

Eine isolierte Deutung von Aszendent und Deszendent macht wenig Sinn, vielmehr handelt es sich um zwei sich bedingende und herausfordernde Eigenschaften. Das geht allein schon aus der Tatsache hervor, dass jeder Aszendent zwingend das genau gegenüberliegende Tierkreiszeichen am Deszendenten aufweisen muss – eine andere Option gibt es nicht.
Dennoch ist es ratsam, zunächst beide Pole isoliert zu betrachten. In einem späteren Abschnitt zeige ich Ihnen, wie Sie Aszendent und Deszendent wieder zu der Ein-

heit zusammenfügen, die sie aus der Erfahrung heraus bilden.

Beginnen wir bei der Deutung des Horoskops mit dem Aszendenten – dem Ursprung des eigenen Lebens. Mein Vorschlag umfasst drei Schritte, wobei jeder Schritt ein Stück tiefer in die Interpretation des Aszendenten führt.

Das hat einen entscheidenden Vorteil für Sie: Sie können nach jedem Schritt abbrechen, wenn Sie das Gefühl haben, nicht weiter in die Tiefe gehen zu wollen. Mit wachsender Übung können Sie sich Stück für Stück einarbeiten. Überstürzen Sie nichts, lassen Sie sich Zeit, das Horoskop in seiner ganzen Vielschichtigkeit vor Ihren Augen sukzessive zur Entfaltung zu bringen.

Da sich dieses Schema für Deszendent, Imum Cœli und Medium Cœli wiederholt, können Sie das Große Kreuz auch nur auf einer Ebene durcharbeiten: Sie können sich am Anfang nur auf die Zeichen an den vier Hauptachsen konzentrieren, später alle vier Herrscher der Hauptachsen berücksichtigen und zum Schluss Aspekte und Planetenpositionen in den kardinalen Häusern zur Feinanalyse heranziehen.

Die Ebenen für den Aszendenten:

- Die Deutung des Zeichens am Aszendenten
- Die Deutung des Aszendentenherrschers
- Aspekte zum Aszendenten und Aszendentenherrscher und damit gleichzusetzen: Planeten in [1]

Schritt 1: Das Zeichen am Aszendenten

Für die Deutung des Zeichens am Aszendenten finden Sie zwölf kurze Selbstporträts, die Ihnen das Wesen der Aszendenten in ihren Grundzügen nahe bringen sollen.

Es ist wichtig, bei der Deutung des Aszendentenzeichens gleich den Gedanken der Horizontachse und der Abhängigkeit des Aszendenten vom Deszendenten mit zu berücksichtigen.

- Das Zeichen am Aszendenten gibt uns darüber Auskunft, welche Voraussetzungen wir für die Durchsetzung unseres Lebens mitbringen.
- In Bezug auf den Deszendenten zeigt uns der Aszendent, wie wir ganz spontan auf die Umwelt reagieren. Was fange ich mit den Eindrücken aus dieser Begegnung an?

Schritt 2: Der Aszendentenherrscher

Es lohnt sich, einen genaueren Blick auf die Bedeutung und die Funktion des Aszendentenherrschers zu werfen. Er ist mit Abstand die wichtigste Konstellation.

Der Aszendentenherrscher ist immer der Planet, der über das Tierkreiszeichen regiert, das an der Spitze des ersten Hauses steht. Wo dieser Planet seinen Platz im Horoskop gefunden hat, lebt ein Mensch die Qualitäten seines Aszendenten am besten aus und fühlt sich in diesem Lebensbereich den Eigenschaften seines Aszendenten am nächsten.

Die Deutung des Aszendenten wird auf diese Weise durch ein wichtiges Element ergänzt. Sie können nun relativ genau bestimmen, welche Erfahrungsebenen von den Ener-

gien des Aszendenten am ehesten betroffen sind, aber auch welche Erfahrungsebenen notwendig sind, um im Falle einer Schwächung des Aszendenten mit diesen Energien wieder in Kraft zu treten.

Man kann getrost sagen: *Keine andere Konstellation im Horoskop steht in so intimem Kontakt mit dem Leben eines Menschen wie die des Aszendentenherrschers. Der Umgang mit dieser Konstellation entscheidet darüber, wie kraftvoll und selbstsicher wir uns durch die Welt bewegen.*

Der Aszendent ist die Quelle unserer Lebensenergie und der Aszendentenherrscher entspricht der Mündung des Energieflusses in Richtung einer bestimmten Verwirklichungsebene: Auf der Grundlage seiner Hausposition müssen sich die Wesenskräfte eines Menschen entfalten. Dabei sollte man sich vor Augen halten, dass diese Kräfte ihrer Anlage nach – ungeachtet der unterschiedlichen Tierkreiszeichen am Aszendenten – nicht anders können, als in diese Verwirklichung zu drängen. Sie sind auf ihre Art rücksichtslos, schließlich geht es in letzter Instanz um das Ziel zu überleben.

Die Stellung des Aszendentenherrschers zeigt, *unter welchen Umständen* wir uns besonders deutlich in Einklang mit unserem Leben befinden, wann wir uns besonders stark und durchsetzungsfähig fühlen. Das Zeichen am Aszendenten kann uns nur vermitteln, welche Eigenschaften wir zur Verfügung haben, um uns durchzusetzen. Der Herrscher von [1] aber gibt an, welche Bedingungen erfüllt sein müssen, damit wir uns optimal entfalten können (ob wir das dann auch wirklich tun, hängt selbstverständlich von weiteren Horoskopfaktoren ab).

Jede Position des Aszendentenherrschers entspricht einer

besonderen Ausdrucksfähigkeit: In ihr offenbart sich die ideale Form, um die angeborenen Wesenskräfte zu fassen und von ihnen zu profitieren. Abhängig davon, welche Hausqualität der Aszendentenherrscher durch seine Stellung ins Spiel bringt, muss der Horoskopeigner auch mit programmierten Schwierigkeiten rechnen – je nachdem, inwieweit die Hausqualität von sich aus dieser natürlichen Rücksichtslosigkeit entgegenkommt. Einige Stellungen des Herrschers von [1] begünstigen den freien Fluss der Lebensenergie, während andere zunächst bremsend auf ihn wirken und nach einem Arrangement verlangen. Daraus darf jedoch nicht der Schluss gezogen werden, dass eine Position besser sein könnte als die andere. Jede hat ihre Tücken: Während die schwierigeren nach mehr Mut zu eigenen Standpunkten und einem kräftigen Impuls in puncto Selbstbewusstsein verlangen, neigen die augenscheinlich einfacheren Stellungen auch zu größerer Leichtfertigkeit und Übertreibung, die in schneller Erschöpfung enden können.

Schritt 3: Aspekte zum Aszendenten und Aszendentenherrscher oder Planeten in [1]

Zur Orientierung:
- Aspekte zum Aszendenten und seinen Herrscher symbolisieren Chancen und Widerstände, mit denen wir bei der Durchsetzung unserer Bedürfnisse immer wieder konfrontiert werden.
- Planeten in [1] ergänzen die Aussage des Aszendenten um die Dynamik des jeweiligen Planeten.

Deutungshilfen

Das Zeichen am Aszendent

Was gibt mir das Gefühl, am Leben zu sein? Was verleiht mir die Stärke, meine Bedürfnisse durchzusetzen und mich im Leben zu behaupten? Wie reagiere ich auf diese Welt?

Widder-Aszendent

Ich möchte geradewegs hinaus in die Welt, um sie für mich zu erobern, möchte mich gegenüber allem, was sich mir in den Weg stellt, mit Mut und Tatkraft behaupten. Ich bin ein Pionier und will meine Ideen in die Tat umsetzen, meiner spontanen Eingebung verpflichtet – sonst nichts.

Stier-Aszendent

Ich möchte die Welt be-greifen, sie soll für mich fassbar und spürbar werden. Darum fühle ich mich herausgefordert, ihr Gestalt zu verleihen, Dinge, Menschen und Ereignisse so zu organisieren, dass ihre Kräfte sich sammeln und im Kreis der Gemeinschaft Schutz finden. Daraus schöpfe ich Sicherheit und Stabilität.

Zwillinge-Aszendent

Ich möchte mich frei und ungebunden entfalten, meinem Drang nach Bewegung und meinem Durst nach Wissen nachgeben. Was mir begegnet, will ich nicht bis in die letzte Tiefe ausloten. Vielmehr interessiert mich die Vielfalt der Erfahrung, das Neue und die Freiheit des Denkens, mit der ich mit der Welt in Verbindung trete.

Krebs-Aszendent

Ich möchte mich von der Welt beeindrucken lassen, das Leben in mich aufnehmen und in meiner Seele sammeln. Was mir begegnet, möchte ich empfinden und aus dieser Empfindung Geborgenheit und Vertrauen schöpfen. Ist die Welt Spiegel meiner Seele, kann ich sie als Grundlage meiner Existenz annehmen.

Löwe-Aszendent

Ich möchte der Mittelpunkt einer Welt sein, welche im Schein meiner Ausstrahlung einen neuen Glanz erfährt. Was mir begegnet, soll durch meine Anziehungskraft vereint und durch den Stempel meiner Persönlichkeit veredelt werden. Es genügt mir nicht, beeindruckt zu werden – ich möchte selbst beeindrucken.

Jungfrau-Aszendent

Die Welt steckt voller Möglichkeiten und ich möchte sie nutzen. Zugleich ist die Welt ein Ort von Bedingungen, über die ich verfügen kann, indem ich mich planvoll an ihnen aussteure. Dazu möchte ich mein Leben in einen sicheren Rahmen fügen, von dem aus ich, was mir begegnet, optimal sondieren und sortieren kann.

Waage-Aszendent

Ich möchte mich auf die Suche machen nach dem, was mein Leben ergänzt und vervollständigt. Alles, was mir begegnet, interessiert mich deshalb. Zugleich möchte ich mich nicht mehr nur der Umstände bedienen, sondern aktiver Bestandteil sein und meine Ideale von Harmonie und Ästhetik einfließen lassen.

Skorpion-Aszendent

Ich möchte mich faszinieren lassen von der Welt, wie sie mir begegnet. Sie weckt in mir Impulse, die mich an meine Grenzen führen. Es ist eine Idee in mir angelegt, der ich mein Leben mit aller Leidenschaft widmen möchte und für deren Verwirklichung ich mich einsetzen kann, indem ich alle meine Kräfte auf ihre Vervollkommnung richte.

Schütze-Aszendent

Die Welt ist eine Bühne, auf der ich meinen Bedürfnissen ausreichend Raum verschaffen möchte. Ich möchte sie von einem Logenplatz aus dirigieren und folge dabei einer höheren Vision meines Lebens. Ich erlebe mein Leben in einen höheren Sinnzusammenhang eingebettet und die Erkenntnis, dass alles miteinander verbunden ist, verleiht meinem Leben Flügel.

Steinbock-Aszendent

Es ist mir wichtig, meine Erfahrungen zu strukturieren und zu ordnen, weil mir Klarheit Halt und Sicherheit in der Welt gibt. Die Regeln, die dem größtmöglichen Wohl der Gemeinschaft zugute kommen sollen, sind mir dabei Leitfaden und Richtlinie. So fühle ich mich gewappnet, an der Überwindung jeder gesetzten Hürde zu arbeiten.

Wassermann-Aszendent

Jede Erfahrung auf dieser Welt zeigt mir, worin meine Einzigartigkeit begründet liegt. Diese Besonderheit möchte ich verwirklichen, wobei sich gerade in meinem Leben die Vision einer idealen Welt zeigen möchte, in der es weniger um die Befriedigung der persönlichen Bedürfnisse, als um

die Verbesserung der bestehenden Umstände aller Menschen geht.

Fische-Aszendent

Die Welt ist ein unerschöpflicher Ozean, in dem ich aufgehen möchte. Zwischen mir und dem, was mir begegnet, ist in Wirklichkeit kein Unterschied, denn im Hintergrund wirkt ein größerer Zusammenhang, vor dem alles eins ist. Darum erlebe ich mich als Teil einer Kraft, die von allen materiellen Notwendigkeiten freimacht und bestehende Grenzen für nichtig erklärt.

Der Herrscher des Aszendenten

In welchen Lebensbereichen können wir die Kraft unserer Anlage am besten zum Einsatz bringen?

Aszendentenherrscher in Haus [1]

Um meine Kräfte optimal zu entwickeln, benötige ich ein hohes Maß an Unabhängigkeit und die Möglichkeit, einen »gesunden Egoismus« zu leben, dem es erlaubt ist, sich ungestört der Befriedigung der eigenen Bedürfnisse zu widmen. Wenn ich die Dinge selbst in die Hand nehmen kann, bin ich vollkommen in meinem Element.

Aszendentenherrscher in Haus [2]

Ich brauche ein klar abgegrenztes »Revier«, in dem ich meine Kräfte entfalten kann: Das kann die Familie sein, in der ich Schutz und Sicherheit finde, oder eine Gruppe von vertrauten Menschen, in deren Kreis ich mich geborgen fühle.

Was mir Halt im Leben gibt, ist für mich wertvoll: Ob es körperlich-materielle Werte sind oder einfach das Gefühl der Zugehörigkeit.

Aszendentenherrscher in Haus [3]

Sehen und vor allen Dingen gesehen werden – das ist der Schlüssel zur Entwicklung der in mir angelegten Kräfte. Dort, wo ich mich selbst darstellen und meine Fähigkeit zur Kommunikation einsetzen kann, fühle ich mich am Puls meines Lebens. Ich begreife schnell, worum es geht, und es ist wichtig für mich, dieses Wissen zu veräußern.

Aszendentenherrscher in Haus [4]

Alle Kraft, die mir gegeben ist, steht mir nur dann zur Verfügung, wenn ich die Ruhe habe, ihr nachzuspüren. Deshalb brauche ich einen Ort in meinem Leben, an dem ich mich vom Lärm der Welt zurückziehen und ganz ich selbst sein kann. So finde ich heraus, was ich wirklich will, denn es ist mir wichtig, meine Kräfte in Einklang mit meinem Gefühlsleben einzusetzen.

Aszendentenherrscher in Haus [5]

Was auch immer in mir angelegt sein mag – eines ist sicher: Es sucht sich seinen Weg nach draußen. Daher benötige ich Raum für meine Kreativität, eine Spielwiese, wo ich meine Kräfte ausprobieren kann. Meine Stärke liegt darin, etwas mit ganzem Herzen zu tun, da bin ich auch bereit, mich zu verausgaben.

Aszendentenherrscher in Haus [6]

Meine Kräfte kommen am besten zur Geltung, wenn ich die

Möglichkeit habe, sie an den Bedürfnissen meiner Umwelt auszusteuern. Dazu benötige ich in Abstimmung mit den vorherrschenden Gegebenheiten eine Aufgabe, einen klar umrissenen Platz, der mir das Gefühl vermittelt, nützlich zu sein, ohne anzuecken.

Aszendentenherrscher in Haus [7]

Meine Kräfte suchen stets ein Gegenüber, auf das sie sich beziehen können, zum Beispiel im Austausch mit anderen Menschen. Deshalb ist es wichtig, dass ich mich in einer Umgebung platziere, die mir genügend Reibungsfläche bietet, damit ich meine Anlagen in konkreten Situationen austesten und schulen kann. Ohne den Anreiz von außen, fühle ich mich kraftlos.

Aszendentenherrscher in Haus [8]

Ich brauche ein Ziel, um meine Kräfte entfalten zu können. Dann bündeln sich meine Energien und ihre Durchschlagskraft wird so gesteigert, dass mich nichts mehr wirklich aufhalten kann. Habe ich einmal ein Ideal gefunden, werde ich alles daran setzen, den eingeschlagenen Weg auch zu Ende zu gehen – in positiver, aber auch in negativer Hinsicht.

Aszendentenherrscher in Haus [9]

Die Menschen in meinem Umfeld sind für mich der ideale Ort, um meine Kräfte zu entfalten, denn ich brauche die Gelegenheit, mich und meine Fähigkeiten in einem Klima der Toleranz und Zustimmung auszubreiten. Die Erweiterung meines Horizonts muss möglich sein und nichts ist für mich beengender, als auf bestimmte Meinungen und Ansichten festgelegt zu sein.

Aszendentenherrscher in Haus [10]

Mich treibt es in die Öffentlichkeit, um dort meine Kräfte zu entfalten. Dazu bin ich bereit, die prinzipielle Rücksichtslosigkeit meiner Anlagen zu bändigen. Mir ist klar, dass das erfordert, mich den Spielregeln dieser Gesellschaft zu unterwerfen. Allerdings sehe ich darin auch die Chance, eines Tages diese Spielregeln selbst mitgestalten zu können.

Aszendentenherrscher in Haus [11]

Das Angebot der Bereiche, die mir zur Verfügung stehen, um meine Kräfte zu entfalten, genügt mir nicht: Ich weiß, dass ich diesen Bereich erst für mich erfinden muss und dass er sich mit den gängigen Normen und Konventionen nicht vereinbaren lässt. Ich spüre, dass ich anders bin und ich fühle mich nur dann lebendig, wenn ich diesem Empfinden Ausdruck verschaffen kann.

Aszendentenherrscher in Haus [12]

Meine Kräfte rücksichtslos einzusetzen, liegt mir nicht. Ich spüre nicht die Notwendigkeit, aggressiv auf meine Umwelt zu reagieren. Lieber gehe ich Wege, die offene Auseinandersetzungen meiden. Es gibt jedoch einen Bereich, da scheine ich die volle Kraft meines Lebens ungehindert einsetzen zu können: im Licht der Öffentlichkeit und frei von materiellen Zwängen.

Aspekte zum Aszendenten
und seinem Herrscher

• Gilt auch für Planeten in [1].
Welche zusätzlichen Einflüsse begegnen mir bei der Durchsetzung meiner Bedürfnisse, in positiver und negativer Hinsicht?

Mond-Aspekt

Der Einsatz meiner Durchsetzungskraft wird stets von meinen Gefühlen getragen. Ich kann nichts tun, ohne nicht auch unmittelbar davon betroffen zu sein – reine Rücksichtslosigkeit ist gar nicht möglich, denn ich fühle stets mit, wie auch immer ich auf meine Umwelt reagieren möchte. In positiver Hinsicht macht mich dies zu einem echten Menschenfreund, in negativer Hinsicht habe ich ununterbrochen Angst, dass man mir die Butter vom Brot stiehlt und ich überall Gefahren lauern sehe.

Sonne-Aspekt

Was ich durchsetzen möchte, findet schnell einen konkreten Ausdruck in meinen Handlungen, denn ich weiß genau, was ich will und kann es in die Tat umsetzen. Manchmal bin ich dabei zu ungeduldig und glaube über die Köpfe anderer hinweg meine Bedürfnisse durchsetzen zu können. Es mag mir aber auch gelingen, mit meiner großen Freude an der schöpferischen Umsetzung meines Lebens, für andere, die sich schwerer tun, ihren Weg zu finden, einen wertvollen Beitrag zu leisten.

Merkur-Aspekt

Meine intellektuelle Schlagfertigkeit und meine schnelle Auffassungsgabe helfen mir, meine Bedürfnisse rasch und unproblematisch durchzusetzen. Instinktiv bin ich in der Lage, mich auf alle Veränderungen einzustellen, um stets zur rechten Zeit am rechten Ort zu sein. Meine sprachlichen Fertigkeiten dienen mir auch dazu, mich gegen andere zu verteidigen. Manchmal macht sich diese Eigenschaft auch selbstständig: Dann glaube ich, dass Provokation und Zynismus meine Unabhängigkeit sichern, während sie mich in Wirklichkeit nur von der Welt isolieren.

Venus-Aspekt

Ich habe ein untrügliches Gespür für Realitäten und mein Instinkt beweist sich immer wieder in existenziellen und wirtschaftlichen Fragen. Auch verbinde ich die Durchsetzung meiner eigenen Interessen erfolgreich mit anderen und habe deshalb keine Mühe, zu bekommen, was ich mir wünsche, da es immer in Einklang mit den Bedürfnissen anderer geschieht. Die Gefahr liegt in der Übertreibung: Nichts zählt mehr außer den Dingen, die man anfassen kann, oder ich vergesse, wo ich aufhöre und meine Umwelt beginnt – bevor ich mich versehe, falle ich mit der Tür ins Haus.

Mars-Aspekt

Es ist mir ein Leichtes, mein Leben von Anfang an auf die eigenen Beine zu stellen: Was auch immer ich tue, entspringt ohne Umschweife dem, was ich durchsetzen will. Manchmal besteht die Tendenz, das eigene Leben auf Kosten der Rechte anderer auszuleben. Auf diese Weise sichere

ich mir Unabhängigkeit – der Preis, den ich bezahle, heißt Isolation. Es ist wichtig, dass ich meine Kräfte nicht blindlings einsetze, sondern mir und anderen klarmache, worum es mir geht: So vermeide ich, dass sich mir andere ungewollt in den Weg stellen und unter meine Räder kommen.

Jupiter-Aspekt

Ich gehöre, was die Verwirklichung meiner Bedürfnisse angeht, zu den Glückspilzen, denn was ich anpacke, scheint mit Erfolg gesegnet zu sein. Ob es daran liegt, dass ich eine von Grund auf optimistische Natur bin oder ich mir auf ganz natürliche Weise die Unterstützung meiner Umwelt sichere, ist zweitrangig. Wichtig ist allein, dass ich es verstehe, mehr aus meinem Leben zu machen. Die große Gefahr besteht darin, den Bogen zu überspannen: Wenn ich viel nehmen kann, will ich immer noch mehr. Wenn ich viel geben kann, verschwende ich.

Saturn-Aspekt

Was ich einmal anvisiert habe, vermag mir kaum noch Widerstand zu leisten – früher oder später kriege ich es! Ich weiß sehr gut, wie ich mich in die Prozesse, die mich an meine hoch gesteckten Ziele führen, einbringen und Schwierigkeiten meistern kann. Tatsächlich kann mein Ehrgeiz so weit gehen, dass ich in Menschen nur noch Störfaktoren sehe, die darauf aus sind, mir das Leben schwer zu machen. Ich darf jedoch nicht vergessen, dass das Ziel die Überwindung des Widerstandes ist – nicht seine Kultivierung! Sonst verliere ich auf Dauer die Freude an den Früchten meines Erfolgs.

Uranus-Aspekt

Wo auch immer es Rahmenbedingungen gibt, ich falle bestimmt heraus. Ich gehöre zu den Menschen, die grundsätzlich für jede Regel eine Ausnahme kennen. Daher kann ich Konflikte auf originelle Weise lösen und finde immer irgendeine Tür aus einer scheinbar ausweglosen Situation. Anders zu sein – das liegt mir im Blut, doch irrtümlicherweise glaube ich manchmal, dass manche Spielregel für mich keine Gültigkeit besäße. Das stößt nicht immer auf Verständnis und deshalb lande ich des Öfteren in der Rolle eines Außenseiters: Wer stets gegen den Strom schwimmt, verliert irgendwann die eigene Richtung im Leben.

Neptun-Aspekt

Ich bin ein echter Prototyp für das kommende goldene Zeitalter, in dem der Wolf neben dem Lamm in friedlicher Eintracht liegt. Nichts liegt mir ferner, als meinen Frieden mit der Welt zu riskieren, indem ich um die Durchsetzung meiner Bedürfnisse kämpfe. Da ich nicht zum Kämpfen geboren bin, fühle ich mich in dieser Welt mehr als unwohl: Da bleibt mir nur die Flucht in eine idyllische Traumwelt, in der schon alles gut wird. Wenn ich mich nicht selbst im Nebel der Illusionen verliere, dann werde ich zum getarnten Krieger, zum Wolf im Schafspelz, der schon mal die Wirklichkeiten zu seinen Gunsten verbiegt.

Pluto-Aspekt

Wenn ich etwas mache, dann aus vollster Überzeugung. Worauf ich mich einmal eingelassen habe, lässt mich nicht eher los, bis ich es kompromisslos zu Ende gebracht habe. Die Leidenschaft, mit der ich mich auf die Dinge einlasse,

entspringt einem Bedürfnis, mein Leben in den Dienst eines höheren Ziels zu stellen, für Werte zu kämpfen, hinter denen ich mit Leib und Seele stehen kann. Das Problem liegt darin, dass ich oft die Maßstäbe zu hoch ansetze und beginne, mit meiner Radikalität nicht nur meine eigene Freude am Leben zu vernichten, sondern auf Dauer auch meine Umwelt zu vergiften. Es ist wichtig, dass ich diese Kraft, große Opfer bringen zu können, nicht *gegen*, sondern *für* das Leben einsetze.

Das Beispielhoroskop

Die Konstellationen im Beispielhoroskop

Im folgenden Beispielhoroskop werden nur die Faktoren dargestellt, die für die Deutung des Aszendenten notwendig sind.

Die Konstellationen:

Das Zeichen am Aszendenten
Es handelt sich um einen Jungfrau-Aszendenten.

Der Aszendentenherrscher
Der Herrscher von [1] ist Merkur in [4].

Aspekte zum Aszendenten und seinem Herrscher
Der Aszendent steht im Spiegelpunkt des Saturn in [5].

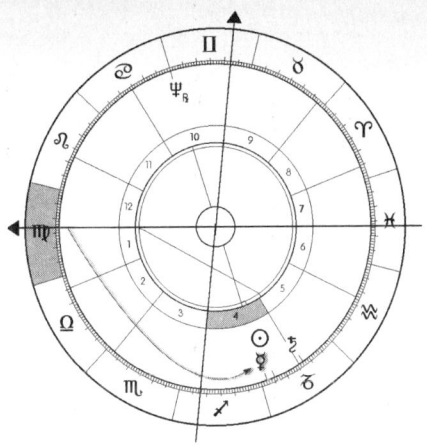

Merkur als Herrscher von [1] in [4] steht in Opposition zu Neptun in [10].

Planeten in [1]

Es befinden sich keine Planeten in [1].

Die Deutung des Beispielhoroskops

Das Zeichen am Aszendenten

Welche Voraussetzungen bringe ich mit, um meine Wünsche und Bedürfnisse durchzusetzen?

• Marlene Dietrich hat einen Jungfrau-Aszendenten.

Ich möchte auf einfachstem Weg das Beste aus mir machen. Eine meiner herausragendsten Eigenschaften besteht darin, dass ich für meine Durchsetzung nicht mehr in Anspruch nehmen muss, als ich gerade brauche. Dabei komme ich sehr gut mit wenigen Mitteln zurecht und kann mich

ausgezeichnet an die vorherrschenden Umweltbedingungen anpassen. So stellen selbst Umstände, die andere als widrig empfinden, kein Problem für mich dar: Im Gegenteil, selbst diese kann ich noch nutzen und das Optimum herausholen.

Ich bin mit einem guten Gespür ausgestattet, das mir hilft, jederzeit die Grenzen meiner Möglichkeiten auszuloten, sodass ich gerade so viel Kraft einsetze, wie es zur Durchsetzung meiner Bedürfnisse notwendig ist. Ich kann äußerst vernünftig mit meinen Kräften Haus halten und finde leicht das rechte Maß. Mir gelingt es, die Gegenwart so zu organisieren, dass ich bestmöglich auf die Zukunft vorbereitet bin.

Der Aszendentenherrscher

In welchen Lebensbereichen kommen meine Anlagen am besten zum Ausdruck?

• Der Herrscher des Aszendenten ist Merkur. Merkur steht in [4]. Das entspricht einem Häuser-Quadrat.

Ich mache viel mit mir selbst aus und brauche wenig Impulse von außen, um mein Leben zu meistern. Es ist für mich deshalb sehr wichtig, dass ich einen Ort habe, an den ich mich zurückziehen kann, um mit mir selbst in Kontakt zu kommen. Nur wenn ich mich auf mich selbst besinnen kann, bin ich in der Lage, meine Kräfte optimal einzuschätzen und einzusetzen.

Ich identifiziere mich sehr leicht mit allem, was ich durchsetzen möchte. Das bedeutet einerseits, dass ich nur dann meine Anlagen wirkungsvoll zum Einsatz bringen kann, wenn ich es mit mir selbst vereinbaren kann – ich kann mich schlecht selbst belügen –, andererseits kann ich

103

nichts dagegen tun, dass jeder Akt der Durchsetzung zugleich mein Innerstes tief berührt. Ich halte nichts von »Ellbogentaktik« und möchte im Zweifelsfall lieber in Ruhe gelassen werden, als für meine Bedürfnisse einzutreten.

Aspekte zum Aszendenten und seinem Herrscher
Welchen Einflüssen sind meine Fähigkeiten ausgesetzt? Was fördert oder behindert sie?

- Der Aszendent steht im Spiegelpunkt des Saturn. Saturn steht in Haus [5]. Das entspricht einem Häuser-Trigon.

Ich bin ein recht stabiler Mensch und halte bei der Durchsetzung meiner Bedürfnisse ziemlich konstant eine einmal gewählte Richtung ein. Ich lasse mich nicht so schnell ablenken und kann mich gut auf meine Ziele konzentrieren. Problematisch wird es dann, wenn diese Stabilität eine Eigendynamik entwickelt. Dann halte ich konsequent an einer Sache fest, obwohl ein eher lockerer Umgang mit der Situation angebracht wäre. Ich nehme dann vieles sehr viel ernster, als ich müsste und fange an, mich überdeutlich abzugrenzen und sogar auszugrenzen.

Alles in allem gelingt es mir meistens, meine Kreativität ([5]) mit meiner Durchsetzungsfähigkeit ([1]) zu verknüpfen. Ich brauche einen klar umrissenen schöpferischen Rahmen (Saturn in [5]), etwas, auf das ich meine Kreativität ausrichten kann, um das Gefühl zu haben, am Leben zu sein! Innerhalb dieses Rahmens bin ich dann zu Höchstleistungen fähig.

- Der Aszendentenherrscher (Merkur) in [4] steht in Opposition zu Neptun in [10].

Ich lasse mir nicht gern in die Karten schauen, wenn es darum geht, meine Bedürfnisse umzusetzen. Ich merke deut-

lich, dass ich den direkten Weg, der oftmals mit Konfrontationen einhergeht, scheue. Ich bin viel zu sensibel für Einflüsse von außen und kann mich im Grund nur sehr schlecht verteidigen. Besonders unangenehm sind für mich dabei weniger wohlmeinende Stimmen. Ich fühle mich schnell verletzt und regelrecht gelähmt, wenn ich kritisiert werde. Es ist deshalb besser, wenn ich meine Bedürfnisse eher verdeckt halte. Auf manche wirke ich dann vielleicht wie eine geheimnisvolle Sphinx – für mich selbst bedeutet der Nimbus des Undurchsichtigen Schutz, um Angriffen und Kritik aus dem Weg zu gehen.

Natürlich gibt es Situationen, in denen es darauf ankommt, sich selbst zu verteidigen, aber ich ziehe jeden Schleichweg der unmittelbaren Konfrontation vor. Lieber schauspielere ich ein wenig und täusche andere über meine wahren Absichten, die ich unbemerkt dennoch durchsetzen kann – vorausgesetzt, ich nehme diese Bedürfnisse überhaupt wahr. Nicht immer kann ich gut einschätzen, was ich gerade brauche und was nicht, insbesondere dann nicht, wenn ich keine Möglichkeit finde, in mich hineinzuhören (Merkur in [4]). Dann täusche ich nicht nur über meine wahren Absichten hinweg, sondern leugne, überhaupt irgendwelche zu haben. Das hängt sehr stark damit zusammen, ob ich meinem Leben einen Sinn geben kann oder nicht: Das fällt mir nicht leicht, denn eigentlich stehen mir sehr viele Wege offen und ich fühle mich nicht ausschließlich zu einer ganz bestimmten Sache hingezogen (Neptun in [10]). Solange ich im Unklaren darüber bin, wie meine Berufung aussehen kann, fühle ich mich gelähmt, weil ich kein Ziel sehe, für das ich meine Kräfte einsetzen könnte. Der Vorteil: Ich bleibe gesellschaftlich unbeachtet (Neptun

in [10]) und daher in meinem privaten Bereich unbehelligt (Merkur in [4]). Wenn ich schließlich etwas gefunden habe, ändert sich die Situation: Meine Lebensenergie beginnt jetzt richtig zu fließen! Aber: Zugleich verschärft sich der Kontrast zwischen meiner Rolle in der Gesellschaft, die nun der Verwirklichung eines Traumes nahe kommen kann (Neptun in [10]), und meinem Wunsch nach Rückzug und Innenschau (Merkur in [4]).

Die Deutung des Deszendenten

1. Das Zeichen am Deszendenten
2. Der Deszendentenherrscher
3. Aspekte zum Deszendenten und seinem Herrscher und damit gleichzusetzen: Planeten in [7]

Schritt 1: Das Zeichen am Deszendenten

Bei der Deutung des Deszendenten sollten Sie immer berücksichtigen, inwieweit sich die Qualitäten des entsprechenden Zeichens mit dem Zeichen am Aszendent bedingen und ergänzen.

• Das Zeichen am Deszendenten besagt, welche Qualitäten im Außen die optimale Grundlage für unsere Entwicklung bieten.
• In Bezug auf den Aszendenten zeigt es uns, welche Situationen uns auffordern, unsere Anlagen zum Einsatz zu bringen.

Schritt 2: Der Deszendentenherrscher

Analog zum Aszendentenherrscher ist der Deszendentenherrscher der Planet, dessen Tierkreiszeichen an der Spitze von Haus [7] steht. Damit zeigt uns der Herrscher von [7], in welchem Lebensbereich der Horoskopeigner den besten Zugang zu den Themen seines Deszendenten finden wird. Während der Deszendent zunächst aussagt, welche allgemeinen Qualitäten ich von außen als Nahrung für mein Leben benötige, zeigt der Deszendentenherrscher, *wo* diese Nahrung am besten aufgespürt werden kann, wo sie für uns bereitgestellt ist.

Der Herrscher von [7] erklärt, unter welchen Umständen die Erfahrungen gemacht werden, die die Kräfte des Aszendenten herausfordern. Er zeigt uns nicht nur *wie* Situationen, Menschen usw. beschaffen sein müssen, damit in uns eine Reaktion hervorgerufen wird, sondern auch *unter welchen Umständen* wir erwarten, diesen Eigenschaften zu begegnen. Mit dem Deszendentenherrscher suche ich nicht mehr nur nach einem *Wie?* in der Begegnung, sondern auch nach einem *Wo?*

Der Deszendent verkörpert die idealen Eigenschaften, die wir benötigen, um uns komplett zu fühlen. Wenn uns diese fehlen, kommt es zu Mangelerscheinungen: zu einem Kräfteausfall und Nachlassen des Lebenswillens. Bleiben wir in diesem Bild, dann macht uns der Deszendent darauf aufmerksam, welche Inhaltsstoffe, welche Mineralien, welche Vitamine etc. unser Körper braucht.

Der Deszendentenherrscher hingegen zeigt uns, wo wir suchen sollen und in welcher Form wir die Nahrung benötigen, damit nicht nur unser Hunger gestillt, sondern unser

Appetit sogar angeregt wird: Mögen wir lieber asiatisches Essen oder bevorzugen wir eine Süßspeise? Wollen wir lieber ungestört bleiben oder doch unsere Freunde zum Essen einladen?

Natürlich genügt zum Überleben nur die Berücksichtigung des Deszendenten. Um jedoch aus der vollen Kraft der Erfahrung, die uns am Deszendenten begegnen kann, zu lernen, müssen wir uns mit den Umständen auseinander setzen, die uns der Herrscher von [7] anzeigt. Nur so bekommen wir mehr, als nur die Chance zu überleben – es wird der Wunsch entstehen, mehr aus unserem Leben zu machen und an den Erfahrungen zu wachsen.

Nicht jede Hausposition des Deszendentenherrschers erweist sich als gleich günstig: Manche Stellungen sind einfacher, weil sie dem Deszendenten, seiner Begegnungsorientierung und seinem Wunsch nach Erfahrung durch Lernen entgegenkommen. Andere Stellungen konkurrieren vielleicht mit diesem Bedürfnis oder scheinen es sogar zu unterdrücken. Das ist jedoch – wie beim Aszendentenherrscher – nur eine oberflächliche Betrachtungsweise. Schwierigere Stellungen scheinen zwar unbequemer zu sein, in Wirklichkeit jedoch bergen sie ein weit größeres Potenzial, die eigene Entwicklung voranzutreiben, als die so genannten »einfacheren« Konstellationen.

In jedem Fall ist die Stellung des Herrschers von [7] der Schlüssel, um den Motor des Lebens optimal in Gang zu halten.

Schritt 3: Aspekte zum Deszendenten und Deszendentenherrscher oder Planeten in [7]

Zur Orientierung:
- Die Aspekte zum Deszendenten und Deszendentenherrscher verdeutlichen, welche fördernden und hemmenden Einflüsse in Bezug auf unsere Auseinandersetzung mit der Umwelt zu erwarten sind.
- Planeten in [7] ergänzen die Aussage des Deszendenten um die Dynamik des jeweiligen Planeten.

Deutungshilfen

Das Zeichen am Deszendent

Welche Qualitäten in meiner Umwelt bieten die optimale Grundlage für meine Entwicklung? Welche Situationen reizen mich, um meine Anlagen zum Einsatz zu bringen?

Widder-Deszendent
Mich interessiert das Ungeschliffene und Grobe, dadurch werden meine ästhetischen Fähigkeiten herausgefordert. Dabei möchte ich erobern, mich nicht kampflos meinen Bemühungen nach Harmonie ergeben, sondern provoziert werden. Je ferner ein Gegenüber meinen Idealen steht, umso größer ist der Reiz für mich.

Stier-Deszendent

Materie ist vergänglich, aber der ihr immanente Geist unsterblich: Er ist das Ziel meiner Suche. Die größte Herausforderung aber besteht darin, meinen eigenen Geist in die Materie zu versenken und so nach meinen Vorstellungen Substanz werden zu lassen. Was mich interessiert, ist die Überwindung der Materie, indem ich sie kontrolliere.

Zwillinge-Deszendent

Die Vielfalt und Vielschichtigkeit der Welt inspiriert mich – wie ein Puzzle, das ich zu einem großen Bild zusammenfügen möchte, sodass jede Erfahrung, jede wahllose Information in einem höheren Zusammenhang erstrahlt und der sinnstiftende Plan sichtbar wird, der die rastlose Welt zusammenhält.

Krebs-Deszendent

Was die Welt an Formlosem und Instabilem zu bieten hat, interessiert mich: Hier finde ich das Feld an Erfahrungen, die ich benötige, um meine eigenen Fähigkeiten zu präzisieren. Was mir begegnet, macht mich betroffen und fordert mich zu mehr Distanz heraus. Damit gelingt es mir, die emotionale Tiefe der Dinge in mir anderen zu vermitteln.

Löwe-Deszendent

Überall, wo sich Macht konzentriert, fühle ich mich herausgefordert, Widerspruch zu leisten, um so der Entwicklung neuer Ideen Platz zu schaffen. Die gleiche Autorität, die ich überwinden möchte, bietet auch den Impuls, meine Kräfte zu bündeln – auf Ideale, die mich von Abhängigkeiten befreien.

Jungfrau-Deszendent

Wo ich auf ordnende Vernunft und pragmatisches Denken treffe, sehe ich mich herausgefordert, meine Erfindungsgabe einzubringen. Die Bewältigung des Alltäglichen verschafft mir den Rahmen für meine Phantasien und bewahrt mich davor, mich in der chaotischen Fülle meines Lebens zu verlieren.

Waage-Deszendent

Jede Begegnung, jeder Gedanke und jede Idee kann der Zündfunke sein, um mich auf meinen Weg zu machen. Es ist die Konfrontation mit einer Gegenkraft, die mir den Impuls für meine Durchsetzung liefert. Es ist das Gegenüber, an dem ich meine Kräfte messen kann, was mir das Gefühl verleiht, am Leben zu sein.

Skorpion-Deszendent

Hinter jeder konkreten Sache steckt eine Idee, die wie ein unsichtbares Gerüst die Realität ummantelt. Ebenso hat auch jede Gemeinschaft einen Leitgedanken, dem sie sich verbunden fühlt. Ein solcher Leitgedanke ist die Voraussetzung für meine Fähigkeit, mich mit der Welt zu identifizieren.

Schütze-Deszendent

Um mein Interesse zu wecken, benötige ich ein breit gefächertes Angebot an Begegnungen, Themen und Gedanken: Die weite Welt mit all ihren Möglichkeiten ist mein Revier. Mein Lerneifer kennt keine Grenzen und alle Fassetten des Lebens sind es wert, meine Aufmerksamkeit und Wertschätzung zu finden.

Steinbock-Deszendent

Jede überpersönliche Struktur, jedes allgemein gültige System bietet mir die Gelegenheit, meine Gefühle zu organisieren. Zugleich wird alles, was mir begegnet, von meinen Gefühlen berührt und bereichert. So wird die Seele in den Dingen bewahrt und erhält im Gegenzug eine Form, die ihr Klarheit und Beständigkeit verleiht.

Wassermann-Deszendent

Mich stimuliert das Widersprüchliche in meiner Umgebung, das aus der Reihe tanzt, das Ungebundene des freien Geistes. Auseinander driftende Erfahrungen und ihr scheinbarer Gegensatz inspirieren die zentrierende Kraft meiner Persönlichkeit. Dadurch können abstrakte Visionen in meinen Handlungen lebendig werden.

Fische-Deszendent

Die Erfahrung einer chaotischen und ungeregelten Welt ist der Schlüssel zu meiner Kraft, ordnend auf alles einzuwirken. Wie Brachland wartet die Umwelt darauf, von mir nutzbringend erschlossen und optimiert zu werden. Die unendliche Fülle an Möglichkeiten fordert mich heraus, jenen bestimmten Platz zu finden, wo ich hingehöre.

Der Herrscher des Deszendenten

In welchen Lebensbereichen finde ich die besten Bedingungen, um die Entwicklung meines Lebens voranzutreiben? Wo erhalte ich den besten Stimulus aus der Umwelt?

Deszendentenherrscher in Haus [1]

Ich selbst bin mein eigenes Anschauungsobjekt, wenn es darum geht, aus den Begegnungen mit meiner Umwelt zu lernen. Jede Konfrontation, jede Auseinandersetzung mit einem Gegenüber führt mir mein eigenes Leben – sowohl Stärken als auch Schwächen – vor Augen. Für mich ist die Umwelt ein Spiegel meiner eigenen Bedürfnisse.

Deszendentenherrscher in Haus [2]

Bei den Themen, mit denen ich konfrontiert werde, geht es immer um die Frage: Worin besteht wirkliche Sicherheit? Ich brauche eine Umgebung, die einerseits klar abgegrenzt ist und mir so das Gefühl von Zugehörigkeit vermittelt; andererseits möchte ich Offenheit und Austausch. Nicht immer lässt sich beides verbinden. Deshalb lerne ich am meisten dadurch, diese beiden Pole zu vereinen.

Deszendentenherrscher in Haus [3]

Meine Umwelt soll ein gutes Erscheinungsbild abgeben, so wie ich eine gute Figur in meiner Umwelt machen will. Form und Stil erleichtern mir den Umgang mit anderen und meine Neigung, viele Dinge eher aus intellektueller Sicht zu betrachten, ermöglicht es mir, von der Vielfalt der Welt zu lernen, ohne irgendetwas persönlich nehmen zu müssen.

Deszendentenherrscher in Haus [4]

Was auch immer aus der Umwelt auf mich zukommt: Es durchdringt mich bis zu den Wurzeln meiner Existenz – nichts lässt mich unberührt. Dadurch ergibt sich ein sehr persönlicher Zugang zum Außen, der nicht selten auch

meine Sicht der Dinge trübt. In meiner Umwelt muss ich mich geborgen und zu Hause fühlen können.

Deszendentenherrscher in Haus [5]

Meine Umwelt ist wie ein Lebenselixier für mich: Jeder Impuls, der mich erreicht, zeigt mir, dass ich am Leben bin. Eine ideale Umwelt muss mir den Anreiz bieten, aus mir herausgehen zu können und mich zu schöpferischem Handeln anzuregen. Mein Selbstbewusstsein wird gestärkt, indem ich die Möglichkeit bekomme, die Hauptrolle zu spielen.

Deszendentenherrscher in Haus [6]

Meine Umwelt ist in erster Linie überfüllt von Bedingungen, an denen es sich auszusteuern gilt. Ich habe ein gutes Gespür für die Bedürfnisse der anderen und erachte es als eine meiner Stärken, diese im Umgang mit anderen berücksichtigen zu können. Ich lerne auf diese Weise, meinen eigenen Freiraum zu wahren, ohne den Freiraum anderer zu beeinträchtigen.

Deszendentenherrscher in Haus [7]

Ich benötige keinen Stimulus, der mich dazu antreibt, mich mit meiner Umwelt auseinander zu setzen. Das geschieht ohne Hintergedanken und völlig unbefangen. Das mag manche irritieren, denn ich beziehe auch kaum Stellung in meiner Umwelt, da mir jedes Thema gleich viel bedeutet. In mancherlei Hinsicht ermöglicht mir dies einen objektiven Zugang zur Welt der anderen.

Deszendentenherrscher in Haus [8]

Bei Begegnungen interessieren mich nur die, die verbindlich sind. Ich suche keine beliebigen Erfahrungen, sondern nur das Wesentliche – als Leitbild für mein eigenes Weltbild. So lerne ich, in verbindlichen Begegnungen mir selbst und meinen Prinzipien treu zu bleiben. Ebenso begegne ich einer interessanten Umwelt mit grenzenloser Leidenschaft.

Deszendentenherrscher in Haus [9]

Ich verarbeite das, was mir begegnet, gern in einer Umgebung, die von einem offenen und toleranten Miteinander geprägt ist. Mich interessieren die Meinungen anderer, um meine eigene Weltsicht zu modellieren. Meine ideale Umwelt schenkt mir in erster Linie Beachtung und respektiert mich – und erlaubt mir, meinen Horizont zu erweitern.

Deszendentenherrscher in Haus [10]

Die Umwelt, von der ich am meisten profitiere, hat etwas mit meiner Berufung zu tun und ist gleichzeitig geeignet, mich in meinem Leben vorwärts zu bringen. Ich schätze Begegnungen, die sich an soziale Spielregeln halten und sich in irgendeiner Weise mit übergeordneten Themen beschäftigen. Ich suche klare Strukturen, an denen ich mich orientieren kann.

Deszendentenherrscher in Haus [11]

In Begegnungen interessiert mich das Ungewöhnliche, das Unkonventionelle, etwas, das den Rahmen sprengt. Meine Umwelt muss entsprechend offen sein für Visionen über eine bessere Welt, zu der jeder seinen besonderen Beitrag

leisten kann. Sie muss erlauben, neue Wege im Denken ein-
zuschlagen und Individualität respektieren und fördern.

Deszendentenherrscher in Haus [12]

Die Welt, wie sie mich umgibt, ist ein riesiger Ozean voller
Inspirationen. Dabei geht es mir nicht so sehr um die Bewältigung des Alltäglichen, sondern die Begegnung mit
dem Numinosen, dem Heiligen hinter den Dingen. Mich interessiert nicht so sehr, wie die Dinge auf materieller Ebene
erscheinen – ich suche eine Ebene, auf der das Materielle
keine Bedeutung mehr hat.

Aspekte zum Deszendenten
und seinem Herrscher

*Welche zusätzlichen Einflüsse bestimmen, wie ich mir Zu-
gang zur Umwelt verschaffe, in positiver wie negativer Hinsicht?*

Sonne-Aspekt

Meine Handlungen zielen darauf ab, Begegnungen zu erfahren. Das ist sehr wichtig für mich, den sie verleihen mir
das Gefühl, wichtig zu sein. Natürlich besteht dabei die Gefahr, mein Verhalten nur noch darauf auszurichten, anderen zu gefallen. Vielleicht beginne ich sogar, mich selbst
über die Anerkennung anderer zu definieren. Andererseits
bin ich ein sehr geselliger Mensch, der es versteht, sich und
seine Umwelt mit sinnlichen Dingen zu erfreuen.

Mond-Aspekt

Begegnung ist für mich ohne Beteiligung von Gefühl nicht denkbar: Es geht mir nah, was in meiner Umwelt geschieht, und beeinflusst mein Wohlbefinden. Deshalb suche ich eine harmonische, konfliktfreie Umgebung, in der sich alle wohl fühlen. Dabei mache ich meine eigene Emotionalität manchmal davon abhängig, wie es bei anderen ankommen könnte. Dennoch zeichnet mich gerade diese empathische Fähigkeit aus und dafür werde ich von meiner Umwelt sehr geschätzt.

Merkur-Aspekt

Meiner Umwelt begegne ich bevorzugt auf intellektuelle Art: Das ist wichtig, denn mir liegt sehr viel an einem sorgenfreien Miteinander. Mit diplomatischem Geschick gelingt es mir, zwischen den vielfältigen Anforderungen in meiner Umgebung zu vermitteln. Vielleicht bin ich etwas konfliktscheu und manche mögen mir Opportunismus und Schönfärberei vorhalten. Ich jedoch befinde, dass in meiner Umwelt Platz für alle Meinungen sein muss.

Venus-Aspekt

Es gibt für mich nichts Wichtigeres als den Kontakt zur Umwelt. Es ist mir ein echtes Bedürfnis, mich mit Freunden – überhaupt mit Menschen – zu umgeben. Ein wesentliches Merkmal meines Zugangs zur Umwelt ist mein Interesse an allen Fragen des Geschmacks und der Ästhetik. Dadurch gerate ich leicht in Verdacht, zu sehr auf Äußerlichkeiten Wert zu legen. Das stimmt nur bedingt: Mir ist es im Sinne meines Harmoniebedürfnisses einfach wichtig, dass in meiner Umgebung alles gut zueinander passt.

Mars-Aspekt

Es muss schon spannend zugehen in meiner Umwelt, wenn ich bei Laune bleiben soll. Konflikte sind da immer wieder eine willkommene Abwechslung, um etwas »Leben in die Bude« zu bringen. Natürlich kann das auch sehr anstrengend werden, vor allen Dingen, wenn ich das Gefühl habe, meine Umwelt ist prinzipiell gegen mich. Ursache kann dabei mein sehr spontaner Zugang zum Außen sein, der immer wieder zu Konfrontationen als Folge meines unüberlegten Tuns führt.

Jupiter-Aspekt

Eigentlich habe ich immer großes Glück mit meiner Umwelt, Zugang zu ihr zu finden, fällt mir leicht. Begegnungen, Bekanntschaften, Beziehungen ereignen sich, ohne große Anstrengung meinerseits, und ich erfreue mich großer Beliebtheit. Die größte Gefahr für mich besteht darin, zu sehr in eine Glückserwartungshaltung zu verfallen und dadurch zu glauben, dass mir nur Positives widerfahren kann. Dennoch habe ich ein großes Vertrauen in das Potenzial meiner Umgebung und benötige den Kontakt zu ihr wie die Luft zum Atmen.

Saturn-Aspekt

Mithilfe der Erfahrungen, die ich in meiner Umgebung sammle, lerne ich sehr gut, mein Leben zu strukturieren und kein anderer Bereich erlaubt mir, mein Organisationstalent so zu entfalten. Andererseits tendiere ich dazu, Struktur vor emotionaler Qualität den Vorrang zu geben: Ich kann mich nur dann auf meine Umwelt einlassen, wenn die Begegnungen in streng geordneten Bahnen ablaufen –

Spontaneität verwirrt mich eher. Im positiven Sinne zieht mich Ernsthaftigkeit im Außen an.

Uranus-Aspekt
In meiner Umwelt stehe ich eigentlich immer vor einem Dilemma: Ich suche die Begegnung, möchte aber auf keinen Fall Verbindlichkeiten eingehen. Darum lege ich großen Wert darauf, dass mir meine Umgebung die Freiheit lässt, zu kommen und zu gehen, wann ich will. Das Problem beginnt dann, wenn ich anfange, eine Situation oder einen Menschen in mein Herz zu schließen – möglicherweise suche ich genau dann das Weite, um nicht vereinnahmt zu werden.

Neptun-Aspekt
In der Begegnung wünsche ich mir Mystik und Romantik. Da ich weiß, wie schwierig meine Vorstellung von einer vollkommenen, in jeder Hinsicht zufrieden stellenden Beziehung zu einem Menschen zu erfüllen ist, neige ich nicht selten dazu, mich eher meinen Träumen hinzugeben, als mich wirklich auf die Suche danach zu machen. Dabei wohnt meinem Bedürfnis ein starker Impuls inne, in einer Art idealen Liebe zu allem Lebendigen aufzugehen.

Pluto-Aspekt
Begegnungen wühlen mich auf, positiv wie negativ – Voraussetzung ist, dass ich mich mit meiner Umwelt absolut identifiziere. Dann entwickelt sich in mir eine unaufhaltsame Leidenschaft, mich mit meiner Umgebung auseinander zu setzen, manchmal stärker als es mir gut tut. Ich erwarte viel von den Menschen in meinem Umfeld – nicht selten zu

viel –, sodass ich oftmals dadurch enttäuscht werde, dass sich meine hohen Maßstäbe nicht erfüllen lassen.

Das Beispielhoroskop

Die Konstellationen im Beispielhoroskop

Das Beispielhoroskop ist auf alle wesentlichen Deutungselemente rund um den Deszendenten reduziert.

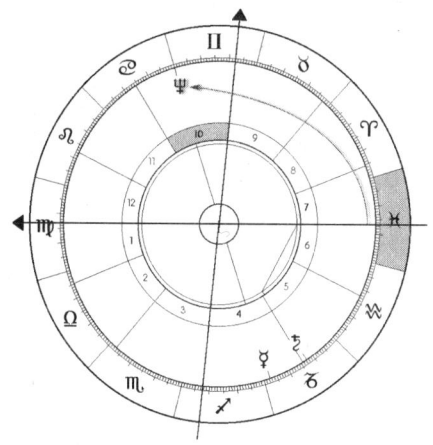

Die Konstellationen:

Das Zeichen am Deszendenten
Es handelt sich um einen Fische-Deszendenten.

Der Deszendentenherrscher
Der Herrscher von [7] ist Neptun in [10].

Aspekte zum Deszendenten und seinem Herrscher
Der Deszendent steht im Spiegelpunkt des Saturn in [5].
Neptun als Herrscher von [7] in [10] steht in Opposition zu
Merkur in [4].

Planeten in [7]
Es befinden sich keine Planeten in [7].

Die Deutung des Beispielhoroskops

Das Zeichen am Deszendenten
*Welche Qualitäten in meiner Umwelt bieten die optimale
Grundlage für meine Entwicklung? Welche Situationen reizen mich, meine Fähigkeiten einzusetzen und zu verbessern?*

• Marlene Dietrich hat einen Fische-Deszendenten.

Ich bin auf der Suche nach Erfahrungen, die mir von einer
Welt jenseits des Alltäglichen erzählen. Nicht die Oberfläche der Dinge interessiert mich, sondern was dahinter sein
könnte. Diese Grenze zwischen mir und meiner Umwelt zu
überschreiten oder gar aufzulösen ist ein wichtiger Schlüssel für mein Leben, der mir in Situationen, Menschen und
ihren Gefühlen und Gedanken begegnet.

Darin liegt auch eine große Bedrohung für mich, da
das Überschreiten der Grenzen die Auflösung der Ordnung
mit sich bringt: Grenzen trennen und sorgen für klare
Abstände und unmissverständliche Strukturen. In mei-

nen Erfahrungen erlebe ich daher immer wieder das Chaos.

Chaos jedoch ist das beste Training für die in mir angelegten Fähigkeiten! Jede Begegnung mit Unordnung und Formlosigkeit bedeutet nichts weiter, als eine Herausforderung, Ordnung und Form zu schaffen. Das Konturlose erhält durch mich Konturen, das Profillose Profil und das Gestaltlose Gestalt. Wenn ich lerne, das Chaos nicht als Bedrohung, sondern als Entwicklungschance zu begreifen, werde ich entdecken, dass in diesem Chaos die Kraft verborgen liegt, die nicht zulässt, dass mein Leben erstarrt.

Es gibt Zeiten, da scheint dieses Bedürfnis als chaotische Kraft, die mein Leben in ein unwirkliches, gestaltloses Licht taucht, zu wirken - etwas Bedrohliches, das verhindert, dass meine Umwelt klare Konturen, die mir Sicherheit geben, annimmt. Irgendwann erkenne ich, dass ich diejenige sein würde, die dem Gestaltlosen Gestalt, dem Unwirklichen Wirklichkeit und dem Traum Leben verleihen müsste und das jene Kraft, die zunächst nicht zulässt, dass mein Leben in ein festes Gefüge mündet, letztlich dafür sorgt, dass ich niemals stillstehe und niemals den Glauben aufgebe, dass ich die Wirklichkeit, die mich umgibt, selbst erschaffen kann.

Der Deszendentenherrscher

In welchem Lebensbereich finde ich die besten Bedingungen, um aus den Begegnungen mit meiner Umwelt zu lernen?

- Neptun als Herrscher von [7] steht in [10]. Das entspricht einem Häuser-Quadrat.

In der Gesellschaft suche ich nach Begegnungen, die mich anregen. Die Rolle, die ich dabei spiele, verschafft mir die Gelegenheit, aus diesen Begegnungen zu lernen. Sie ist ausgesprochen wichtig, denn sie bildet den übergeordneten Rahmen, der den Umgang mit meiner Umwelt berechenbar, zumindest geregelt ablaufen lässt. Hinter dieser Fassade bin ich vielleicht eine andere, aber solange ich in dieser Rolle stecke, ist es mir möglich, auf die Spielregeln, die das Miteinander regeln, zu vertrauen. Auf diese Weise fällt es mir am leichtesten, von meiner Umwelt zu lernen. Wenn jeder seine Rolle spielt, herrscht Klarheit und Sicherheit: Ich weiß, was ich an anderen habe und andere wissen, worauf sie sich bei mir verlassen können.

Natürlich laufen Begegnungen unter diesen Vorzeichen nicht gerade persönlich ab: Immer steht im Vordergrund, welche Position man im großen Spiel innehat, und weniger, wer man im Inneren wirklich ist. Aber das hat auch seinen Vorteil: Man lernt, dass es um die Sache und nicht um die persönlichen Interessen der Einzelnen geht. Wer dieses Spiel beherrscht, hat die Logik des Zeitgeists verstanden und beginnt, den Zeitgeist als etwas zu verstehen, das nicht »von oben« verordnet, sondern von der Summe aller Individuen gestaltet wird.

Aspekte zum Deszendenten und seinem Herrscher
Welche Einflüsse bestimmen meinen Zugang zur Umwelt?
Inwieweit fördern oder behindern sie mich?

• Der Deszendent steht im Spiegelpunkt des Saturn. Saturn steht in [5]. Das entspricht einem Häuser-Sextil.

So stabil, wie ich in der Durchsetzung meiner Anlage bin, bin ich auch, was mein Verhältnis zur Umwelt angeht: Ich

versuche eine möglichst geregelte Beziehung zu der Welt, die mich umgibt, aufzubauen und sie so konstant, wie es nur geht, zu halten. Ich bin eher ein zurückhaltender Mensch und lege keinen gesteigerten Wert darauf, den »Hansdampf in allen Gassen« zu spielen: Wenige gute, klar definierte und tiefe Beziehungen sind mir wichtiger, als mich mit Hinz und Kunz abzugeben.

Wenn sich Beziehungen, wie ich sie mir wünsche, nicht aufbauen lassen oder ich enttäuscht werde, dann ziehe ich schnell eine Grenze. Lieber bin ich allein als in oberflächlicher Gesellschaft. Natürlich werde ich meine Angst vor erneuter Ablehnung als kühle Überlegenheit und gewollte Unabhängigkeit präsentieren. Vielleicht stürze ich mich auch einfach in meine Karriere und lasse Freundschaften und Kontakte auf meinem Weg nach oben zurück.

Dabei sind es gerade die Begegnungen mit anderen, die mir einen Zugang zu meiner Kreativität verschaffen (Saturn in [5]), wenn auch nicht immer ausschließlich so, wie ich es mir wünschen würde. Fest steht, dass mich jedes Gegenüber herausfordert, schöpferische Aktivitäten zu entwickeln, und am Ende meine Persönlichkeit gestärkt und gefestigt ist. Bei den Menschen, bei denen ich meine Persönlichkeit ausbreite, kann ich in ungeahntem Ausmaß kreativ sein.

• Neptun als Herrscher von [7] in [10] steht in Opposition zu Merkur. Merkur steht in [4].

Kommunikation mit meiner Umwelt ist das A und O für mich, da sie an bestimmte Formen gebunden ist. Kommunikation kann sich wie ein Weichzeichner zwischen mich und mein Gegenüber schieben. Sie ermöglicht mir, das, was ich ausdrücken möchte, auch durch die Blume zu sa-

gen. Ich denke, dass man mit ein bisschen Diplomatie geschickter erreicht, was man sich von seiner Umwelt erhofft. Kommunikation glättet Ecken und Kanten von Meinungen und erlaubt letztendlich, auch Gefühle so darzustellen, dass niemand verletzt wird.

Dass dabei etwas von der ursprünglichen Intensität der Gefühle verloren geht, ist klar; auch dass bestimmte Formulierungen und Floskeln schön klingen, aber nichts oder nur wenig aussagen. Aber ihr Wohlklang kann Menschen versöhnlich stimmen und einen selbst oftmals davor bewahren, sich durch allzu eindeutige Meinungsäußerungen die Gunst der Umwelt zu verscherzen.

Problematisch hierbei ist, dass ich oftmals Gefahr laufe zu Gunsten der Rolle, die ich spiele und in der ich mich – auch als Illusion – hervorragend verkaufen kann (Neptun in [10]), die Durchsetzung meiner eigenen Interessen verrate, indem ich sie stets in die Form bringe, die von den jeweiligen Umständen gefordert werden (Merkur in [4]). Ich schleife und verbiege sie so lange, bis sie ihre rücksichtslose Aussagekraft verlieren. Das Ergebnis ist die Anpassung meines Privatlebens (Merkur in [4]) an eine übermächtige gesellschaftliche Funktion, die ich erfüllen muss und möchte (Neptun in [10]).

Imum Cœli und Medium Cœli –
die Meridianachse

Die Erfahrung von Himmelsmitte
und Himmelstiefe

Stellen Sie sich vor, Sie würden im Freien stehen und den Himmel betrachten, der sich wie eine gewaltige Kuppel über Ihnen wölbt. Der Kreis des Horizonts umschließt alle Richtungen. Spüren Sie nun Ihr Rückgrat und denken Sie sich die senkrechte Linie Ihres Rückens bis an die Himmelsgrenzen über Ihnen: Dort, wo Sie den Himmel berühren, ist die Mitte des Himmels, der Zenit.

Und stellen Sie sich nun vor, wie sich die Himmelskuppel unter Ihren Füßen spiegelt, Sie sich in der Mitte einer gewaltigen Kugel befinden, und nun Ihr Rückgrat in die entgegengesetzte Richtung verlängern: Sie erreichen den Nadir, die Himmelstiefe, die sich auf der für Sie unsichtbaren Kugelhälfte unter dem Horizont befindet.

Zenit und Nadir bilden eine Achse zwischen dem höchsten Punkt über Ihnen und dem tiefsten Punkt unter Ihnen. Für ein Horoskop werden diese beiden Punkte auf die Ekliptik projiziert. Sie bilden die Schnittpunkte eines Kreises, der *Meridian* heißt und Zenit und Nadir mit dem Nord- und Südpunkt des Horizonts verbindet (siehe Abbildung). Dieser Kreis schneidet den Tierkreis – in südlicher Richtung über dem Horizont als Medium Cœli (Mitte des Himmels), in nördlicher Richtung unter dem Horizont als Imum Cœli (tiefster Punkt des Himmels).

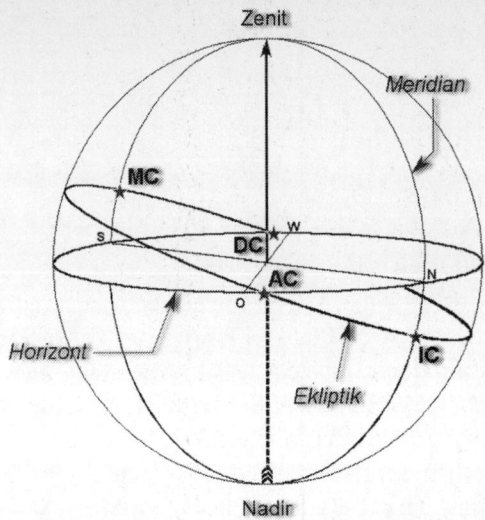

Die Schlüsselerfahrung der Achse aus Imum Cœli und Medium Cœli liegt in der Anschauung von Zenit und Nadir –
der vertikalen Ausrichtung des Menschen, der sich mit seiner Wahrnehmung und seinem Handlungsspielraum an
der Horizontalen ausrichtet; die Senkrechte hingegen ist
für ihn schwieriger zu überblicken. Außerdem sind die
Handlungen, die sich an der Senkrechten aussteuern, für
den Menschen weitaus anstrengender als die Bewegung in
der Waagrechten, denn es geht immer auch um die Überwindung der Schwerkraft.
Die Horizontale stellt die Ruheposition beim Menschen dar,
während die vertikale Haltung mit Aktivität in Verbindung
steht.
Die Bewegung auf der Horizontalen unterscheidet sich von
der auf der Vertikalen durch einen wichtigen Tatbestand:

Während wir auf der Horizontalen bei Bewegung in alle Richtungen gleich viel Energie aufwenden müssen, ist auf der Vertikalen ein Aufstieg, zum Beispiel auf einen Berg, wesentlich anstrengender als ein Abstieg, da wir gegen die Schwerkraft arbeiten müssen. Interessanterweise fühlen sich die meisten Menschen beim Aufstieg wohler. Der Mensch bewegt sich gern in die Höhe, sei es auf Berge, Türme oder Hochhäuser: Die Bezwingung des Höhenunterschiedes wirkt auf die meisten von uns befreiend und erhebend – im wahrsten Sinne des Wortes. Der Abstieg in die Tiefe wird eher mit Unbehagen wahrgenommen, zum Beispiel in ein Bergwerk, einen Bunker oder nur in den eigenen Keller. Dem Himmel nahe sein – das ist ein alter Traum des Menschen, der in der Luft- und Raumfahrt seine Erfüllung gefunden hat. Der Himmel bietet freie Sicht – der noch unentdeckte Raum voller Möglichkeiten. Von dort erwarten wir das Gute und das Göttliche, dorthin zieht es uns.

Auch unter unseren Füßen wohnen Götter, doch zumeist sind es die dämonenhaften Wesen der Unterwelt, die eifersüchtig auf die Schätze der Erde blicken. Während sich der Himmel uns freiheitlich darstellt, verbirgt die Erde etwas Geheimnisvolles, das sie nur ungern preisgibt.

Auf der horizontalen Ebene kann sich der Mensch bedienen: Hier findet er das Gegebene vor. Die Vertikale aber muss er sich erobern: Sie setzt eine Absicht voraus, den Raum über und unter uns erschließen zu wollen. Der Horizont bildet die Ebene des *Seins* – Zenit und Nadir zeigen die Richtung des *Werdens* an.

Alles, was wächst, bewegt sich zum Licht. Auch der Mensch wächst in die Senkrechte. Der Baum ist das sinnfälligste Bild für diese Bewegung: Seine Krone wächst dem Himmel

entgegen. Doch zugleich findet auch eine Bewegung in die Tiefe statt, die dieses Wachstum erst ermöglicht: Mit seinen Wurzeln gräbt sich der Baum immer tiefer ins Erdreich hinein, um Sicherheit und Halt zu gewinnen. Aus dieser Tiefe ist der Baum letztlich emporgewachsen, denn als Keim in der Erde verborgen hat alles begonnen.

In übertragenem Sinne gilt dies auch für den Menschen: Auf dem Boden, auf dem wir stehen, können wir unser Leben aufbauen. »Festen Boden unter den Füßen haben«, »auf dem Teppich bleiben«, »mit beiden Beinen im Leben stehen« usw. – diese Redensarten verdeutlichen, wie wichtig uns eine solide Grundlage ist, auf die wir im Leben vertrauen können. Der »Luftikus« hingegen, der »mit dem Kopf in den Wolken hängt« oder wer »den Boden unter den Füßen verloren hat«, »auf Sand baut« etc., hat ein Problem – er kann im Leben nichts von Dauer schaffen. Nur wer auf festen Grund zählen kann, kann an Höhe gewinnen – so wie eine Treppe aus solidem Material geschaffen sein muss, damit wir uns an den Stufen abstoßen und an Höhe gewinnen können.

Von Dane Rudhyar stammt folgende Metapher zur vertikalen Ausrichtung des Menschen:

»Wenn alle Menschen aufrecht auf der Oberfläche der Erde stünden, träfen sich die abwärts verlängerten Linien ihrer Rückgrate im Zentrum der Erde ... Wenn alle genau nach oben in den Himmel sähen, würde jeder Mensch einen anderen Stern sehen.«[23]

Aus der Tiefe steigen wir Menschen empor, um zu unserem eigenen Stern zu werden. Diesen Weg gehen wir allein, auch wenn alle denselben Ausgangspunkt einnehmen – in der Mitte der Welt. Indem wir uns erheben, um unseren ein-

zigartigen vertikalen Weg zu beschreiten, verlassen wir die Ebene, die wir mit allen Menschen teilen: Wir werden zu Individuen, die sich von der Masse unterscheiden. Die Masse, horizontal ausgerichtet, möchte einebnen und gleichmachen – das Individuum strebt danach, sich abzuheben. Der Zugewinn an Höhe ist auch als Sinnbild für Macht über andere zu verstehen: Je weiter oben jemand einen Platz in der Hierarchie einnimmt, desto mehr Macht bekommt er: Beispiel Chefetage. Die Senkrechte trennt die Menschen voneinander, erzeugt Distanz zwischen ihnen – Canetti spricht von »Berührungsfurcht«, den was wir mit anderen Menschen gemeinsam haben, erzeugt Nähe. Und Nähe stellt auch eine Bedrohung dar, wie wir beim Wechselspiel zwischen Aszendenten und Deszendenten gesehen haben. Um dieser Nähe zu entkommen, klettern viele hoch hinaus und – verlieren den Kontakt zum Boden.

What goes up, must come down – der Aufstieg birgt eine bittere Wahrheit: Irgendwann hat er ein Ende, wenn der Gipfel erreicht ist. Diese Wahrheit verschafft all jenen Genugtuung, die nie die Höhen der anderen erklimmen konnten. All denen, die sich auf den Weg nach oben begeben haben, ist sie eine unliebsame Vorstellung, denn am Ende gibt es nur zwei Wege herunterzukommen – einen freiwilligen und einen unfreiwilligen.

Zusammenfassung:

• Die Meridianachse ist die Abbildung der Achse zwischen Zenit und Nadir. Sie verkörpert die Möglichkeit zu wachsen und Ziele zu formulieren, die mit der Entwicklung der eigenen Individualität zu tun haben. Sie steht für das *Werdende.*

• Die Meridianachse hebt hervor, was uns von anderen

Menschen unterscheidet. Im Gegensatz dazu betont die Horizontachse, was wir mit ihnen gemeinsam haben. Der Weg entlang der Meridianachse ist anstrengend und bedarf der Entscheidung, diese Anstrengung auf sich zu nehmen. Die Entscheidung wird von dem Wunsch getragen, sich aus der Masse emporzuheben.

Aus der Tiefe der Erde zum Licht der Sterne

Per aspera ad astra – der Weg zu den Sternen ist bitter, so könnte auch der Weg vom Imum Cœli zum Medium Cœli beschrieben werden. Die Horizontachse ist uns gewissermaßen vom Leben geschenkt worden – die Meridianachse müssen wir uns erarbeiten.

Sinnbildlich für das Medium Cœli steht die Mittagszeit, wenn die Sonne ihren höchsten Stand über der Erde erreicht hat. Jetzt besitzt sie die maximale Leuchtkraft, es ist helllichter Tag. »Die Sonne bringt es an Tag« und lässt die Dinge in ihrem Licht erstrahlen: Unterschiedliche Formen, Farben und Konturen können wahrgenommen werden. Auch wir werden sichtbar: Der Blick der Welt richtet sich auf uns – wir sollen unser Licht nicht länger unter den Scheffel stellen und ins Rampenlicht treten.

Das Medium Cœli entspricht auch der Idee des Südens, denn die Sonne spannt den Bogen ihrer täglichen Laufbahn in südlicher Richtung über den Horizont (zumindest in unseren Breiten). Der Süden steht für den Höhepunkt unseres Daseins, den wir im Medium Cœli erreichen – der größten Entfaltung unseres Lebens. Wenn wir den Süd-

punkt überschritten haben, neigen wir uns dem Ende unseres Daseins, dem Deszendenten, zu.

Feuer wird ebenfalls mit Süden in Verbindung gebracht und es ist nicht nur das Licht, das uns in Erscheinung treten lässt. In uns brennt auch ein Feuer, das unseren Lebensweg erleuchtet und unseren Lebenssinn am Brennen hält.

Feuer transformiert und verändert auf dramatische Weise: Verbrennen Sie ein Stück Holz – die Asche wird sich nie mehr in ein Stück Holz umwandeln lassen. Diese Transformation ist nicht umkehrbar.

Feuer muss an etwas haften können[24], um es zu verbrennen und zu transformieren. Der »Brennstoff« für diese Transformation wird von der Horizontachse geliefert.

Wenn der Süden mit Licht und Feuer assoziiert wird, wird dem Norden, dem Imum Cœli, Dunkelheit und Kälte zugeschrieben: Dort scheint niemals die Sonne. Mitternacht ist die zeitliche Entsprechung des Nordens, denn um diese Zeit überquert die Sonne – für uns unsichtbar – den Meridian in nördlicher Richtung. Lichtlosigkeit ist daher die entscheidende Erfahrung des Imum Cœli. »Nachts sind alle Katzen grau« – die Nacht verwischt alle Unterschiede. Bei Dunkelheit ist unsere Aufmerksamkeit nicht durch äußere Reize abgelenkt, sie kann sich in unser Inneres versenken. Wir richten den Blick in die eigenen Tiefen und lauschen dem, was uns dort drinnen bewegt.

Wasser ist das Element des Nordens: Es entspringt der Tiefe[25], ist seiner Art nach formlos und gehört doch zu den beharrlichsten Dingen der Welt. »Steter Tropfen höhlt den Stein.« Um Wasser nutzen zu können, muss es in Bewegung gebracht werden – dann ist es Wasser auf den Mühlen unseres Lebens. Es hat die Fähigkeit, sich hervorragend an

Umweltbedingungen anzupassen und wird die Form annehmen, in die es gegossen wird. Und doch hält seinem wachsenden Druck kaum etwas stand – es lässt Dämme brechen. Je tiefer, desto mehr Licht schluckt es und desto dunkler ist seine Farbe. Wasser ist der Ursprung des Lebens. Es hat sich aus der lichtlosen Tiefe nach oben entwickelt, um das feste Land zu erobern.

Für uns stellt das Imum Cœli den tiefsten Punkt der Nacht dar – ein geheimnisvoller Moment: Schlag zwölf Uhr öffnen sich die Tore zum Jenseits. Am Imum Cœli wird die gewohnte Ordnung für geheimnisvolle Erfahrungen durchlässig: Richtung Norden wenden sich die Magier und Zauberer, um sich den Kräften des Chaos hinzugeben, um das Unmögliche möglich zu machen.

Am Imum Cœli entspringt die Quelle all dessen, was wir in unserem Innersten zu werden begehren. Hier ist der Ursprung unseres Verlangens nach Entwicklung und Entfaltung. Hier beginnt die Reise zum Medium Cœli – leuchtende Vision dessen, was wir erreichen wollen: Emporzusteigen, aus der Tiefe ans Licht.

Von der Raupe zum Schmetterling

Aus Blei wird Gold, so könnte die kürzeste Umschreibung des Weges vom Imum Cœli – Hort unserer Wünsche – zum Medium Cœli – Bestimmung unseres Lebens – lauten. Dazwischen steht das »Große Werk« der Alchemie: die Arbeit an sich selbst. Wir haben für dieses Leben etwas mitbekommen, als Symbol dafür steht die Horizontachse. Was wir daraus machen und wie wir das Gegebene weiterentwi-

ckeln, darüber gibt die Meridianachse Aufschluss. Die Horizontachse liefert uns quasi den Proviant, ob wir stark genug sind, unser Ziel zu erreichen, hängt im Wesentlichen davon ab, ob wir unseren Fähigkeiten gerecht werden.

Das kommt einer Transformation gleich, wie die Verwandlung von der Raupe zum Schmetterling. Doch ungleich der Raupe tragen wir kein genetisches Programm in uns, das die Verwandlung automatisch starten lässt: Wir müssen uns für diese Transformation entscheiden und daran arbeiten. Dazu müssen wir willens sein, aus dem Stadium des reinen Wünschens und Wollens (Imum Cœli) herauszutreten, denn die Meridianachse verlangt eine Absicht, sonst liegt sie brach und bleibt stumm.

Das Imum Cœli – der innere Ruf

Am Imum Cœli beginnen wir unsere Reise ins Leben. Es ist nichts anderes als eine Startposition, wo noch alles offen ist. Darin unterscheiden wir uns zunächst von keinem anderen Menschen, denn jeder kann diesen Drang, zu wachsen in sich spüren. Er muss sich nur für die Qualitäten, die sich durch das Zeichen am Imum Cœli ausdrücken, öffnen. Diese vermitteln uns zunächst nichts weiter als das Gefühl von Identität. Uns wohnt ein Impuls von Einzigartigkeit inne, ein vager, aber nicht minder heftiger Antrieb, der uns zu verstehen gibt, dass unser Leben eine einmalige Chance ist.

Ein *innerer Ruf*, den nur wir hören und auch nur dann, wenn unser Denken, Fühlen und Handeln im Einklang steht. Auf diese Weise fühlen wir uns in der Mitte unseres

Lebens und alle Möglichkeiten stehen uns offen. Dieser innere Ruf hallt in der Kindheit besonders stark und macht sich nicht selten durch Eigentümlichkeiten bemerkbar, die uns von allen anderen Gleichaltrigen unterscheiden. Nicht selten kommt uns das selbst merkwürdig vor oder stößt in unserer Umgebung auf Ablehnung. Vielfach missdeuten Eltern und Erzieher die nicht konformen Äußerungen eines Kindes als mangelnde Fähigkeit, sich einordnen zu können. Doch der innere Ruf will alles andere, als sich fügen! Hier handelt es sich um einen Impuls zur Individualität, der am Anfang noch unverständlich und ungerichtet sein mag. Später jedoch wird er immer klarere Umrisse bekommen und die Einzigartigkeit eines Menschen offenbaren, wenn man ihn lässt. Ein zukünftiger Schriftsteller verspürt vielleicht als Kind den Drang, Geschichten zu erzählen. Da er in jungen Jahren noch keine Ahnung hat, wie er dies bewerkstelligen soll, geschweige denn, was es bedeutet Schriftsteller zu sein, mag sich dieser Impuls als Neigung zur Lüge auswirken. Auch wenn vom moralischen Standpunkt aus eine Lüge verwerflich sein mag, *so ist es doch der innere Ruf, der aus dieser Lüge spricht!* Anstelle das Kind zu bestrafen, sollte ihm gestattet sein, den Unterschied zwischen erfundener und tatsächlicher Wirklichkeit zu erfahren, um so die Voraussetzungen zu schaffen, das Talent, das sich hier abzeichnet, in konstruktive Bahnen zu lenken. Das Imum Cœli antwortet auf die Fragen:

- Welche Eigenschaften verleihen mir das Gefühl von Identität, das Gefühl, mit mir eins zu sein? Welche Eigenschaften bilden das Fundament meiner Persönlichkeit?
- Wie ist der innere Ruf beschaffen, der mich auf den Weg schickt, meine Einzigartigkeit zu entwickeln? In welchen

Neigungen, Wünschen und Selbstbildern zeigt er sich am deutlichsten?

Das Medium Cœli – die Berufung

Der ungerichtete innere Ruf eines Menschen hat noch keine Vorstellung davon, wozu er seine Stimme erheben soll. Er kennt keine Moral und ist wie das Wasser, das jede Form annimmt, nur um sich zu offenbaren. Das kann zu großen Schwierigkeiten führen, wenn es darum geht, sich einen Platz in der Gesellschaft zu erarbeiten: Hier herrschen Spielregeln und Wertvorstellungen, die unseren Lebensweg innerhalb einer bestimmten Kultur nicht beliebig machen. Am Medium Cœli zeigt sich die ideale Form, in die sich der innere Ruf ergießen kann. Allerdings muss sie so lange erarbeitet werden, bis sie nicht nur den Wunsch nach Einzigartigkeit spiegelt, sondern auch den Ansprüchen der Realität gerecht wird. Da dies eine Zeit lang dauern kann, hat so manch einer die Flinte ins Korn geworfen und auf die Verwirklichung des Potenzials, zu dem ihn seine innere Stimme aufruft, verzichtet.

Die Auseinandersetzung mit dem Zeichen am Medium Cœli gibt uns Hinweise, worauf es ankommt, wenn wir uns in der Gesellschaft eine Rolle aussuchen, die unserer Persönlichkeit am besten entspricht. Der innere Ruf erhält durch das Medium Cœli eine *Berufung*, eine Ausrichtung seiner spontanen Begeisterung für das eigene Leben. Während wir uns am Imum Cœli noch damit beschäftigen, *ganz wir selbst zu sein*, erkennen wir am Medium Cœli eine Möglichkeit, *nicht mehr nur uns selbst genug zu sein*. Hier

finden wir einen Platz im großen Ganzen, der nur für uns einen Sinn ergibt. So wird die Berufung zum Lebenssinn. Der Mensch erkennt, dass er nicht nur um seiner selbst willen geschaffen wurde, sondern auch einen Auftrag in sich trägt, der nur von ihm und sonst von niemand anderem erfüllt werden kann. Wer diesem Lebenssinn nahe kommt, wird sein Leben nicht nur der Befriedigung seiner Bedürfnisse widmen – er wird sein Leben lang ein Ziel verfolgen, das über seine Persönlichkeit hinausgeht.

Das Medium Cœli antwortet auf die Fragen:

- Welche Eigenschaften sollte ein Ziel in meinem Leben aufweisen, damit ich mich berufen fühle? Wie könnte meine Berufung beschaffen sein?
- Welche Merkmale muss eine Aufgabe in der Gesellschaft haben, damit ich sie mit Leib und Seele erfüllen möchte?
- Welche Eigenschaften muss ich entwickeln, um meine Fähigkeiten sinnvoll für einen Lebensauftrag, der über meine Persönlichkeit hinausgeht, einzusetzen?

Die Deutung des Imum Cœli

Auch wenn Medium Cœli und Imum Cœli eine Einheit bilden, werden wir uns zunächst getrennt mit ihnen beschäftigen. Wie auch bei Aszendent und Deszendent werden wir später versuchen, beiden als zusammengehörigen Erfahrungen gerecht zu werden. Eine gängige Methode in der Astrologie ist es, dem Aszendenten, der mit dem Lebensbeginn einhergeht, einen größeren Stellenwert einzuräumen

als dem Medium Cœli, das das Lebensziel darstellt. Die Rolle des Imum Cœli dagegen wird oft zu Unrecht vernachlässigt: Immerhin beginnen wir an diesem Punkt im Horoskop unsere Reise zur Verwirklichung unserer Träume und Visionen.

- Die Achse zwischen Aszendent und Deszendent kann als *Lebensachse* bezeichnet werden, die Achse zwischen Imum Cœli und Medium Cœli als *Entwicklungsachse* oder *Achse der Transformation des Lebens.*

Da es ohne die Erfüllung des Imum Cœli keine Verwirklichung am Medium Cœli geben kann, werden wir mit der Deutung der Himmelstiefe beginnen, weil hier alle Entwicklung ihren Anfang nehmen muss. Die Deutung des Imum Cœli bildet so gesehen den ersten Grundstein für das Fundament unseres Lebenssinns.

Wie bei Aszendent und Deszendent verfolgen wir ein Deutungsmuster in drei Schritten:

1. Das Zeichen am Imum Cœli
2. Der Herrscher des Imum Cœli
3. Aspekte zum Imum Cœli und Herrscher des Imum Cœli und damit gleichzusetzen: Planeten in [4]

Schritt 1: Das Zeichen am Imum Cœli

Das Zeichen am Imum Cœli sitzt an der Wurzel des Horoskops: Die Deutung gibt uns Auskunft über das Fundament unseres Daseins. Denken Sie daran, dass es sich um ein *Potenzial* handelt, dessen Rahmen zwar umrissen ist, innerhalb dessen jedoch noch eine unendliche Fülle an Möglichkeiten nach Verwirklichung drängen. Am besten, Sie be-

trachten die Qualitäten des Zeichens am Imum Cœli als Talente, auf die wir bauen können, aber nur dann entwickeln werden, wenn wir eine Richtung gefunden haben, wie sie am Medium Cœli versinnbildlicht wird.

• Das Zeichen am Imum Cœli beschreibt die Eigenschaften, die die Grundlage meiner Persönlichkeit bilden.

• In Bezug auf das Medium Cœli zeigt uns das Zeichen am Imum Cœli, welche Talente uns mitgegeben wurden, um unser Leben weiterzuentwickeln.

Schritt 2: Der Herrscher des Imum Cœli

Der Herrscher des Imum Cœli ist immer der Planet, der über das Tierkreiszeichen an der Spitze von Haus [4] herrscht. Der Herrscher von [4] zeigt uns, in welchen Lebensbereichen ein Mensch seinen *inneren Ruf* am deutlichsten wahrnehmen kann. Das Zeichen am Imum Cœli beschreibt, welche Eigenschaften uns das Gefühl geben, in uns selbst zu wurzeln. Das Haus, in dem der dazugehörige Herrscher steht, weist darauf hin, wo wir diese Eigenschaften am deutlichsten spüren.

Die Position des Herrschers von [4] weist darauf hin, *wo* die Bedingungen, die uns zur Weiterentwicklung motivieren, zu finden sind; welche Situationen uns überhaupt mit der Notwendigkeit einer solchen Entwicklung bekannt machen.

Für jeden Menschen mögen die Umstände, in denen er die Stimme seines *inneren Rufes* hört, individuell sein: Der eine zieht sich in seine eigenen vier Wände zurück, der andere geht in ein Kloster, ein Dritter bevorzugt den Trubel ei-

nes Jahrmarkts und wieder ein Vierter begegnet dem *inneren Ruf* in der unerwarteten Begegnung mit einem Fremden.

Die Deutung des Herrschers des Imum Cœli ermöglicht es uns, diesen Ort des *inneren Rufes* genauer zu beschreiben, den wir in Zeiten, wenn wir den Kontakt zu unserem Selbst verloren haben, aufsuchen können. Dieser Ort wird uns eine Quelle sein, aus der wir viel Kraft schöpfen, an dem wir spüren, dass wir *am Leben* sind und einen Funken in uns tragen, der sich entfalten möchte.

Das Imum Cœli, tiefster Punkt in unserem Horoskop, ist der Stille der Mitternacht verwandt. Manche Stellungen des Herrschers von [4] führen aus dieser stillen Dunkelheit hinaus ans Licht der Öffentlichkeit oder verlangen, das Leben mit anderen zu teilen. Das widerspricht manchmal dem Grundanliegen des Imum Cœli nach Bei-sich-sein und In-sich-hineinhören. Dennoch erweisen sich »problematischere« Konstellationen auf Dauer als entwicklungsfähiger, da sie in den meisten Fällen Bereiche zu verknüpfen suchen, die an sich wenig miteinander zu tun haben.

Zusammenfassung:

• Die Stellung des Herrschers des Imum Cœli zeigt, in welchen Lebensbereichen wir unserem inneren Ruf am nächsten kommen, wo wir uns am deutlichsten mit uns selbst in Einklang fühlen, sodass wir eine optimale Grundlage zur Entfaltung unserer Persönlichkeit finden können.

Schritt 3: Aspekte zum Imum Cœli und Herrscher des Imum Cœli oder Planeten in [4]

Zur Orientierung:

- Die Aspekte zum Imum Cœli und seinem Herrscher zeigen, welche Bereiche des Horoskops – fördernd und auch hemmend – auf die Stimme unseres *inneren Rufes* wirken, um sie als Fundament unserer Persönlichkeit zu erleben.
- Planeten in [4] ergänzen die Aussage des Imum Cœli um die Dynamik des jeweiligen Planeten.

Deutungshilfen

Das Zeichen am Imum Cœli

Welche Eigenschaften bilden die Grundlage meiner Persönlichkeit? Welche Talente ruhen als Potenzial in mir und warten darauf, entwickelt zu werden?

Widder-Imum Cœli

Ich finde nur selten in mir Ruhe: Immerzu sehe ich neue Horizonte, die es zu erobern gilt, höre den Lockruf des Abenteuers. Ich bin von einem Kampfgeist beseelt, der mich dazu bewegt, Wege zu beschreiten, die vor mir noch keiner gegangen ist, um anderen als Vorreiter zu dienen. Ich hänge keinem Gefühl nach, sondern suche stets die nächste Gelegenheit zum Aufbruch.

Stier-Imum Cœli

Wenn ich in mich hineinhorche, fühle ich in mir den tiefen Wunsch nach Beständigkeit und Sicherheit. Ich möchte in mir selbst verwurzelt sein und aus dem heraus, was ich habe, mein Leben entfalten. Mich bewegt das Gefühl der Zugehörigkeit und ich möchte meiner Existenz einen festen Bezugsrahmen geben, der mich vor den Wirrnissen des Lebens bewahrt.

Zwillinge-Imum Cœli

Ich bin eine unruhige Seele: Immerzu gibt es etwas Neues, das mich bewegt, und ich kann mich kaum länger mit einer Sache aufhalten, denn ich spüre tief in mir die Vielfalt der Welt. Alles, was mich in meinem Inneren berührt, möchte ich mit meinem Intellekt erfassen, um es zu verstehen. Mein großes Talent ist es, die Dinge beim Namen nennen zu können.

Krebs-Imum Cœli

Beeindruckbarkeit ist es, was mich am tiefsten Punkt meiner Seele ausmacht und ich bin fähig dazu, alles mit meinen Gefühlen erfassen zu können und mich davon berühren zu lassen. Ich verinnerliche die Welt und lasse mich von ihr prägen: Meine Seele ist wie ein Nährboden, auf dem Neues entstehen kann, auch wenn es eher im Stillen heranreift und mit großer Hingabe umsorgt werden muss.

Löwe-Imum Cœli

Ich möchte im Leben uneingeschränkt mein Selbst verwirklichen, möchte nicht nur in mir ruhen, sondern aus mir herausgehen und mit meinen schöpferischen Talenten die

Welt gestalten. Spuren zu hinterlassen, aktiv am großen Spiel des Lebens teilzuhaben, lässt mich mit mir selbst in Einklang und mit meiner Persönlichkeit in Kontakt sein.

Jungfrau-Imum Cœli

Mein Talent besteht darin, die Welt nicht nur zu spüren, sondern auch zu erfühlen, was sie von mir braucht. Ich empfinde mich als Teil des Ganzen, der in der Lage ist, eine bestimmte Aufgabe zu erfüllen, die wiederum dem Ganzen zugute kommt. Ich definiere mich selbst darüber, dass ich nicht alleine auf der Welt bin: Mein Platz in dieser Welt wird bestimmt durch die Grenzen, die mir von anderen gesetzt werden.

Waage-Imum Cœli

Meine Seele sucht den Kontakt zur Umwelt. Da ich mich an der Wurzel meines Daseins unvollständig fühle, brauche ich die Begegnung mit anderen Menschen, um meine Persönlichkeit zu erweitern und zu ergänzen. Im Miteinander fühle ich mich in meinem Element und spüre dann erst, wer ich wirklich bin. Hier liegt auch meine große Begabung: harmonisierend auf die Welt einzuwirken.

Skorpion-Imum Cœli

Ich fühle, dass im tiefsten Innern meiner Seele Kräfte walten, die weit über das hinausgehen, was ein einzelnes Leben zu umfassen vermag. Darauf gründet sich meine Persönlichkeit und diese Tiefen auszuloten, ist mein Talent. Meine Gefühle kennen zumeist nur Extreme: entweder ein Eindruck absorbiert mich vollkommen oder er lässt mich kalt.

Schütze-Imum Cœli

Ich stehe auf einem breiten Fundament voller Chancen und Möglichkeiten, voller Zuversicht auf eine glänzende Zukunft. Ich spüre in mir den Ruf, meinem Leben Flügel zu verleihen, denn ich fühle, dass es in einen höheren Sinn eingebettet ist, den es zu erkunden gilt. In meiner Seele ist viel Platz für neue Erfahrungen, die mich über den Tellerrand des Alltäglichen hinausblicken lassen.

Steinbock-Imum Cœli

Eine meiner herausragendsten Begabungen ist es, mich nicht von meinen Gefühlen irritieren zu lassen: Ich besitze die Fähigkeit, mich zu disziplinieren. Ich spüre, dass es Teil meiner Aufgabe ist, dieser Welt Struktur und Form zu geben. Nicht egoistische Gründe bewegen mich, sondern die tiefe Überzeugung, dass ich mich so an der Gestaltung der besten aller Welten beteiligen kann.

Wassermann-Imum Cœli

Tief in mir spüre ich eine großartige Vision, in der ich eine wichtige Rolle zu spielen habe. Ich hege den Wunsch, aus meinem Leben etwas Besonderes zu machen, auch wenn das bedeutet, am Bestehenden anzuecken. Nur so kann ich feststellen, wie ich mit meiner Persönlichkeit Bewegung in erstarrte Strukturen bringen kann.

Fische-Imum Cœli

In der Tiefe meiner Seele fühle ich mich mit der ganzen Welt verbunden. Ich habe das Gefühl, dass es eine Wahrheit gibt, die alles Leben umfasst und zu der meine eigene Persönlichkeit im Vergleich nur ein Tropfen in einem Oze-

an sein kann. Aufgrund dieser Empfindung möchte ich ein Leben erschaffen, das mich über die Befriedigung materieller Bedürfnisse hinausführt.

Der Herrscher des Imum Cœli

In welchen Lebensbereichen kann ich meinem inneren Ruf am besten folgen? Wo fühle ich mich mit mir selbst in Einklang und bringe meine Persönlichkeit zur vollen Entfaltung?

Herrscher des Imum Cœli in Haus [1]
Alles hängt davon ab, ob ich meinen inneren Impulsen folgen kann oder nicht. Wie ich mich fühle, bestimmt auch, wie viel Durchsetzungskraft ich zur Verfügung habe. Daher brauche ich immer wieder Ruhe, um herauszufinden, wie ich meinen Gefühlen den richtigen Weg in die Welt bahne, damit sie sich nicht gegen mich selbst richten.

Herrscher des Imum Cœli in Haus [2]
Dort, wo ich Sicherheit spüre, sei es durch den Zusammenhalt einer schützenden Gruppe oder durch eine solide materielle Existenz, erfüllen sich meine seelischen Bedürfnisse am besten. Ich spüre, dass meine Begabungen sich im Greifbaren und Konkreten manifestieren werden: in der Verbindung von Leib und Seele finde ich den Nährboden, um mein Leben zu entfalten.

Herrscher des Imum Cœli in Haus [3]
Was mich in meinem Innersten bewegt, möchte ich nicht verbergen: Ich zeige gern, was ich fühle und suche bestän-

dig nach geeigneten Ausdrucksformen, die meine Gefühle am besten zur Geltung kommen lassen, sei es mit dem Körper oder in Rede und Schrift. Ich trage mein Herz auf der Zunge, auch wenn ich hin und wieder mehr von mir verrate, als mir gut tut.

Herrscher des Imum Cœli in Haus [4]

Ich brauche nicht viel außer mir selbst, um mein Leben zu entfalten: Alles ist bereits in mir angelegt. Ich neige zum Eigenbrötlerischen und bin mir oft selbst genug. Ich kann beseelt sein von größter Zufriedenheit – geht es mir jedoch nicht so gut, bleibe ich auf mir selbst sitzen und bin resistent gegen jeden Versuch der Ermunterung.

Herrscher des Imum Cœli in Haus [5]

Zu fühlen und zu tun, das ist eins für mich. Meine Seele ist eine Fundgrube an kreativen Ideen, die ich in die Tat umsetzen möchte – am besten sofort, selbst wenn die Umstände eigentlich größere Zurückhaltung erfordern. Aber ich muss meinem schöpferischen Drang nachgeben und deshalb brauche ich einen Spielraum, in dem ich frei den Impulsen meiner Persönlichkeit nachgehen kann.

Herrscher des Imum Cœli in Haus [6]

Was ich in mir spüre, benötigt einen Rahmen, innerhalb dessen es sich entfalten kann: Ich suche nach einer sinnvollen Aufgabe, einer Rolle, die ich spielen kann und die zu meinen Talenten passt. Dabei ist mir wichtig, immer auch den Bedürfnissen meiner Umwelt nachzuspüren, denn ich benötige äußere Bedingungen, über die meine Persönlichkeit entwickeln kann.

Herrscher des Imum Cœli in Haus [7]

Es kann keine Entfaltung meines Lebens ohne persönliche Beziehungen geben. Das Fehlen von Menschen, mit denen ich in Dialog treten kann, stürzt mich in tiefe Einsamkeit: Allein zu sein, hat für mich keinen konstruktiven Wert. Ich bin nur dann ich selbst, wenn ich mich auf ein Gegenüber beziehen kann, dem ich meine Gefühle offen legen darf.

Herrscher des Imum Cœli in Haus [8]

Nicht jedes beliebige Gefühl ist es wert, Grundlage meiner Persönlichkeit zu sein. Ich habe sehr klare Vorstellungen darüber, auf welche Weise ich mein inneres Befinden nach außen tragen möchte: Bestimmte Ausdrucksformen meiner Gefühle lasse ich deshalb gar nicht erst zu. Wo mich jedoch die Leidenschaft packt, entwickle ich eine ungeheure Kraft aus der Tiefe meiner Seele heraus.

Herrscher des Imum Cœli in Haus [9]

Was mich im Innersten bewegt, braucht ein Publikum: Ganz allein vor mich hin zu leben, liegt mir in keinster Weise. Die Gegenwart von Menschen motiviert mich, mehr aus meinem Leben zu machen und die Entwicklung meiner Persönlichkeit als ununterbrochene Erweiterung meines emotionalen Horizonts zu begreifen.

Herrscher des Imum Cœli in Haus [10]

Schon früh habe ich den Auftrag gespürt, meine Persönlichkeit in einem größeren Rahmen zu entfalten, als mich nur auf die Befriedigung meines persönlichen Ehrgeizes zu konzentrieren. Die Gesellschaft bietet mir den Raum dazu und ich bin bereit, für meine Berufung meine Gefühle den

Spielregeln des öffentlichen Lebens unterzuordnen und Verantwortung für das größere Ganze zu übernehmen.

Herrscher des Imum Cœli in Haus [11]

Ich möchte mich durchaus mit Emotionalität in der Welt einbringen, und gerade die Art und Weise, wie ich mich in der Gesellschaft als Individuum verwurzele, erzeugt meine Identität. Doch zugleich möchte ich meinen Gefühlen nicht erliegen und stelle mich mit dem, was ich erreicht habe, oft selbst in Frage, um meine Persönlichkeit stets neu erfinden zu können.

Herrscher des Imum Cœli in Haus [12]

Worauf ich mein Leben begründen soll, kann ich nicht klar sagen: Ich unterliege so vielen Einflüssen, die ich nicht eindeutig zuordnen kann, dass ich das Gefühl habe, keine Grenzen, die meine Persönlichkeit definieren, zur Welt hin aufbauen zu können. In diesem Chaos empfinde ich jedoch die Gewissheit, dass hinter den Kulissen des Lebens eine große Aufgabe auf mich wartet.

Aspekte zum Imum Cœli und seinem Herrscher

• Gilt auch für Planeten in [4].
Durch welche zusätzlichen Einflüsse werden meine grundsätzlichen Fähigkeiten noch bestimmt, in positiver wie negativer Hinsicht?

Sonne-Aspekt

In Einklang mit meinen Gefühlen zu handeln, ist die wichtigste Voraussetzung, um meine persönliche Entwicklung voranzubringen: Ich muss mich mit etwas identifizieren können, um es kreativ umzusetzen – Oberflächlichkeiten interessieren mich nicht. Andererseits ist das, was ich von mir zeige, stets ein Ausdruck meiner innersten Persönlichkeit. Weil mich das jedoch auch verletzlich macht, neige ich dazu, nicht allzu viel von meinen Gefühlen preiszugeben.

Mond-Aspekt

Was seinen Weg bis an die Tore meiner Persönlichkeit findet, wird mich nicht nur beeindrucken, sondern kann mich zutiefst berühren. Das bedeutet, dass ich mich einerseits in Menschen und Situationen besonders gut einfühlen kann, weil ich stets mitfühlen muss. Andererseits steigere ich mich immer wieder unnötig in meine Gefühle hinein und bin empfindlicher, als es dem Anlass eigentlich entspricht. Meine Persönlichkeit steht und fällt mit dem momentanen Zustand meiner Gefühlslandschaft.

Merkur-Aspekt

Meine Gefühle sind eng mit meinem Verstand verbunden. Das geht so weit, dass ich mir meiner Empfindungen erst dann klar bin, wenn ich darüber sprechen kann. Ich brauche diese Form der Verarbeitung, um mich schöpferisch in der Welt einzubringen. Manchmal gelingt es mir jedoch nicht, was ich sage, mit dem in Einklang zu bringen, was ich fühle – ohne dass ich es selbst bemerke. In solchen Fällen ist es wichtig, in mich hineinzuhören.

Venus-Aspekt

Was ich empfinde, hat in irgendeiner Form mit den Menschen in meiner Umwelt zu tun: Automatisch beziehe ich sie in meine Gefühle mit ein und sorge mich darum, dass es ihnen mit mir gut geht. Das mag dazu führen, dass ich meine eigenen Wünsche zu Gunsten eines harmonischen Klimas zurückhalte und mich in der Entwicklung meiner Persönlichkeit zu sehr an anderen orientiere. Meiner Wesensart entspricht es jedoch nicht, andere vor den Kopf zu stoßen: Hier muss ich einen eigenständigen Weg finden.

Mars-Aspekt

Sobald mich etwas bewegt, möchte ich es auch durchsetzen: Ich verfüge über ein ausreichendes Maß an Spontaneität und Begeisterung, die auch andere ansteckend finden, weil sie von Herzen kommt. Schwierig wird es dann, wenn ich bemerke, dass es mit meiner Umgebung kein Miteinander geben kann. Dann sehe ich mich als Einzelkämpfer, der es deshalb schwer hat, sich durchzusetzen, weil er jeden Schlag, den er austeilt, am eigenen Leib zu spüren meint.

Jupiter-Aspekt

Mein Gefühlsleben ist so reichhaltig, dass ich es dringend an meine Umwelt weitergeben möchte. Manchmal übertreibe ich diesen Anspruch und die Menschen in meiner Umgebung geben mir zu verstehen, dass ich mein Seelenleben zu wichtig nehme und andere damit überrolle. Mein Hang zur Dramatisierung meiner Gefühle tut das Übrige. Wenn es mir gelingt, meine Gefühlsäußerungen in einem höheren Sinnzusammenhang zu sehen, stellt meine Persönlichkeit eine echte Bereicherung für die Umwelt dar.

Saturn-Aspekt

Mir ist durchaus bewusst, dass Gefühle etwas Unstetes und Unzuverlässiges sind. Deshalb neige ich dazu, meine Regungen auf das Wesentliche zu beschränken, was mir eine außergewöhnliche Fähigkeit zur Konzentration verleiht. Mit einer solchen Beständigkeit gelingt es mir jedoch, auch Gefühle zu unterdrücken, wenn ich meine, dass für sie kein Platz in meinem Leben ist. Ich vermeide dann emotionale Probleme ebenso, wie ich mir unbefangene Freuden des Lebens nicht gönne.

Uranus-Aspekt

Gefühle sind mir nicht ganz geheuer, denn sie haben etwas Verbindliches, insbesondere dann, wenn sie mit Personen oder Situationen verknüpft sind. Deshalb bin ich durch Einflüsse auf meine Gefühlswelt sehr leicht zu irritieren, da ich Angst habe, vereinnahmt zu werden und meine Unabhängigkeit zu verlieren. Stimmungsschwankungen können die Folge sein und der Versuch, die an mich gestellten emotionalen Anforderungen konsequent zu untergraben.

Neptun-Aspekt

Ich fühle mich einer Wirklichkeit zugehörig, die über meine Persönlichkeit hinausgeht. Die Schwierigkeit besteht darin, dass ich mich den Einflüssen aus dieser Sphäre regelrecht ausgeliefert fühle, ohne sie begreifen zu können. Ich fühle mich von Ahnungen und Intuitionen überschwemmt. Zu meinem Schutz betäube ich diesen Zugang, habe dann aber überhaupt keinen Zugriff mehr auf das, was sich in mir bewegt und nach Entfaltung strebt, und verliere den Kontakt zu meiner Persönlichkeit.

Pluto-Aspekt

Alles oder nichts – entweder eine Sache schlägt mich in Bann oder ich nehme sie erst gar nicht wahr. In meinem Gefühlsleben gibt es einen starken Absolutheitsanspruch, der eine Abweichung von den an mich selbst gestellten Ansprüchen nicht zulässt. Während mir dies einerseits eine enorme Durchschlagskraft sichert, wenn ich einmal Feuer und Flamme bin, neige ich dazu, alles, was nicht in meine Vorstellungen passt, zu verdrängen.

Das Beispielhoroskop

Die Konstellationen im Beispielhoroskop

Das Beispielhoroskop, diesmal auf die Deutung des Imum Cœli zugeschnitten (siehe gegenüberliegende Seite).

Die Konstellationen:

Das Zeichen am Imum Cœli
Es handelt sich um das Zeichen Schütze am Imum Cœli.

Der Herrscher des Imum Cœli
Jupiter als Herrscher von [4] steht in [5].

Aspekte zum Imum Cœli und seinem Herrscher
Das Imum Cœli steht im Spiegelpunkt zu Jupiter in [5].
Das Imum Cœli bildet ein Trigon zu Mond in [11].

Jupiter als Herrscher von [4] in [5] steht in Konjunktion zu
Saturn in [5].

Planeten in [4]

In [4] befinden sich der Reihe nach Uranus, Merkur und
Sonne.
Die Deutung dieser Konstellationen finden Sie bei den Deutungen der Planeten in den Häusern nach dem Regelkreissystem.

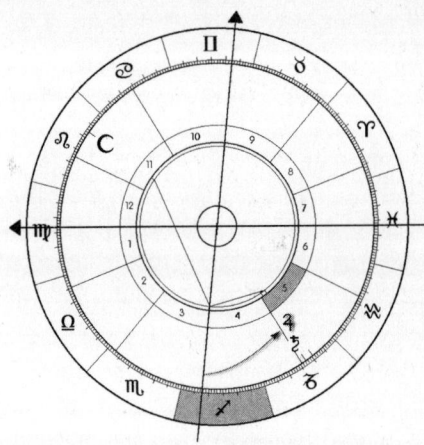

Die Deutung des Beispielhoroskops

Das Zeichen am Imum Cœli
Welche Eigenschaften bilden die Grundlagen meiner Persönlichkeit? Worauf kann ich die Entwicklung meines Lebens aufbauen?

- Im Horoskop von Marlene Dietrich befindet sich das Zeichen Schütze an der Spitze von [4].

Wenn ich tief in mich hineinhöre, öffnet sich eine wahre Schatzkammer: So gut wie nichts scheint im Leben unmöglich zu sein. Es fühlt sich an, als ob meiner Persönlichkeit prinzipiell keine Grenzen gesetzt seien, und ich nach allen Richtungen freien Blick auf meine künftigen Entwicklungen haben könne.

Ich brauche Platz, um mein Leben in die Hand zu nehmen und mehr daraus zu machen als ein bloßes *Über*leben. Die Beschränkung meiner Gefühlswelt ist mir ein Gräuel und ich verachte zutiefst alles Kleinkarierte und Spießige. »Seid umschlungen Ihr Millionen« – so könnte ich die Stimme meines inneren Rufes vernehmen. Da ist kein Platz für Intoleranz und Krittelei. In meinem Innern fühle ich mich mit allem verbunden und zugleich fühle ich, wie sich alles in mir auch mit der Außenwelt verbinden möchte.

Der Herrscher des Imum Cœli
In welchem Lebensbereich finde ich die bestmögliche Grundlage zur Entfaltung meiner Persönlichkeit?

- Jupiter als Herrscher von [4] steht in [5]. Das entspricht einer Häusernachbarschaft (im Häuserkreis-Sinn).

Wie, wenn nicht auf einmalige und kreative Weise, könnte ich meine Persönlichkeit zum Ausdruck bringen? Was

auch immer ich empfinde – ich möchte es ans Licht bringen, sodass es unverkennbar den Stempel meiner Persönlichkeit trägt. Dabei darf sich die Welt ruhig um mich drehen, damit ich wie die Sonne mein Licht gleichmäßig verteilen kann. Um meine Persönlichkeit zu entwickeln, muss ich die Möglichkeit haben, schöpferisch tätig zu sein, und zwar auf ganzer Linie.

Mir liegt das Handeln »aus dem Bauch« heraus – entweder etwas stimmt für oder ich lasse es bleiben. Das führt natürlich dazu, dass meine guten und auch weniger wünschenswerten Eigenschaften ans Tageslicht kommen, und ich einen launischen, unter Umständen auch unberechenbaren Eindruck hinterlasse. Ich selbst würde das eher als »künstlerische Freiheit« bezeichnen – und Künstler haben alles andere als die Aufgabe, sich maßvoll und zurückhaltend zu geben. Am Ende habe ich sowieso keine andere Wahl, als das zu tun, wonach mir gerade ist.

Aspekte zum Imum Cœli und seinem Herrscher

Welche Einflüsse bestimmen meine Persönlichkeit? Inwieweit werde ich gefördert oder behindert?

- Das Imum Cœli steht im Spiegelpunkt zu Jupiter. Damit bildet es einen Aspekt zu seinem eigenen Herrscher! Jupiter steht in [5]. Das entspricht einer Häuser-Nachbarschaft.

Meine Gefühle führen hin und wieder eine Art Eigenleben – sie scheinen völlig unabhängig von äußeren Reizen zu »funktionieren«: Fühle ich mich gut, kann meine Stimmung nichts trüben. Fühle ich mich schlecht, bin ich ebenso resistent gegen Trost und Zuspruch aus meiner Umgebung. Diese Unabhängigkeit meiner Empfindungen hat

ihre Schattenseiten: Manchmal isoliert mich das Treiben meiner Gefühle und wirft mich ganz auf mich selbst zurück – mit der Aufgabe, mich am eigenen Schopf aus dem Morast zu ziehen. Damit mir das gelingt, brauche ich viel Raum für mich – *privaten* Raum! Mein Zuhause bekommt dadurch die Bedeutung eines Refugiums, um mich von den Strapazen des Alltags zu erholen und gründlich in mich zu gehen, um herauszufinden, was *wirklich* mit mir los ist und wie ich damit umgehen kann.

Das ist auch der Schlüssel dazu, meiner intensiven Kreativität Ausdruck verleihen zu können (Jupiter in [5]): Sie verlangt eine beständige Rückbesinnung auf mich selbst. Je näher das, was ich ausdrücke, dem kommt, was ich fühle, umso erfüllender werde ich die Umsetzung meiner schöpferischen Kraft erleben: Ich darf nie den Kontakt zu mir selbst verlieren!

- Der Mond bildet ein Trigon zum Imum Cœli. Er steht in [11]. Dies entspricht einer Häuser-Quinkunx.

Ich fühle mich ausgesprochen wohl in meiner Haut, wenn ich mit meinem inneren Ruf in Kontakt stehe und Zeit habe, mich ganz dem Potenzial zu widmen, das in mir ruht und auf dem sich mein Leben begründet. Ich halte mich dann gern im Außen auf: Ich sehe mich eingebettet in eine Wirklichkeit, die meinen Wünschen nach Persönlichkeitsentfaltung entgegenkommt. Und nicht nur das: Ich habe auch das untrügliche Empfinden, etwas ganz Besonderes zu sein (Mond in [11]).

- Jupiter als Herrscher des Imum Cœli in [5] steht in Konjunktion zu Saturn in [5].

So weitschweifend meine Persönlichkeit angelegt, so überbordend meine Phantasie sein mag – ich finde immer einen

konzentrierten Ausdruck für meine Talente. Das bewahrt mich davor, mich selbst zu überschätzen. Da es mir gelingt, mein Potenzial auf den Punkt zu bringen, erhöhe ich die Aussichten, meine Kreativität wunschgemäß umzusetzen. Was ich von mir gebe, wirkt niemals aufgesetzt, sondern vereint Schöpferisches mit Klarheit und Struktur: mein Schlüssel zum Erfolg.

Die Deutung des Medium Cœli

Nach der ausführlichen Beschäftigung mit dem Imum Cœli wissen wir, welche Empfindungen die Entwicklung unseres Lebens bestimmen und welche Eigenschaften in uns diese Entwicklung stimulieren. Am anderen Ende der *Transformationsachse* finden wir das Medium Cœli, auf das die Spitze des Pfeils dieser Achse zeigt: Es symbolisiert das Ende unserer Entwicklung, unser Ziel.

Wir schließen die Deutung des Großen Kreuzes mit der Deutung des Medium Cœli ab: Hier stoßen wir auf alle Eigenschaften und Themen, die mit der Erfüllung des *inneren Rufes* in einer *Berufung* münden.

Das Deutungsmuster in drei Schritten:

1. Das Zeichen am Medium Cœli
2. Der Herrscher des Medium Cœli
3. Aspekte zum Medium Cœli und Herrscher des Medium Cœli und damit gleichzusetzen: Planeten in [10]

Schritt 1: Das Zeichen am Medium Cœli

Das Zeichen am Imum Cœli gibt uns Aufschluss über das Selbstbild eines Menschen, über die Eigenschaften, mit denen sich ein Mensch am besten identifizieren kann und die ihm das Gefühl von Persönlichkeit geben. Das Zeichen am Medium Cœli zeigt die Vision, auf die wir uns zubewegen und besagt etwas über die Eigenschaften dieser Vision. Diese Eigenschaften sind in uns angelegt, werden jedoch erst durch die *Berufung* entwickelt. Oftmals begegnen wir diesen Eigenschaften als Ideal in einem bestimmten Berufsbild oder in einer Person, die wir bewundern. Aufgabe des Medium Cœli ist es, die Eigenschaften des Imum Cœli dahingehend zu verwandeln, dass sie sich in der Vision des Medium Cœli und dessen Eigenschaften erfüllen. Kurz gesagt: Wir müssen auf der Grundlage der Fähigkeiten des Imum Cœli die Fähigkeiten des Medium Cœli selbst entwickeln.

- Das Zeichen am Medium Cœli beinhaltet die Eigenschaften, die in mir das Bild meiner Berufung wachrufen. Dieses Bild kann wie ein Magnet auf meine Persönlichkeit wirken und sie dazu veranlassen, sich zukünftigen Entwicklungen zu öffnen.
- Im Bezug auf das Imum Cœli zeigt uns das Zeichen am Medium Cœli, durch welche Fähigkeiten unser Entwicklungsprozess motiviert wird.

Schritt 2: Der Herrscher des Medium Cœli

Der Herrscher des Medium Cœli ist der Planet, der über das

Tierkreiszeichen an der Spitze von Haus [10] herrscht. Der Herrscher von [10] zeigt uns die Lebensbereiche, in denen wir unserer Berufung am besten nachgehen können. Das Medium Cœli zeigt auch, welche Umstände für uns den idealen Rahmen bieten, um unsere Berufung zu entdecken und an ihr zu arbeiten.

Bevor wir erkennen, dass manche Situationen uns lediglich vor Augen halten, wozu wir berufen sein könnten, werden sie von uns oftmals als einschränkend empfunden, weil sie in irgendeiner Form von uns verlangen, unsere Persönlichkeit einem größeren Ganzen zur Verfügung zu stellen: Sie fordern uns auf, nicht mehr nur nach Lust und Laune unser Leben zu gestalten, sondern das zugleich auch sinnvoll zu tun. Sinn meint dabei einen Zustand, den wir erreichen, wenn wir nicht mehr das Gefühl haben, es sei gleichgültig, ob wir mit unseren Fähigkeiten und Talenten am Geschehen teilnehmen würden oder nicht. Sinn heißt, dass wir einen Platz gefunden haben, den nur wir auf unsere ganz spezielle Art und Weise gestalten und von dem aus wir unsere Fähigkeiten anderen Menschen zur Verfügung stellen können, um gleichzeitig daran zu wachsen.

Das Medium Cœli vermittelt demnach eine Perspektive für den Sinn des Lebens, jedoch *ohne* ihn festzulegen. Der Herrscher des Medium Cœli weist uns auf die Orte und Umstände hin, die uns das Gefühl eines Lebenssinns am deutlichsten vermitteln. Der Sinn des Lebens ist nicht vorgegeben, sondern muss sich aus uns heraus entwickeln und ist vielmehr an eine persönliche, aktive und schöpferische Handlung gebunden, als irgendwo in den Sternen geschrieben zu sein.

Das Medium Cœli ist der höchste Punkt in unserem Horo-

skop und damit der lichthellen Mittagsstunde verwandt. Manche Stellungen des Herrschers von [10] wollen nicht gern ans Licht der Welt treten – sie wollen unerkannt bleiben. Das Medium Cœli hingegen fordert uns auf, unser Licht nicht länger unter den Scheffel zu stellen. Folglich gibt es einige Konstellationen des Herrschers von [10], die schwieriger erscheinen als andere. Was für alle anderen Herrscher des Großen Kreuzes gilt, ist auch hier ausschlaggebend: »Problematische« Konstellationen erfordern wahrscheinlich eine größere Anstrengung, um sie zu meistern. Gelingt dies eines Tages, kennzeichnet das einen Menschen durch ein besonders tiefes Verständnis für eine ganz bestimmte Angelegenheit in dieser Welt.

Zusammenfassung:

• Die Stellung des Herrschers des Medium Cœli zeigt an, in welchen Lebensbereichen unsere Berufung ihren Niederschlag findet. Es ist der Bereich, in dem wir – auch gegen unseren Widerstand – dazu aufgefordert werden, unsere Persönlichkeit einem größeren Ganzen, zum Beispiel der Gesellschaft, in der ich lebe, zur Verfügung zu stellen.

Schritt 3:
Aspekte zum Medium Cœli und Herrscher des Medium Cœli oder Planeten in [10]

Zur Orientierung:

• Die Aspekte zum Medium Cœli und seinem Herrscher zeigen, aus welchen Bereichen des Horoskops fördernde und auch hemmende Einflüsse auf unsere Berufung zu erwarten sind.

- Planeten in [10] ergänzen die Aussage des Medium Cœli um die Dynamik des jeweiligen Planeten.

Deutungshilfen

Das Zeichen am Medium Cœli

Welche Qualitäten muss das Bild meiner Berufung besitzen, damit es als Leitbild für meine Persönlichkeitsentwicklung geeignet ist?

Widder-Medium Cœli

Ich erobere meinen eigenen Platz in der Welt, der mir Selbstständigkeit und Unabhängigkeit gewährt und mich täglich vor neue spannende Herausforderungen stellt. Dorthin werde ich von der Erfahrung getragen, dass ich nicht allein auf der Welt bin. So laufe ich nicht Gefahr, mich in Alleingängen zu verrennen und mich vor der Verantwortung für andere zu drücken.

Stier-Medium Cœli

Am Ende meiner Entwicklung sehe ich mich als Mitglied einer Gemeinschaft, deren Stärke auf ihrem Zusammenhalt beruht. Eine solche Gemeinschaft definiert sich über eine Idee, eine gemeinsame Richtung, wo sich die Kräfte der Mitglieder bündeln. »Gemeinsam sind wir stark« – mit dieser Botschaft setze ich mich für die Belange der Menschen ein.

Zwillinge-Medium Cœli

Da ich das Gefühl in mir trage, dass das Leben einen Sinn macht, sehe ich mich in der Zukunft als einen Menschen, der gelernt hat, diesen Enthusiasmus an die Gemeinschaft weiterzugeben. Für mich besteht der Sinn des Lebens darin, mit meiner eigenen unerschöpflichen Tiefe einen gleichwertigen Beitrag zur Vielfalt der Welt zu leisten.

Krebs-Medium Cœli

So sparsam ich auch mit meinen Gefühlen im Umgang mit mir selbst bin, in meiner gesellschaftlichen Rolle geht es umso mehr darum, Gefühlen Platz zu schaffen. Da ich die Wichtigkeit von Gefühl und Mitgefühl aus eigener, manchmal schmerzlicher Erfahrung gut nachvollziehen kann, bemühe ich mich gern um das Wohl aller auf gesellschaftlicher Ebene.

Löwe-Medium Cœli

Am Ende meines Weges sehe ich, wie ich eine Welt aufgebaut habe, in deren Mitte ich stehe und für die ich die volle Verantwortung übernehme. Am Anfang bestand Unzufriedenheit mit dem Bestehenden – jetzt ist mir klar, dass es nicht reicht, anders zu sein, sondern dass ich mich bemühen muss, die Dinge selbst in die Hand zu nehmen, wenn ich etwas verändern möchte.

Jungfrau-Medium Cœli

Ich entdecke meinen Lebenssinn in einer Aufgabe, die mir erlaubt, meine Begabungen optimal einzusetzen. Da ich in mir die Erfahrung trage, dass hinter den Erscheinungen eine Welt zu finden ist, in der noch alles möglich ist, versu-

che ich, meine Erkenntnisse, die für alle Menschen einer Gemeinschaft von Nutzen sein können, in klare Strategien zu packen.

Waage-Medium Cœli

Wer aus Erfahrung weiß, nur auf sich selbst vertrauen zu können, hat gelernt, sich zu verteidigen, aber es fehlt ihm auf Dauer der Bezug zu anderen Menschen. Meine Berufung mag deshalb darin liegen, Wege zu anderen Menschen, mit denen ich meine Erfahrungen teilen kann, zu finden, ohne mich dabei selbst zu verraten.

Skorpion-Medium Cœli

Beständigkeit und Sicherheit, elementare Bestandteile meiner Persönlichkeit, bekommen einen höheren Sinn, wenn ich sie nicht auf die Befriedigung meiner persönlichen Bedürfnisse ausrichte, sondern die Gelegenheit bekomme, mich gemeinsam mit anderen einer Idee zu widmen, die über die Bindung an Materie hinausgeht.

Schütze-Medium Cœli

Meine Berufung lässt mich erkennen, dass das Wissen um die unbändige Vielfalt der Welt, mit dem ich in meine Persönlichkeitsentwicklung gestartet bin, am Ende meines Weges in der Erkenntnis eines übergeordneten Sinns mündet. Dann interessiert mich nicht mehr, was Menschen voneinander unterscheidet, sondern welchen gemeinsamen Weg sie gehen können.

Steinbock-Medium Cœli

Die intensiven Eindrücke, die mir am Anfang beschert wor-

den sind, bekommen durch meine Berufung einen konstruktiven Rahmen und höheren Sinn. Meine Gefühle lassen mich nicht mehr willkürlich hin und her schwanken, sondern ich kann sie auf ein höheres Ziel ausrichten und so einen Beitrag in der Gesellschaft leisten, der von Erfahrungen des Mitgefühls und der Hingabe lebt.

Wassermann-Medium Cœli
Wenn ich eine starke Persönlichkeit entwickeln durfte und meiner Kreativität Lauf lassen konnte, fehlt mir für meine Berufung nur noch eines: eine Vision, die meine Kraft nicht in Egoismus enden lässt, sondern der Verwirklichung vom Ideal einer besseren und gerechteren Welt dient. In meiner Berufung geht es um die Erfüllung eines Gemeinschaftswerks.

Fische-Medium Cœli
Die Entfaltung meiner Persönlichkeit begann mit dem Gefühl, ein Teil des Ganzen zu sein – und sie endet auch damit. Doch existieren die schützenden Grenzen nicht mehr: Meine Zukunftsvision ist grenzüberschreitend. Mein bescheidener Beitrag fließt in eine globale Entwicklung, die weit über das hinausgeht, was ich als Einzelmensch hätte erreichen können.

Der Herrscher des Medium Cœli

In welchen Lebensbereichen komme ich meiner Berufung am nächsten? Wo sehe ich mich aufgefordert, meine Persönlichkeit einem größeren Ganzen zu widmen?

Herrscher des Medium Cœli in Haus [1]

Es ist schon fast eine Frage des Überlebens für mich, Bedeutsamkeit in der Gesellschaft zu erlangen: Ich brauche gesellschaftliche Anerkennung wie andere etwas zu essen und zu trinken. Es ist wichtig, dass ich mir diesen Ehrgeiz eingestehe, denn jede Berufung, die mir nicht den Weg nach oben ermöglicht, wird mich über kurz oder lang aller Kräfte berauben.

Herrscher des Medium Cœli in Haus [2]

Eine Berufung, die meinem Leben Orientierung verschaffen soll, muss sich in erster Linie bezahlt machen. Man könnte auch sagen: Erfolg im Beruf ist für mich das Lebenselixier und ich habe nichts dagegen, wenn sich das in barer Münze ausdrückt. Aber auch wenn nicht der materielle Aspekt im Vordergrund steht – immer geht es darum, mein Leben auf eine sichere Grundlage zu stellen.

Herrscher des Medium Cœli in Haus [3]

Die Art, wie ich mich darstelle, ob mit meinem Körper, meinem Intellekt, ob in Gestik, Mimik, Sprache oder Schrift, ist das beste Vehikel für eine erfüllende Berufung. In meiner physischen Präsenz und meinem Talent zur Kommunikation liegen ideale Faktoren, um in der Gesellschaft erfolgreich zu sein.

Herrscher des Medium Cœli in Haus [4]

Zwischen Berufsleben und Privatsphäre zu trennen erscheint mir ziemlich sinnlos – eine Berufung erfüllt mich in der Regel in einem solchen Ausmaß, dass ich bereit bin, ihr auch meine Gefühlswelt unterzuordnen. Das muss sich

165

nicht darin äußern, dass ich mich emotional beschneide – es kann mir auch eine Berufung nahe legen, in der meine Gefühle das Kapital für meinen Erfolg sind.

Herrscher des Medium Cœli in Haus [5]

Wenn es darum geht, meine Persönlichkeit schöpferisch in Szene zu setzen, kann ich mich mühelos am Puls der Zeit bewegen. Es ist wichtig, dass meine Berufung auf meine Persönlichkeit zugeschnitten ist und meiner Kreativität genügend Spielraum lässt. Am besten sehe ich mich in einer Vorreiterrolle oder in einer Führungsposition meinen Erfolg genießen.

Herrscher des Medium Cœli in Haus [6]

Bei meiner Berufung ist es mir wichtig, mich an den Gegebenheiten des Zeitgeistes optimal auszusteuern. Es gibt einen Platz für mich in dieser Gesellschaft, wo ich perfekt aufgehoben bin und mich meine Fähigkeiten ideal zum Ausdruck bringen lässt. Mit taktischem Geschick werde ich diesem Ziel eher näher kommen, als alles auf eine Karte zu setzen.

Herrscher des Medium Cœli in Haus [7]

Auf meinem Weg zu einem sinnerfüllten Leben komme ich an anderen Menschen nicht vorbei: Ihnen verdanke ich gewissermaßen die notwendigen Impulse, die mir das Bild meiner idealen Zukunft vor Augen führen. Problematisch wird es dann, wenn ich meine Kontakte zu sehr danach ausrichte, ob sie mir auf meinem Weg nach oben nützen oder nicht.

Herrscher des Medium Cœli in Haus [8]
Eine Berufung muss mit meinen Erfahrungswerten übereinstimmen. Nur wenn das, was man mir als allgemein verbindliche Spielregeln auf gesellschaftlicher Ebene präsentiert, sich auch mit meinen persönlichen Überzeugungen
deckt, fühle ich mich von einer Rolle im größeren Ganzen
angezogen. Dann gehe ich mit einer großen Opferbereit-
schaft an jede mir anvertraute Aufgabe heran.

Herrscher des Medium Cœli in Haus [9]
Meine Berufung ist immer auch eine Sinnsuche: Ich könnte
kein Bild von meiner Zukunft akzeptieren, in dem es keinen Platz für die großen Fragen, die mich bewegen, gibt.
Die Menschen in meiner Umgebung sind für mich der
wichtigste Orientierungspunkt und ich benötige eine auf-
geschlossene und tolerante Atmosphäre.

Herrscher des Medium Cœli in Haus [10]
Da ich meine Berufung nur um ihrer selbst willen erfüllen
möchte, es nicht um die Befriedigung meiner eigenen oder
die Bedürfnisse der anderen geht, verfüge ich über eine gewisse Freiheit, mich einer Sache zu widmen oder auch nicht
– es kommt ganz darauf an, worum es geht! In jedem Fall
muss ich weder mir noch irgendjemandem etwas beweisen.

Herrscher des Medium Cœli in Haus [11]
Eine Berufung zu haben, verbindet sich für mich immer mit
dem Anspruch, zu erneuern und zu reformieren. Wo das
nicht gefragt ist, habe ich keinen Platz in der Gesellschaft.
Ich glaube, dass meine Funktion im großen Ganzen davon
getragen wird, die bestehenden Umstände in Frage zu stel-

len und den Glauben aufrecht zu halten, dass man es immer noch besser machen kann.

Herrscher des Medium Cœli in Haus [12]

Eine konventionelle Berufung in den festgesetzten Hierarchien interessiert mich nicht – sie sind im Grund vergänglich. Ich suche das, was hinter den Strukturen zu finden ist, was *wirklich* geschieht in dieser Welt. Wenn ich mich einer Sache verpflichtet fühle, dann der Suche nach der Wahrheit. Was aber ist Wahrheit? Eine Antwort auf diese Frage werde ich vermutlich niemals erhalten ...

Aspekte zum Medium Cœli und seinem Herrscher

Mit welchen zusätzlichen Einflüssen muss ich auf der Suche nach meiner Berufung rechnen, in fördernder wie auch hemmender Weise?

Sonne-Aspekt

Wie auch immer ich mich verhalte – es soll dazu dienen, meine Bedeutsamkeit in der Gesellschaft zu fördern und zu festigen. Dazu bin ich bereit, meine Handlungen an den gesellschaftlich akzeptierten Normen auszurichten. Vielleicht brauche ich länger als andere, bis ich ans Ziel komme – dafür komme ich aber sicher dort an. Beharrlichkeit und Gelassenheit bahnen mir den Weg. Positionen, die ich erreiche, erfülle ich mit großer Gewissenhaftigkeit und Verantwortung.

Mond-Aspekt

Einen Weg, bei dem Gefühle keine Rolle spielen, kann ich nicht gehen – und deshalb suche ich einen Platz, wo ich durch meine Gefühle Bedeutsamkeit erlangen kann. Der Weg dorthin verlangt jedoch, Gefühle disziplinieren und sich von ihnen distanzieren zu können, um das Ziel nicht aus den Augen zu verlieren. Die Entfremdung von meiner Gefühlssphäre könnte die Folge sein – jedoch nur, wenn ich den Kontakt zu meinem Innern verliere.

Merkur-Aspekt

In meiner Berufung spielt Kommunikationsfähigkeit und Selbstdarstellung eine große Rolle. Man könnte sagen, dass ich in mancherlei Hinsicht sogar ein Showtalent bin. Mein Geheimnis liegt in der Fähigkeit, mich ganz im Sinne des Zeitgeistes zu bewegen und die vorherrschenden Meinungen und Stimmungen in meiner Person zu verkörpern. Eigenständigkeit im Denken ist nicht unbedingt meine Stärke und nicht selten braucht es Zeit, bis ich mir ein eigenes Bild von einer Sache entwickelt habe.

Venus-Aspekt

Ich kann mir eine Berufung ohne die Zusammenarbeit mit anderen Menschen nicht vorstellen – allerdings benötige ich dabei den gesellschaftlichen Rahmen, um Kontakte zu knüpfen, die mir liegen. Dies ermöglicht es mir auf der einen Seite, Beziehungen aufzubauen, die von Ernsthaftigkeit und Tiefe getragen werden, andererseits fällt es mir schwer, spontan auf meine Mitmenschen zuzugehen. Wer nicht unmittelbar zu meiner Berufung beiträgt, ist mir auf meinem Weg nach oben eher hinderlich.

Mars-Aspekt

Wer etwas werden möchte, muss auch etwas leisten – und wenn ich mich in einer Berufung verwirklichen möchte, dann darüber, was ich unabhängig von anderen erreiche. Dazu bin ich bereit, die nötige Portion Selbstdisziplin aufzubringen – auf diese Weise bündelt sich meine Durchsetzungskraft regelrecht und lässt mich selbst die schwierigsten Hürden nehmen. Allerdings funktioniert diese Form der Durchsetzung nur in Bezug auf meinen Platz in der Gesellschaft.

Jupiter-Aspekt

Alle Ziele, die ich zu erreichen versuche, können nicht so bedeutend sein, dass ich dafür Werte wie Toleranz und Großzügigkeit aufgeben würde. Vielmehr sollen diese Werte fester Bestandteil meiner Berufung sein, was ich ausstrahlen möchte, egal welche Position ich am Ende in der Gesellschaft innehabe. Dennoch will ich hoch hinaus – kleine Brötchen zu backen ist nicht mein Ding. Hin und wieder neige ich dazu, zu hohe Ansprüche für mich geltend zu machen und spiele dabei andere an die Wand.

Saturn-Aspekt

Wenn ich hoch hinaus will, dann meine ich *wirklich* hoch. Ich weiß, dass mir nichts im Leben geschenkt wird: Dem Tüchtigen gehört die Welt! Meine Berufung verfolge ich daher mit ungeheurer Ausdauer und orientiere mich stets an klaren und unmissverständlichen Richtlinien, denen ich selbst mein Privatleben opfern würde, wenn es nötig sein sollte. Ich sollte nur nicht vergessen: Wer hoch hinaus will, kann auch tief fallen ...

Uranus-Aspekt

Ein Lebensziel in konventionellem Rahmen kann und will ich mir nicht vorstellen. Mich reizt das Ungewöhnliche an meiner Berufung und mich interessieren herkömmliche Funktionen in dieser Gesellschaft erst gar nicht. Ich suche mir einen individuellen Weg nach oben, der gut und gern auf den Segen allgemeiner Anerkennung verzichten kann. Wenn alles klappt, werde ich allein aufgrund meiner Persönlichkeit einen wertvollen Beitrag zum großen Ganzen leisten können.

Neptun-Aspekt

Manchmal muss man Schleichwege gehen oder sich getarnt vorwärts bewegen, um ans Ziel zu kommen. Das liegt nicht unbedingt daran, dass ich Wert darauf lege, mich im Leben durchzumogeln – vielmehr weiß ich noch gar nicht so genau, was ich eigentlich unter meiner Berufung zu verstehen habe und deshalb weiche ich einer klaren Aussage darüber aus. Ich spüre allerdings, dass ich zu etwas »Höherem« berufen bin, doch kann ich es nicht in dem finden, was mir vordergründig angeboten wird.

Pluto-Aspekt

Ich fühle mich ganz klar berufen, eine Leitbildfunktion in der Gesellschaft zu übernehmen. Deshalb werde ich nicht eher ruhen, bis ich eine Position erreicht habe, von der aus ich die Fäden in der Hand halte – ich verbinde meine Berufung mit dem Thema Macht. Natürlich kommt es ganz darauf an, *wofür* ich mich einsetze, denn eines steht fest: Wenn ich mich einer Sache einmal verschrieben habe, werde ich sie verfolgen, wenn es sein muss, bis zum bitteren Ende.

Das Beispielhoroskop

Die Konstellationen im Beispielhoroskop

Das Beispielhoroskop, diesmal reduziert auf alle für die Deutung des Medium Cœli relevanten Faktoren.

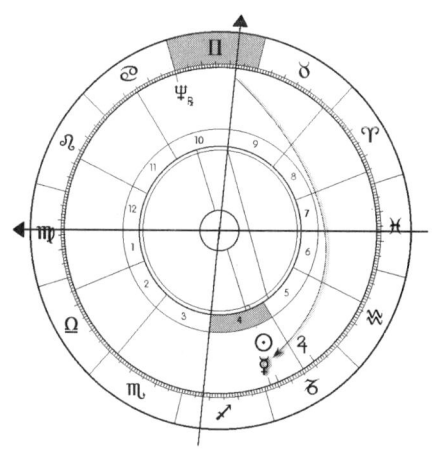

Die Konstellationen:

Das Zeichen am Medium Cœli
Am Medium Cœli befindet sich das Zeichen Zwillinge.

Der Herrscher des Medium Cœli
Merkur ist der Herrscher von [10] und steht in [4].

Aspekte zum Medium Cœli und seinem Herrscher
Das Medium Cœli steht im Spiegelpunkt zu Jupiter in [5].

Das Medium Cœli bildet ein Sextil zu Mond in [11].
Merkur als Herrscher von [10] steht in Konjunktion zu Sonne in [4].
Merkur als Herrscher von [10] hat eine Opposition zu Neptun in [10].

Planeten in [10]

In [10] befinden sich der Reihe nach Pluto und Neptun.
Die Deutung dieser Konstellationen finden Sie bei den Deutungen der Planeten in den Häusern nach dem Regelkreissystem.

Die Deutung des Beispielhoroskops

Das Zeichen am Medium Cœli

Welche Eigenschaften müssen meiner Zukunftsvision in Bezug auf meine Persönlichkeitsentfaltung immanent sein?
• Im Horoskop von Marlene Dietrich steht das Tierkreiszeichen Zwillinge an der Spitze von [10].

Wenn ich mir meinen idealen Platz in der Gesellschaft für die Zukunft ausmale, sehe ich mich als einen Menschen, der die Vielzahl seiner Fähigkeiten und Talente ausgebildet hat und sich nicht als Spezialisten für irgendetwas betrachtet. Es gibt viele Bereiche, in denen ich mich entfalten könnte – eines aber ist allen gemeinsam: Sie haben damit zu tun, Menschen etwas zu vermitteln. Ich möchte als Person wahrgenommen werden, die sich in Worten und Taten selbst darstellt. Ich möchte etwas *verkörpern* und nicht nur eine abstrakte Funktion erfüllen. Was ich verkörpere, kann und soll Abbild des Zeitgeistes sein, der sich entweder in

der Rolle, die ich spiele, widerspiegelt oder den ich mit meiner Persönlichkeit beeinflusse.

Der Herrscher des Medium Cœli

Wie ist der Bereich beschaffen, wo ich meiner Berufung begegne? Wo werde ich aufgefordert, im größeren Ganzen meinen persönlichen Beitrag zu leisten?

- Merkur als Herrscher des Medium Cœli steht in [4]. Das entspricht einer Häuser-Opposition.

Wirklich trennen kann ich zwischen meinem Privatleben und meiner Berufung nicht. Im Gegenteil: Immer schon gingen beide Hand in Hand. Man könnte auch sagen, dass ich dazu geboren worden sei, ein Leben in der Öffentlichkeit zu führen. Das sagt noch nichts darüber aus, ob ich mir das auch wünsche, denn diese Verbindung ist sehr anstrengend und fordert zum Teil große Opfer: Sie bedeutet den Verlust von Privatsphäre – freiwillig oder unfreiwillig. Andererseits ist mir garantiert, dass ich durch Fleiß und Beständigkeit meine Ziele erreichen kann, denn meine Gefühle ordnen sich gewissermaßen meiner Berufung unter und schlagen deshalb niemals fehl.

Zugleich habe ich ein untrügliches Gespür dafür, was gerade en vogue ist: Ich weiß, wie ich meine innere in die öffentliche Welt einzubetten habe, sodass beide voneinander profitieren: Denn ich habe in mir immer schon die Bestimmung zu etwas Höherem gespürt und bin mir im Klaren, dass dies nicht ohne Einbuße an persönlicher Freiheit zu verwirklichen ist.

Was mir fehlt, ist die Fähigkeit, *wirklich* privat zu sein. Andererseits mag der Moment kommen, da ich meine Arbeit geleistet und meinen Auftrag erfüllt habe. Wenn diese

Grenze überschritten ist, werde ich den Sinn meines Lebens schließlich in der Verborgenheit meines Selbst finden – dann werde ich die Türen vor dem Lärm der Welt schließen.

Aspekte zum Medium Cœli und seinem Herrscher

Welche Einflüsse bestimmen meinen Weg auf der Suche nach meiner Berufung? Inwieweit fördern oder behindern sie mich?

- Das Medium Cœli steht im Spiegelpunkt des Jupiter. Jupiter steht in [5]. Dies entspricht einer Häuser-Quinkunx.

Ich kann mich glücklich schätzen, dass mir so viele Wege offen stehen und alle auf ihre Weise Erfolg versprechen. Nur kann es passieren, dass ich den Wald vor lauter Bäumen nicht sehe, es mir schwer fällt, aus der Fülle der Angebote das Richtige herauszufiltern. Trotz allem scheint es das »Schicksal« gut mit mir zu meinen, denn ich habe offensichtlich immer wieder Glück im Leben. Vielleicht ist es auch nur mein Optimismus und mein Selbstvertrauen, die mir selbst in ungünstigen Zeiten das leuchtende Bild meiner Berufung als strahlendes Ziel vor Augen halten. Kreativität ist auch hier das Tor zu Erfolg und gesellschaftlicher Anerkennung (Jupiter in [5]): Ich muss darauf achten, dass ich mich im Hinblick auf meine Lebensziele nicht von Modeerscheinungen abhängig machen darf – ich würde meinen Erfolg an den wankenden Zeitgeist binden und gegebenenfalls mit ihm untergehen. Wenn ich andererseits meine Persönlichkeit zum Maßstab des Zeitgeists werden lasse, gewissermaßen selbst den Zeitgeist in dem, was ich schöpferisch umsetze, verkörpere, werde nicht ich mich ihm unterwerfen, sondern er sich mir.

Die Gefahr liegt in der Überschätzung meiner Möglichkei-

ten. Ich neige dann zu Übertreibung und nehme es nicht mehr so genau mit den mir gesetzten Zielen. Denn ich glaube, dass sich alles schon zu meinen Gunsten fügen wird. Dann können sich diese Ziele ganz schnell gegen mich wenden und ihre Erfüllung ist an einen höheren Preis gebunden als den, den ich bereit zu leisten war.

- Der Mond bildet ein Sextil zum Medium Cœli und steht in [11]. Das entspricht einer Häusernachbarschaft.

Ich nehme mich durchweg als einen Menschen wahr, der einer Berufung in dieser Welt folgt, getragen vom Grundgefühl, etwas ganz Besonderes zu sein (Mond in [11]). Das bleibt nicht nur ein frommer Wunsch, sondern ich habe die Chance, dies auch in einer gesellschaftlich bedeutsamen Rolle zu verwirklichen.

- Merkur als Herrscher des Medium Cœli in [4] hat eine Opposition zu Neptun in [10]. Das entspricht einer Häuser-Opposition.

Vergleichen Sie diese Konstellation mit der Beschreibung der Opposition zwischen Neptun und Merkur als Herrscher des Aszendenten!

Man kann nicht sagen, dass mir von Anfang an klar war, was aus mir einmal werden würde – auch wenn mich immer wieder eine Ahnung beschlich, dass es etwas sein könnte, was weit über meine Persönlichkeit hinausgeht. Andererseits kann ich mir auch nicht vorstellen, nur auf eine Sache festgeschrieben zu sein – dazu erkenne ich zu viele Fassetten an mir und trage zu viele Gesichter. Meine Berufung sehe ich darin, mit meiner Persönlichkeit den Zeitgeist zu berühren: Was in mir steckt, soll seinen Weg in die Öffentlichkeit finden. Unklar bleibt, ob ich damit meinen Lebenstraum oder den Traum anderer erfülle. Wahr-

scheinlich liegt die Wahrheit irgendwo dazwischen (Neptun in [10]).

Sei es als Projektionsfläche des Zeitgeistes oder als Trendsetter – die Chance eine Rolle zu spielen, mit der ich weit über mich hinauswachse, hat auch ihre Schattenseiten. Insbesondere wird sie mein Privatleben schutzlos der Öffentlichkeit ausliefern. Und dieser private Raum, der nur für mich reserviert sein darf, ist wichtig, um den Kontakt zu meinem eigenen Leben nicht zu verlieren (Merkur in [4]). Ein Ausweg ist die Flucht in das Geheimnisvolle: Je undurchsichtiger ich für andere bin, je weniger andere über meine wahren Beweggründe Bescheid wissen, umso besser kann ich mich davor schützen, verletzt zu werden. Die Menschen sollen das Geheimnis an mir lieben – denn das, was hinter der Maske steckt, könnte ihnen möglicherweise nicht gefallen. Auf Dauer ist das sehr anstrengend und am Ende habe ich ohne diese Maske keine wahrnehmbare Identität mehr. Das wiederum bedeutet, dass ich erfolgreich mein Privatleben geschützt hätte, dieses Privatleben jedoch keine Bedeutung mehr hat, weil es ohne dieses Geheimnis gar nicht existieren würde.

Die Deutung der Planeten

Die Planeten sind die Akteure des Horoskops, während das Große Kreuz den Bezugsrahmen für ihre Aktivitäten darstellt. In den folgenden Kapiteln lernen Sie Theorie und Praxis einer einfachen, doch tief gehenden Methode kennen, sich einer zusammenhängenden Deutung der Planeten zu nähern.

Wiederum begleitet Sie exemplarisch das Horoskop von Marlene Dietrich. Die Deutung der einzelnen Schritte lässt sich mithilfe der *Werkzeugkiste* ganz einfach nachvollziehen. Entwickeln Sie ruhig eine eigene Sicht der Konstellationen. Um Ihnen das zu ermöglichen, habe ich auf Deutungshilfen verzichtet.

Die Wirklichkeit aufbauen – das Kybernetische Modell

Der Strom des Erlebens

»Wir Menschen ... scheinen psychisch in einem sinn- und ordnungslosen Universum nicht überleben zu können.«[26] Eine typische Eigenschaft des Menschen ist das Bedürfnis nach Organisation der Welt. Wir wünschen uns stabile und verlässliche Erfahrungen, während unsere Sinnesorgane sekündlich von einem unüberschaubaren Chaos unendlicher Reize überflutet werden: »Alles fließt – nichts besteht.«

Wie aber gelingt es, dem menschlichen Bewusstsein aus diesem Strom des Erlebens eine einigermaßen dauerhafte und regelmäßige Welt zu konstruieren? Wie entsteht aus dem Chaos der Reize unsere geordnete Wirklichkeit? Betrachten Sie dazu folgende Abbildung:

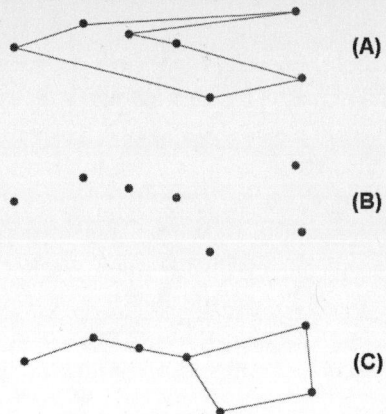

(A)

(B)

(C)

(B) zeigt eine Reihe von Punkten, wie sie in der Natur zum Beispiel am Sternenhimmel vorkommen: Unschwer werden Sie das Sternbild des Großen Wagens erkannt haben. Tatsächlich sehen alle Menschen in den unterschiedlichsten Kulturen das Sternbild wie in (C) dargestellt, während die Kombination in (A) ebenso möglich ist, niemand aber spontan diese Verbindungen erkennen würde! Dabei ist diese Anhäufung von Punkten rein zufällig und existiert nur in unserer Wahrnehmung: Dieses Sternbild besitzt nicht einmal eine natürliche Entsprechung, da die einzelnen Fixsterne, aus denen es sich zusammensetzt, in völlig unterschiedlichen Tiefen des Weltalls liegen und nichts miteinander zu tun haben!

Während die Gestalt von allen Menschen gleich wahrgenommen wird, werden ihr in den verschiedenen Kulturen ganz andere Bedeutungen beigemessen: Bei uns ist diese Konstellation ein Wagen, in Amerika erkennt man darin ei-

nen Schöpflöffel, auf den Britischen Inseln einen Pflug; die Südfranzosen sehen eine Kasserolle, die Araber einen Sarg, hinter dem drei Klageweiber gehen, die Antike und die Indianer verknüpften das Sternbild mit einem Bären, die Innuit sehen darin ein Rentier und die alten Ägypter ein Nilpferd.

Es scheint also etwas im Menschen angelegt zu sein, das bestimmte Strategien der Organisation bevorzugt. Dabei gibt es Kriterien, die allen Menschen gemeinsam sind und auf einfachen geometrischen Formen, wie Rechteck, Dreieck und Kreis, auf Symmetrie und Geschlossenheit der Gestalt aufbauen. Außerdem gibt es Kriterien, die offensichtlich kulturellen Ursprungs und von den natürlichen und historischen Gegebenheiten an einem Ort geprägt sind. Schließlich gibt es auch noch jene Kriterien, die unserer persönlichen Geschichte und unserem Geschmack entsprechen, zum Beispiel welche dieser Erzählungen Ihnen am besten gefällt etc.

Jeder Mensch scheint eine individuelle Strategie zur Organisation des Chaos in sich zu tragen, womit er auch eine individuelle Wirklichkeit errichtet, die sich in vielen Punkten mit der Wirklichkeit aller Menschen oder seiner Kultur überschneidet, zu einem sehr großen Teil jedoch von ihm allein geprägt wird.

Eine Insel der Ordnung

Dieses Organisationssystem muss in sich so zusammenhängend wie möglich sein, um Orientierung und Sicherheit zu gewähren. Wie eine Insel im Ozean versucht es, sich gegen das Chaos zu behaupten. Dennoch muss es offen blei-

ben, denn die Kriterien der Ordnung müssen bis zu einem gewissen Grad flexibel gehalten werden, um sich verändernden Umweltbedingungen anpassen zu können. Wir müssen bereit sein, uns immer wieder dem chaotischen Strom des Lebens zu öffnen.

Wie offen oder flexibel Ihr Ordnungssystem für Instabilität ist, können Sie leicht anhand von so genannten *Kippfiguren* feststellen (vgl. Abbildung 16). Diese Figuren sind aus zwei unterschiedlichen Motiven aufgebaut, die als Reiz gleich stark wahrgenommen werden. Bei längerem Betrachten *kippt* das eine Motiv unwillkürlich in das andere. Je häufiger Sie in der Lage sind, zwischen beiden Motiven zu kippen, desto flexibler ist Ihr Ordnungssystem der Wahrnehmung, aber auch desto unbeständiger. Gelingt es Ihnen nur schwer, die Perspektive zu wechseln, neigen Sie zu größerer Stabilität der Wahrnehmung, was sich u. a. auch in einer höheren Konzentrationsfähigkeit ausdrücken kann.

Ehemann oder Schwiegervater?

So scheint der Aufbau der Wirklichkeit auf zwei Fähigkeiten zu beruhen:

1. Auf der Fähigkeit, Sinn und Ordnung im Chaos zu erkennen, um eine stabile Sicht der Welt zu ermöglichen. Diese Fähigkeit scheint angeboren zu sein und weist bei jedem Menschen individuelle Merkmale auf.
2. Auf der Fähigkeit, diese Stabilität in Frage zu stellen, wenn eine Veränderung in den Umweltbedingungen es erfordert. Auch diese Fähigkeit ist prinzipiell angeboren – die Art und Weise, in der sie eingesetzt wird, unterliegt jedoch einem Lernprozess.

Diese beiden Fähigkeiten zusammengenommen bilden den Schlüssel zum erfolgreichen Aufbau einer Wirklichkeit.

Die alles entscheidende Frage dabei ist: Wie gelingt es mir, ein Gleichgewicht zwischen diesen beiden Fähigkeiten zu erreichen?

Die Schwierigkeit der meisten Menschen besteht darin, dass sie an einem einmal als »richtig« erkannten System der Ordnung festhalten wollen, weil es sich »bewährt« hat. Tatsächlich verändert sich aber die Realität ununterbrochen und verlangt von uns die Bereitschaft zur Instabilität. Diese Bereitschaft ist lebensnotwendig, weil sie uns hilft, mit Veränderungen klarzukommen, zum Beispiel wenn wir von unserem Partner verlassen werden, wenn wir unseren Job verlieren oder wenn ein geliebter Mensch stirbt. Diese Ereignisse werden uns zwar nach wie vor erschüttern, aber sie werden uns nicht aus der Bahn werfen, sie werden den Strom des Lebens nicht umkehren, sondern uns erlauben weiterzukommen, reicher an Erfahrungen und vielleicht auch klüger zu werden.

Ein Mensch, der diese Bereitschaft nicht aufbringt und da-

ran festhält, dass etwas bei ihm »so und nicht anders« ist, entkommt der Korrektur des Lebens dennoch nicht: Die Dämme, die er rund um seine Insel erbaut hat, um das Unberechenbare und Ungeordnete außen vor zu halten, werden irgendwann brechen – und dann wird er sich als Opfer der Ereignisse erleben, die ihn überfluten. Es kommt also darauf an, wie bereit wir sind, immer wieder von selbst und aktiv Situationen herbeizuführen, in denen wir unsere Stabilität verlieren. Die Fähigkeit, uns *destabilisieren* zu lassen, muss trainiert werden, damit sie einsatzfähig bleibt: Nur so halten wir uns aufrecht im Wind, sind geschmeidig wie ein Schilfrohr und genauso stark.

Das Horoskop dient als Schlüssel zur Entwicklung dieser Fähigkeiten:

Es zeigt uns, auf welche Weise wir unsere Wirklichkeit errichten und zugleich, welche Mechanismen uns davor bewahren, dass diese Wirklichkeit ein starrer Kokon wird, aus dem wir uns nur noch schwer befreien können.

Wenn wir diese Mechanismen in uns entschlüsseln, sind wir auch in der Lage, eine *andere Wirklichkeit* aufzubauen und uns zu verändern, wenn unsere Sicht der Dinge zu einer Belastung geworden ist und wir das Gefühl von Misserfolg bei der Bewältigung unseres Daseins erfahren, sei es im Beruf, in der Liebe oder auf der Suche nach dem Sinn unseres Lebens.

Wenn wir realisieren, dass die Art und Weise, wie wir die Welt wahrnehmen, zwar typisch für uns ist, aber nicht ein für alle Mal festgelegt, sondern entwicklungsfähig ist, werden wir uns nicht mehr täuschen lassen. Wir werden erkennen, dass die Welt zu einem großen Teil unsere eigene Schöpfung ist, unser Leben deshalb in jedem Augenblick in

Richtung größerer Zufriedenheit und größeren Glücks gelenkt werden kann.

Das Kybernetische Modell

Das Horoskop beschreibt meinen Zugang zur Wirklichkeit und wie ich diesen schöpferisch gestalten kann. Dabei gibt es vier grundlegende Zugänge zur Wirklichkeit, die sich darin unterscheiden, dass ihnen jeweils eine andere Dynamik der Planeten als Schlüssel dient.

Die im Folgenden beschriebenen vier Ebenen lehnen sich eng an das von Michael Roscher dargelegte *Kybernetische Modell* an, das mit das Herzstück der von ihm begründeten *Schule für Transpersonale Astrologie* darstellt. Dieses System schildert umfassend die Qualität der Planeten in ihren Wechselwirkungen und liefert ein praktikables und wirklichkeitsnahes Instrument der Horoskopinterpretation. Roscher entwickelte diesen Ansatz, weil die klassische Astrologie mit ihren statischen Vorgehensweisen seines Erachtens nicht geeignet ist, die Fähigkeit des Menschen zu Entwicklung und innerem Wachstum abzubilden. Er integrierte die Grundidee der Kybernetik und sich selbst regulierender Systeme in die Astrologie.[27]

Die Basis des Kybernetischen Modells bilden *Regelkreise*. Ein Regelkreis kennzeichnet sich dadurch, dass das Ergebnis eines Vorgangs die Ausgangsbedingungen beeinflusst und *steuert* (Kybernetik = »Steuermannskunst«). Bekanntestes Beispiel ist der Thermostat, der die Temperatur in einem Raum misst, mit der gewünschten Temperatur vergleicht und die entsprechenden Maßnahmen einleitet, um

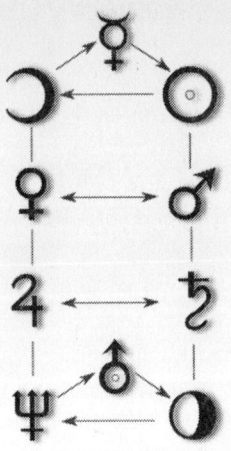

Erster Regelkreis

*Wie baue ich meine
persönliche Wirklichkeit auf?*

Zweiter Regelkreis

*Wie baue ich Beziehungen zur
Wirklichkeit der anderen auf?*

Dritter Regelkreis

*Wie baue ich Beziehungen zur
sozialen Wirklichkeit auf?*

Vierter Regelkreis

*Wie baue ich meine
transpersonale Wirklichkeit auf?*

die Ausgangsbedingungen anzupassen. Der Thermostat stellt das System dar, das versucht eine bestimmte Ordnung (eine konstante Temperatur) aufrechtzuerhalten. Dazu vergleicht es permanent die Umwelt mit dem in ihm angelegten Wert und versucht, die Umwelt so zu gestalten, dass sie diesen Wert annimmt, zum Beispiel durch senken oder steigern der Wärmezufuhr.

Dieses Prinzip bildet die Grundlage der Selbstorganisation: Ein System, ein Lebewesen, der Mensch organisieren ihre Wirklichkeit, indem sie sich selbst organisieren. Ein Regelkreis ist demnach die Darstellung unserer Fähigkeit zur Selbstorganisation auf einer bestimmten Ebene.

Beim Kybernetischen Modell schließen sich stets zwei bis drei der zehn Hauptplaneten zu einem *Regelkreis* zusammen. Dabei ist die Anordnung der Planeten alles andere als willkürlich: Sie bedient sich einer in den Planeten angelegten Zugehörigkeit auf der Grundlage polarer Anziehung.

So finden Sie auf der linken Seite des Modells alle Planeten, die einen eher *aufnehmenden* Charakter haben, allen voran der Mond. Die rechte Seite dagegen wird besetzt von Planeten, die sich durch *freisetzende* Eigenschaften kennzeichnen, angeführt von der Sonne. Die mittlere Säule umfasst Merkur und Uranus – zwei Planeten, die sich im Spannungsfeld dieser Polarität *neutralisierend* verhalten.

Jede Ebene von oben nach unten gelesen ist eine Verfeinerung und zugleich eine höhere Stufe der vorangehenden. Das bedeutet, dass das Erleben der einen Ebene davon abhängt, wie die vorangehende verwirklicht wurde. Anders ausgedrückt: Vom ersten Regelkreis ausgehend kann kein Regelkreis »übersprungen« werden. Die Ausprägung des ersten Regelkreises wird den zweiten bedingen, der zweite legt den Rahmen des dritten fest und der dritte bestimmt, welche Möglichkeiten der vierte hat.

Regelkreise und Quadranten

Vier Regelkreise – vier Quadranten: Die Parallele drängt sich auf und damit die Frage, wo Entsprechungen und wo Unterschiede liegen.

Letztere sind in der unterschiedlichen Gewichtung von Häusern und Planeten begründet: Häuser »machen« nichts (sie »strahlen« nicht, wie man früher sagte), sondern repräsentieren das Gegebene und das Mögliche. Hingegen besitzen die Planeten mit ihren Rückläufigkeiten und den daraus resultierenden Schleifenbewegungen am Firmament (die »ungehorsamen« Schafe, wie sie von den Babyloniern genannt wurden, im Gegensatz zu den »zahmen« Fixster-

nen, die immer brav an ihrer Stelle blieben) eine Art Eigenleben.

Die Quadranten stellen ein Potenzial zur Verfügung, aus
dem ich meine Wirklichkeit aufbauen kann. In den Häusern erfahre ich alles über meine Anlagen, meine »Wegzeh-
rung« (AC/DC) und meine »Landkarte« (IC/MC), nach der
ich mich richten kann.

Dennoch bedeutet das noch lange nicht, dass ich mich
überhaupt in Bewegung setze: Ich stehe am Beginn meiner
Reise mit geschnürtem Ränzel und einem klaren Bild meines Ziels – aber ich mache den ersten Schritt nicht.

Es sind die Planeten, die mich in Bewegung setzen, indem
sie das vorhandene Material »verzehren« und dadurch meine Entwicklung vorantreiben.

Ich kann mich während meiner Reise auf vier Ebenen –
den vier Regelkreisen – vorwärts bewegen: Es handelt sich
dabei um vier unterschiedliche Perspektiven, die ich im
Lauf meiner Reise einnehmen, dabei jeweils verschiedene
Aspekte beleuchten und andere Anforderungen an den
Sinn meiner Reise stellen kann.

Der erste Regelkreis funktioniert immer: Er sorgt dafür,
dass ich *überhaupt* vorwärts komme. Deshalb ist dieser Regelkreis mit dem Imum Cœli verwandt, dem Ausgangspunkt unseres Lebens.

Der zweite Regelkreis verlangt von mir, Aufmerksamkeit
auf meine Umwelt zu richten. Er ist deshalb verwandt mit
dem Deszendenten als Schnittstelle zwischen den Grund-
bedürfnissen meiner Persönlichkeit und den Anforderungen meiner Umwelt.

Erst ab dem dritten Regelkreis stellt sich überhaupt die Frage nach dem Sinn meiner Reise – ob ich ihn aus mir selbst

schöpfe oder einen vorgefertigten Sinn bevorzuge. Es geht darum, ein Bewusstsein für sein Selbst zu entwickeln und damit den ersten Schritt aus der Fremdbestimmung herauszugehen. Unschwer zu erkennen ist die Verwandtschaft des dritten Regelkreises mit dem Medium Cœli.

Der vierte Regelkreis schließlich konfrontiert uns mit der Frage, was *hinter* dieser Reise steckt und ob sie über unsere Persönlichkeit hinausgeht. Es bleibt der Aszendent als Verwandter im Horoskop. Wie ist das zu erklären? Mit dem vierten Regelkreis berühren wir das Wesen unserer Existenz an seiner empfindlichsten Stelle – dem Inhalt unseres Lebens. Der Aszendent enthält in seiner komprimierten Form alle notwendigen Informationen, die wir benötigen, um unser Leben zu meistern. Er bildet den Startpunkt in diese Existenz, während der vierte Regelkreis die höchste Stufe der Transformation, die wir erreichen können, darstellt. Anfang und Ende schließen sich: »Am Ende all unseres Suchens werden wir zu unserem Ausgangspunkt zurückkehren, und wir werden den Ort zum ersten Mal sehen.« (T. S. Eliot)

Der erste Regelkreis:
Mond, Merkur und Sonne

Mond: Wie ich mich in die Welt eingebettet fühle

»Füttere mich!«, scheint uns der Mond im Horoskop zuzurufen. Wie ein nimmersatter Schwamm nimmt er alle Eindrücke in sich auf. Auch wenn er sie kreuz und quer sam-

melt und sein Fassungsvermögen grenzenlos zu sein scheint, stehen seine Schleusen der Wahrnehmung nicht beliebig weit offen: Bevor Informationen, die sekündlich auf uns niederprasseln, zu uns gelangen, hat der Mond bereits eine Auswahl getroffen. Allerdings trifft er diese nicht aktiv, sondern arbeitet wie ein Sieb, durch das alles hindurchgegossen wird: Nur die Eindrücke, die in seinen Maschen hängen bleiben, haben die Chance auf Weiterverarbeitung – der Rest fällt bei der Wahrnehmung durch und bekommt nicht die Möglichkeit, Bestandteil unserer Wirklichkeit zu werden.

Wie auch im Tierreich jede Spezies je nach Bedürfnis über eine bestimmte Wahrnehmung verfügt, unterscheiden sich auch Menschen durch eine für sie typische Aufnahme von Eindrücken aus der Umwelt. Jeder scheint bei ihrem Anblick eine andere Brille zu tragen und einen anders gefärbten Zugang zu ihr zu haben – gemäß seiner individuellen Bedürfnisse.

Der Mond, könnte man sagen, besitzt einen Filter, der nur die Wahrnehmungen, die einem bestimmten Grundbedürfnis des Menschen entsprechen, zulässt. Was diesem Grundbedürfnis nicht zugute kommt, wird prinzipiell nicht wahrgenommen. Wie eine Überwachungskamera tastet er mit allen zur Verfügung stehenden Sensoren die Welt ab und beschafft alle Informationen, um den Zustand der Welt, in die wir eingebettet sind, zu beschreiben. An erster Stelle will er feststellen, ob die Umwelt aktuell in der Lage ist, dieses Grundbedürfnis zu befriedigen. Jeder Mangel erzeugt sofort ein Unwohlsein, allerdings unspezifischer Natur: Der Mond bemerkt, *dass* etwas nicht stimmt, aber er kann nicht sagen, *was* es ist. Das wird erst Merkur für ihn erledigen.

Das Grundbedürfnis eines Menschen ist daher eng mit seiner allgemeinen Stimmung verbunden: Wenn ich bekomme, was ich brauche, geht es mir gut – wenn nicht, geht es mir schlecht. Wie ich diese Stimmungen erlebe, hängt im Wesentlichen vom *Grundgefühl* ab, mit dem ich mich in der Welt bewege.

Wenn wir uns mit der Position des Mondes im Horoskop eines Menschen beschäftigen, nehmen wir auf der einen Seite Kontakt zu seinem einzigartigen Zugang zur Welt auf. Auf der anderen Seite werfen wir einen Blick auf sein *Grundbedürfnis*, das durch diese Wahrnehmung der Welt gestillt werden soll, und auf die *Grundstimmung*, mit der sich ein Mensch in der Welt eingebettet fühlt.

Der Mond antwortet auf die Fragen:

- Was brauche ich von der Welt, um mich in ihr wohl zu fühlen?
- Wie fühle ich mich generell in dieser Welt? Was stellt sie für mich dar?

Merkur: Wie ich Eindrücke strategisch bewältige

Wenn der Mond eine Kamera ist, die alles aufnimmt, dann sitzt der Merkur vor dem laufenden Monitor und wertet die ankommenden Informationen aus – die Menge ist gewaltig! Nur ein Bruchteil hat überhaupt die Chance bearbeitet zu werden – und ein winziger Teil von diesem Rest tritt wiederum über die Schwelle des Bewusstseins, während das meiste automatisch, das heißt ohne den Einfluss unseres Willens, erledigt wird: Die Anpassung des Herzschlags

und der Atemfrequenz, unser Gleichgewichtssinn, die Organtätigkeit etc., auch gelernte Verhaltensweisen wie Gehen, Sprechen, Schreiben, Lesen, Autofahren usw. benötigen keine bewusste Aufmerksamkeit, um aufrechterhalten zu werden.

Die Rolle des Merkur am Schaltpult der Wirklichkeit darf nicht unterschätzt werden. Merkur *strukturiert* und *organisiert* die Informationen: Er bestimmt, welche Eindrücke Priorität haben; er bestimmt, in welcher Reihenfolge die angemeldeten Bedürfnisse bearbeitet werden; er stellt fest, welche Informationen zusammengehören und gleichzeitig bearbeitet werden müssen; er vergleicht ankommende Informationen mit bereits abgespeicherten und erkennt so bekannte Situationen wieder; er kann auf bereits abgespeicherte Strategien zur Bewältigung der Eindrücke zurückgreifen; er archiviert neue Eindrücke und entscheidet, ob sie im Langzeit- oder Kurzzeitgedächtnis abgelegt werden; er ergänzt fehlende Informationen aus dem Gedächtnis usw.

Merkur ist zum Beispiel dafür verantwortlich, dass wir in eigentlich regellosen Anordnungen von Punkten eine Gestalt erkennen, wie in Abbildung 15 dargestellt. Das liegt daran, dass Merkur etwas erkennen *muss*, wenn er die Informationen einmal offen gelegt hat: Was es bis hierhin geschafft hat, *muss* eine Bedeutung haben. Merkur bewertet alle Eindrücke nach ihm bekannten Mustern – ob diese nun vorhanden sind oder nicht. In dieser Interpretationsleistung liegt einerseits seine Stärke, andererseits eine Schwäche, denn es ist nicht ausgeschlossen, dass Merkur eine Information falsch zuordnet und missdeutet.

Am Ende seiner Bemühungen gilt es, eine *Strategie* zu ent-

wickeln, die auf das Bedürfnis des Mondes antworten soll. Wenn der Mond wissen lässt, dass »irgendetwas nicht stimmt«, setzt Merkur alle Hebel in Bewegung, um herauszufinden, was uns fehlt. Schließlich legt er eine Strategie vor, mit der wir in die Welt eingreifen können, um möglichst rasch den Mangel zu beheben – damit gibt er das Staffelholz an die Sonne weiter.

Die Stellung von Merkur antwortet auf die Fragen:

- Wie organisiere ich die Eindrücke aus der Welt, um sie für mich nutzbar zu machen?
- Auf welche Weise interpretiere ich die Wirklichkeit?
- Nach welchen Kriterien entwickle ich Strategien, um Einfluss auf die Welt zu nehmen?

Sonne: Wie ich mich in die Welt einbringe

»Die Sonne bringt es an den Tag« – nichts anderes gilt auch für die Sonne im Horoskop. Nachdem Merkur seine Strategie zur Bewältigung der Eindrücke des Mondes vorgestellt hat, hängt die weitere Erfüllung des Auftrags von der Sonne ab. Sie *handelt* und setzt den merkurischen Ratschlag in die Tat um. Damit wird, was durch Merkur von langer Hand vorbereitet wurde, zum ersten Mal sichtbar und kann die Welt konkret beeinflussen. Ziel der Sonne ist es, die Welt so umzugestalten, dass sie die Voraussetzungen zur Befriedigung des Grundbedürfnisses bietet. Ihre Handlung soll alles wieder ins Lot bringen, wenn ein Mangel festgestellt wurde.

Die Sonne sorgt dafür, dass wir uns *äußern*: Ohne sie haben wir keine Möglichkeit irgendetwas zu tun. Sie setzt unsere

Absichten und Wünsche auf ganz bestimmte Weise um, die typisch für unsere Persönlichkeit ist. Das hängt davon ab, wie viel Energie ihr zur Verfügung steht und am Ende freigesetzt werden kann. So wird eine geschwächte Sonne selbst die ausgeklügeltsten Strategien eines Merkur vielleicht nur zur Hälfte umsetzen können, während eine andere Sonne immer wieder über das Ziel hinausschießt.

Wenn der Mond für Eindrücke zuständig ist, kümmert sich die Sonne um den Ausdruck: Sie drückt der Welt unsere Persönlichkeit auf, hinterlässt Spuren. Diese Spuren wiederum dienen als Ausgangspunkt für weitere Eindrücke, da sich die Welt nun verändert hat: Der Mond wird feststellen, ob die Sonne das verursacht hat, was Merkur versprochen hatte. Sollte das nicht der Fall sein, geht es in die zweite Runde. Der Kreislauf schließt sich ...

Die Sonne antwortet auf die Fragen:

- Wie drücke ich mich in der Welt aus? Auf welche Art und Weise nehme ich Einfluss auf die Bedingungen in der Welt?
- Auf welche Weise wird die Welt durch meine Persönlichkeit geprägt? Wie hinterlasse ich Spuren?

Die Deutung
des ersten Regelkreises

Wenn wir den ersten Regelkreis richtig deuten wollen, müssen Mond, Merkur und Sonne zu einem Ganzen zu-

sammengefügt werden. Diese drei Prinzipien hängen – wie Sie gesehen haben – aufs Engste zusammen und können nicht allein gedeutet werden.

Dennoch müssen wir uns schrittweise dem ersten Regelkreis nähern. Da ohne die Wahrnehmung des Mondes nichts geschehen würde, da kein Material zur Verarbeitung vorhanden wäre, macht es Sinn, bei der Deutung des Mondes zu beginnen.

Die Deutung des Mondes

1. Deutung des Mondes im Tierkreiszeichen
2. Deutung des Mondes nach seiner Hausposition
3. Deutung des Mondes als Häuserherrscher
4. Deutung der Aspekte zum Mond

Mond in den Tierkreiszeichen

Der Mond ist der einzige Planet, den wir im Tierkreis deuten!

Der Mond im Zeichen gibt uns Auskunft über die Färbung der Brille, durch die wir die Welt wahrnehmen. Er hat den deutlichsten Bezug zu dem *Grundgefühl*, mit dem ich der Welt begegne.

Mond in Haus [x]

Die Hausposition des Mondes sagt etwas aus über den Lebensbereich, der als bevorzugte Materialsammlung für unsere Wahrnehmung dient. Wir erfahren durch welche Themen unser Grundgefühl gegenüber der Welt besonders berührt wird.

Mond als Herrscher von [y]

Hier erfahren wir etwas über den »Auftrag« des Mondes, das heißt über die Hintergründe unserer Wahrnehmung: Warum wir auf eine bestimmte Art wahrnehmen und welches Grundbedürfnis über die Wahrnehmung abgedeckt werden soll.

Aspekte zum Mond

Die Aspekte zum Mond zeigen uns, welche Kräfte fördernd oder hemmend auf ihn einwirken. Wenn wir die aspektierenden Planeten als Häuserherrscher betrachten, erfahren wir zusätzlich, durch welche Lebensthemen unser Grundgefühl und unser Grundbedürfnis beeinflusst werden.

Die Deutung von Merkur

1. Deutung von Merkur nach seiner Hausposition
2. Deutung von Merkur als Häuserherrscher
3. Deutung der Aspekte zum Merkur

Merkur in Haus [x]

Die Hausposition des Merkur zeigt, welcher Lebensbereich die Kriterien bereitstellt, nach denen die Eindrücke sortiert und zu einer Strategie organisiert werden.

Merkur als Herrscher von [y]

Wenn wir das Haus suchen, über das Merkur herrscht, suchen wir ausschließlich(!) nach dem Tierkreiszeichen Jungfrau, das der Idee des Merkur, Eindrücke zu bewältigen, am nächsten steht!

Das Haus deutet an, welcher weitere Lebensbereich im Hintergrund den Auftrag zu dieser Art der Eindrucksbewältigung erteilt. Hier finden wir insbesondere die Motive, warum wir Informationen auf eine ganz bestimmte Weise interpretieren – und manchmal auch daneben liegen.

Aspekte zum Merkur

Die Aspekte zum Merkur zeigen uns, welche Kräfte fördernd oder hemmend auf ihn einwirken. Wenn wir die aspektierenden Planeten als Häuserherrscher betrachten, erfahren wir zusätzlich, durch welche anderen Lebensthemen unsere Art, Eindrücke zu verarbeiten, beeinflusst wird.

Die Deutung der Sonne

1. Deutung der Sonne nach ihrer Hausposition
2. Deutung der Sonne als Häuserherrscher
3. Deutung der Aspekte zur Sonne

Sonne in Haus [x]

Über die Hausposition der Sonne erfahren wir, welcher Lebensbereich die idealen Voraussetzungen für eine erfolgreiche Umsetzung der Handlungsstrategie zur Verfügung stellt. In diesem Lebensbereich können wir auch unsere Persönlichkeit am deutlichsten zur Geltung bringen.

Sonne als Herrscher von [y]

Das Haus, über das die Sonne herrscht, gibt Aufschluss über die Lebensbereiche, die uns Gründe liefern, warum wir uns so und nicht anders verhalten.

Aspekte zur Sonne

Die Aspekte zur Sonne zeigen uns, welche Kräfte fördernd oder hemmend auf sie einwirken. Wenn wir die aspektierenden Planeten als Häuserherrscher betrachten, erfahren wir zusätzlich, welche Lebensthemen unser Verhalten beeinflussen.

Zusammenfassung:

Nachdem die Deutung der einzelnen Regelkreise jede für sich abgeschlossen ist, sollten Sie dazu übergehen, die einzelnen Regelkreise auf den ersten abzustimmen. Dabei kann Ihnen folgende Darstellung helfen:

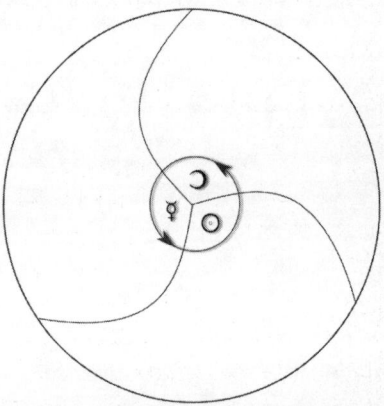

Achten Sie darauf, den Regelkreis wieder zu »schließen«, das heißt die Ergebnisse der Sonne sollten auf sinnvolle Weise die Grundlage für die Wahrnehmungen des Mondes bilden.

Das Beispielhoroskop

Die Konstellationen im Beispielhoroskop

Das bekannte Beispielhoroskop, jedoch reduziert auf alle Faktoren, die wir bei der Deutung des ersten Regelkreises berücksichtigen müssen.

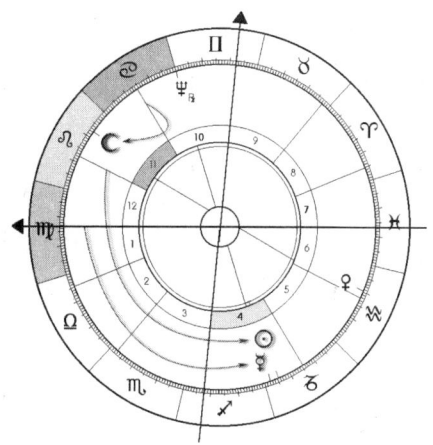

Die Konstellationen:

Mond
Mond in Löwe, in [11] als Herrscher von [11]. Spiegelpunkt zu Venus in [6].

Merkur
Merkur in [4] als Herrscher von [1]. Konjunktion mit Sonne in [4]. Opposition zu Neptun in [10].

Sonne

Sonne in [4] als Herrscher von [12]. Konjunktion mit Merkur in [4].

Die Deutung des Beispielhoroskops

Mond

• Mond im Tierkreiszeichen Löwe.

Wenn ich in die Welt hinausblicke, erlebe ich mich als uneingeschränkten Mittelpunkt des Geschehens – alles scheint sich wie selbstverständlich um mich und meine Person zu drehen und die ganze Welt einzig und allein für mich gemacht worden zu sein.

• Mond in [11].

Dieses Grundgefühl drängt sich mir vor allem dann auf, wenn es um meine konkrete Rolle in der Gesellschaft geht: Von Anfang an habe ich das Gefühl, etwas ganz Besonderes zu sein. Das prägt meine Perspektive auf die Welt und ich bin besonders empfänglich für alles, was mir dieses Gefühl verleiht – sei es, dass mir klar wird, worin diese Besonderheit besteht oder was ich keinesfalls akzeptieren kann. Daraus resultiert meine Schwierigkeit, mich mit irgendetwas wirklich zu identifizieren (außer mit mir selbst!), denn dies würde bedeuten, dass ich nicht anders bin, sondern etwas gemeinsam habe mit der Welt.

• Mond als Herrscher von [11] in [11]. Er herrscht über dasselbe Haus, in dem er steht!

Ich muss mich keinesfalls beweisen – die Empfindung, dass es so ist, wie ich es empfinde, reicht mir völlig aus. Es geht mir nicht so sehr darum, mich vor anderen zu profilieren,

sondern ich erkenne einen Wesenszug an mir, der unhinterfragbar zu mir gehört und der keinen anderen Zweck verfolgt, als sich selbst treu zu sein.

• Mond in [11] im Spiegelpunkt zu Venus. Diese steht in [6]. Das entspricht auch einer Häuser-Quinkunx.

Wie mein Leben in diese Welt eingebettet ist, mag sicherlich sehr originell sein – aber mit den Extremen, die ich empfinde, möchte ich ungern hausieren gehen. Es fällt mir schwer, die Bedürfnisse meiner Umgebung zu ignorieren, wie es sich eigentlich bei meiner individuellen Weltsicht anbieten würde: Ich kann nicht anders als mitempfinden (Venus in [6]), und das verhindert, dass ich mich als völlig unabhängiges Individuum wahrnehmen kann. Obwohl ich dieses Gefühl für andere habe, habe ich oftmals Angst, es mir aus Furcht vor Demütigung einzugestehen.

Merkur

Merkur ist uns bereits in Gestalt des Aszendentenherrschers begegnet. Vergleichen Sie daher die nun folgenden Konstellationen aus der Perspektive von Merkur als Herrscher von [1]!

• Merkur in [4].

Das wichtigste Kriterium, nach dem ich alle Eindrücke aus meiner Umwelt sortiere, ist das Empfinden, innerlich davon betroffen zu sein. Was auch immer ich wahrnehme, erhält nur dann Priorität, wenn ich mich damit identifizieren und eine persönliche Bedeutung damit verknüpfen kann. Es muss mein in mir angelegtes Potenzial anregen, sich zu entfalten.

• Merkur als Herrscher von [1] in [4]. Das entspricht einem Häuser-Quadrat.

Bei genauer Betrachtung geht es um mehr als nur die Frage, mich mit dem, was ich aufnehme, identifizieren zu können oder nicht – diese Identifikation ist lebenswichtig für mich! Das mag sich gerade dann bewahrheiten, wenn ich mich *gegen mein Gefühl* anstrenge: Dann werde ich unmittelbar geschwächt – bis hin zu körperlichen Entsprechungen. Bin ich jedoch in der Lage, meinen Prioritäten zu folgen, kann ich zugleich mit all der Kraft des Lebens rechnen, die mir von Geburt aus mitgegeben wurde.

• Merkur in [4] in Konjunktion zur Sonne in [4].

Diese Konstellation sollte nicht überbewertet werden, da dies der einzige Aspekt ist, den Merkur mit der Sonne haben kann, weil er sich nie mehr als 28° von ihr entfernen kann. Noch dazu tritt diese Konjunktion sehr häufig auf!

Zwischen Planung und Handlung liegt bei mir kein allzu großer Abstand: Ich dränge förmlich danach, die Strategien, die ich aus der Bewältigung aller Eindrücke gezogen habe, in die Tat umzusetzen. Natürlich kann es passieren, dass manches noch nicht wirklich ausgereift die Bühne des Lebens betritt und die Konsequenzen einer Handlung nicht gründlich genug überdacht wurden – andererseits verleiht mir dieser Aspekt eine spontane Frische in meinem Dasein.

• Merkur in [4] in Opposition zum Neptun in [10].

Wenn das alles nur so einfach wäre! Nicht immer gelingt es, aus den gesammelten Eindrücken klare und präzise Strategien für ein mögliches Verhalten zu destillieren. Das Problem scheint darin zu liegen, dass sich nicht immer deutliche Prioritäten finden lassen, weil Unterschiede, die hier notwendigerweise getroffen werden müssen, nur vordergründig sein können und damit irrelevant sind. So mögen einige Eindrücke eher »versanden« oder sich in einem

Verwirrspiel um das Vorrecht auf Umsetzung verlieren. Das Ergebnis beinhaltet oftmals unklare Anweisungen an die Sonne. Die Folge sind Handlungen, die sich nicht klar auf die zu bewältigenden Eindrücke beziehen. Das kann sich dahingehend äußern, dass ich einen Mangel spüre, aber nicht in der Lage bin, ein klares Bedürfnis zu formulieren, um diesen Mangel auszugleichen. Vielleicht handle ich ganz anders als notwendig oder ich übernehme irgendeine Strategie, die mir gerade passend erscheint. Hinterher habe ich dann das Gefühl, irgendwie reagiert zu haben, aber nicht auf meine Kosten gekommen zu sein. Nur wenn ich ein sehr klar formuliertes Ziel in meinem Leben habe (Neptun in [10]), laufe ich nicht Gefahr, vom Hundertsten ins Tausendste zu kommen und mich in der Beliebigkeit des Möglichen zu verlieren. Dann werde ich alle Eindrücke dahingehend auswerten und bearbeiten, dass sie mich bei der Suche nach der richtigen Rolle in der Gesellschaft unterstützen.

Sonne

• Sonne in [4].

Ich handle stets so, wie ich gerade fühle, denn wenn ich nichts fühle, gibt es auch keinen Grund, mich für irgendetwas in Bewegung zu setzen. Da ich nicht anders kann, als in meinem Verhalten Gefühle zu offenbaren, habe ich ständig Angst, verletzt zu werden, denn ich identifiziere mich sehr stark mit dem, was ich von mir zeige. Ich bin ein sehr empfindlicher Mensch und meide Situationen lieber, in denen ich angegriffen werden könnte. *Jeder* Kontakt zur Welt birgt jedoch eine mögliche Konfrontation und deshalb bin

ich von vornherein eher zurückhaltend und zeige meine wahren Empfindungen nur ungern.

- Sonne in [4] als Herrscher von [12]. Dies entspricht einem Häuser-Trigon.

Was steckt hinter der Art, mich so zu verhalten? Mehr, als ich selbst auf einmal zu fassen vermag. Ich besitze einen Zugang zu jenen Kräften, die über meine Persönlichkeit hinausgehen, zur Gesellschaft, zum Zeitgeist. Auf der einen Seite verschafft mir das ein Bewusstsein, dass ich im größeren Ganzen eine bedeutende Rolle spielen kann und meine Handlungen sich ganz danach ausrichten lassen. Hinter dem Glanz meiner Persönlichkeit schimmert eine Energie hindurch, die nicht nur Mängel, die mich betreffen, ausgleicht, sondern auch die Qualität der Zeit, in der ich agiere, spiegelt. In mir verkörpert sich, so könnte man es nennen, der Zeitgeist selbst. Andererseits bedarf es für einen solchen Zugang auch die nötige Erkenntnis und Reife, sodass diese Öffnung hin zum Transpersonalen nicht nur eine enorme Erweiterung meiner Möglichkeiten über mein Selbst hinaus bedeutet, sondern auch eine Durchlässigkeit für alle Themen, die von einer Wahrheit künden, die hinter den Erscheinungen liegt. Diese Themen dringen auch unaufgefordert in mein tiefstes Inneres ein und nicht selten bin ich überfordert, gewissermaßen mit der ganzen Welt mitzufühlen. In solchen Momenten habe ich das Gefühl, dass ich nicht mir selbst gehöre. Solange ich keinen Platz in der Gesellschaft gefunden habe, der dieses Gefühl rechtfertigt, versuche ich meine Gefühlswelt abzuschotten: Im Zweifelsfall empfinde ich lieber nichts, als von den Empfindungen der gesamten Welt überschwemmt zu werden.

Die Lösung kann nur darin liegen, einen aktiven Zugang zur Welt des Transpersonalen zu finden: Nicht ich sollte in meinem Handeln abhängig vom Zeitgeist sein, sondern der Zeitgeist sollte sich den Stempel meiner Persönlichkeit aufprägen lassen.

• Sonne in [4] in Konjunktion zu Merkur in [4].

Wenn ich einmal den in mir angelegten Auftrag, eine Rolle in dieser Gesellschaft zu spielen, wahrnehmen kann, offenbart sich ein anderes Talent: Ich kann jene transpersonalen Einflüsse sehr gut vermitteln, zum Beispiel in Wort und Schrift oder einfach durch mein Beispiel verkörpern.

Der zweite Regelkreis:
Venus und Mars

Venus: Wonach ich mich sehne ...

Während uns der Mond förmlich mit Eindrücken überschüttet (Merkur wird schon für Ordnung sorgen), ist die Venus weitaus wählerischer – sie schlendert an einer Palette von Angeboten entlang und pickt sich nur das heraus, was sie wirklich interessiert. Das Stichwort für sie heißt: *Attraktivität.*

Venus steht für alles, was uns anzieht. Um wieder das Bild der Kamera zu verwenden: Venus ist der Fokus, auf den ich meine Linse richte. Sie sucht aus, was ich im Bild haben möchte, während alles andere unscharf bleiben kann. Es

sind ganz bestimmte Reize, die die Venus aktivieren. Liegen sie nicht vor, rührt sich auch Venus nicht.

Während der Mond dafür verantwortlich ist, dass wir überhaupt Nahrung aufnehmen (um nicht zu verhungern), ist es Venus, die dafür sorgt, dass es uns schmeckt. Hier wird deutlich, dass Venus nur dann ihre Rolle ausfüllen kann, wenn der Mond keinen existenziellen Mangel zu vermelden hat: In Notsituationen würde nicht nur der Teufel Fliegen fressen – ob uns eine Sache schmeckt oder nicht ist dann zweitrangig.

Natürlich grenzt Venus in dem Augenblick, wenn sie etwas anziehend findet, aus, was ihr missfällt, was sie stört. Allgemeiner könnte man sagen: Venus umfasst alles, was mich *interessiert* – im Guten wie im Schlechten. Venus steht für alles, was uns *auffällt*.

Der zweite stellt im Vergleich zum ersten Regelkreis in einer Hinsicht einen Fortschritt dar: Wir erleben uns hier als von der Umwelt getrennt. Sie erinnern sich: Wenn wir mit dem Mond wahrnehmen, unterscheiden wir nicht zwischen innen und außen, zwischen uns und den anderen – die Welt ist komplett in dieselbe Farbe getaucht.

Venus nun schafft den Sprung in die Differenz: Sie erkennt, dass Unterschiede zwischen mir und meinen Bedürfnissen und den anderen bestehen. Diese Differenz weckt in uns das Interesse für die Umwelt: die Neugier des Unbekannten, denn wir können an der Welt der anderen nicht ohne weiteres teilhaben – wir müssen uns schon auf sie zu bewegen. Wenn ich merke, dass andere etwas haben, was mir nicht zur Verfügung steht, kann dies nicht nur dazu führen, dass ich mich versuche, in andere hineinzuversetzen, um das Unbekannte kennen zu lernen und zu

verstehen. Was uns letztlich reizt, ist der Umstand, etwas haben zu wollen, was wir *nicht* besitzen. Genau darum geht es Venus: Einen Zugang zur Welt der anderen schaffen, um an deren Leben teilzunehmen.

Wie der Mond erspürt die Venus, was uns fehlt, wonach wir uns sehnen, und versucht diesen Mangel auszugleichen – nur sind ihre Vorstellungen davon ungleich deutlicher. Sie trifft eine Wahl. So wird aus dem, was Venus anziehend und interessant findet, etwas Begehrens- und Besitzenswertes. Aus diesem Grund steht Venus schon von alters her nicht nur für das Schöne, sondern auch für Besitz. Die Venus, die für die Anziehungskraft steht, wird der Waage zugeordnet, die für das Besitzenwollen dem Stier. Beide haben im Grund ein gemeinsames Ziel: In mein Leben zu integrieren, was mir fehlt.

Im zweiten Regelkreis ist in erster Linie die Waage-Venus gemeint, da sie die Suche nach Ergänzung meiner Persönlichkeit durch die Persönlichkeit meiner Umwelt am deutlichsten verkörpert.

Venus antwortet auf die Fragen:

- Was reizt mich an meiner Umwelt? Was interessiert mich, zieht mich an? Was fällt mir auf – auch unangenehm?
- Was fehlt mir? Wofür suche ich in meiner Umwelt einen Ausgleich? Was habe ich nicht und suche es deshalb bei anderen?

Mars: ... und wie ich es mir hole

Während Venus ihren Blick nur auf das richten kann, was sie gerade anspricht, ist Mars immer dann zur Stelle, wenn es darum geht, Nägel mit Köpfen zu machen. Während Venus nichts anderes kann, als »Ich will, ich will ...« in die Welt zu rufen, setzt Mars die Kräfte frei, um uns zu holen, was wir wollen. Mars packt zu, greift hin, sobald Venus etwas Begehrenswertes erspäht hat – sofern er die Möglichkeit dazu hat.

Sein Schlüsselwort ist die *Aggressivität*: Damit ist erst einmal nichts anderes gemeint, als die Fähigkeit, auf das »zuzugehen«, was wir anziehend finden (lat. *aggredi* »auf etwas zu gehen«). Natürlich bedarf es einer gewissen Rücksichtslosigkeit, wenn ich mir etwas holen möchte, was zunächst einmal gar nicht mir gehört: Es befindet sich streng genommen im Besitz meiner Umwelt – und wenn es die Information am Bahnhofsschalter ist. Immer muss ich einen Schritt tun, mit dem ich die Grenze zwischen mir und der Umwelt übertrete.

Aus diesem Grund ist Mars mit einer gehörigen Portion mangelnden Respekts und Unvernunft ausgestattet. Wenn er einmal Blut geleckt hat, ist er kaum mehr zu bändigen (wäre da nicht Saturn, der ihm immer wieder den moralischen Riegel vorschiebt). Es gibt unterschiedliche Formen, den eigenen Willen durchzusetzen: Sie können freundlich am Bahnhofsschalter nachfragen – Sie können aber auch mit einer Pistole herumfuchteln und den Schalterbeamten bedrohen. Beides ist Mars-Energie und wahrscheinlich bekommen Sie auf die eine wie die andere Art, was Sie wollten. Nur die Form der Aggressivität ist jeweils eine andere

und mit einiger Sicherheit auch die Konsequenzen Ihres Tuns. Auch das ist typisch für Mars: Er denkt kaum an die Folgen und ist für die Stimme der Vernunft so gut wie unempfänglich – wenn es nur nach ihm ginge.

So wie die Venus nicht ohne den Mond, kann der Mars nicht ohne die Sonne klarkommen, denn sie steht dafür, wie ich mich in der Welt einbringe. Die Sonne stellt die Energien zur Verfügung. Mars hat eine Absicht und richtet die Energien auf ein Ziel aus. Während die Energien der Sonne freigesetzt werden, damit wir überhaupt handlungsfähig sind, braucht Mars einen konkreten Anlass (Venus) bzw. Anreiz, um sich zu bewegen: Dieser Anreiz besteht darin, die Umwelt bei der Durchsetzung dieses Bedürfnisses zu besiegen. Mars braucht Konkurrenz, das Gefühl, andere könnten ihm die Butter vom Brot nehmen – dann läuft er zur Hochform auf. Die Sonne könnte mit der Fähigkeit des Laufens an sich verglichen werden – Mars dagegen besäße die Fähigkeit zu laufen, um jemanden zu überholen und abzuhängen! Zugleich wird klar: Mars braucht die Sonne, denn er ist an deren Energiefreisetzung gekoppelt. Deshalb kann ein starker Mars eine schwache Sonne nicht ausgleichen; umgekehrt kann ein schwacher Mars die freigesetzten Energien einer starken Sonne gar nicht nutzen.

Mars antwortet auf die Fragen:
- Wie hole ich mir das, was ich mir in den Kopf gesetzt habe? Wie gehe ich auf meine Umwelt zu?
- Wie setze ich mich gegenüber meiner Umwelt durch bzw. zur Wehr?

Die Deutung
des zweiten Regelkreises

Wie beim ersten Regelkreis besteht die Kunst darin, Venus und Mars als sich wechselseitig bedingende Kräfte, die unseren Zugang zur Umwelt steuern, wahrzunehmen. Bevor wir jedoch dazu in der Lage sind, sollten wir uns Venus und Mars getrennt vornehmen.

Die Deutung von Venus

1. Deutung von Venus nach ihrer Hausposition
2. Deutung von Venus als Häuserherrscher
3. Deutung der Aspekte zur Venus

Venus in Haus [x]

Die Position der Venus in einem Haus besagt, welche Lebensbereiche die Inhalte anbieten, die für mich eine besonders große Attraktivität besitzen.

Venus als Herrscher von [y]

Die Venus des zweiten Regelkreises ist im Grunde eine Waage-Venus: Deshalb herrscht sie nur über das Haus, an dessen Spitze das Tierkreiszeichen Waage zu finden ist!
Das Haus, über das Venus herrscht, zeigt uns, welches Bedürfnis Venus stillen möchte. Worum geht es ihr, wenn sie sich für etwas interessiert?

Aspekte zur Venus

Alle Aspekte zur Venus verfeinern die Deutung, indem sie Kräfte anzeigen, die Venus ihrer Eigenschaft nach entweder fördern oder hemmen. Wenn diese Planeten auch als Häuserherrscher gedeutet werden, erfahren wir, welche Lebensbereiche Venus zusätzlich beeinflussen.

Die Deutung von Mars

Mars in Haus [x]

Die Hausposition des Mars gibt Aufschluss darüber, wie sich Mars gegenüber seiner Umwelt verhält. Hier finden wir die Bedingungen, die uns bei der Durchsetzung unserer Interessen zur Verfügung stehen.

Mars als Herrscher von [y]

Das Haus, das von Mars beherrscht wird, zeigt, was Mars »mobil« macht und worauf er seine Kraft zur Durchsetzung aufbaut.

Aspekte zum Mars

Aspekte zum Mars ergänzen die Deutung, indem sie uns mit Themen vertraut machen, die auf das Wirken von Mars Einfluss nehmen – in positivem wie negativem Sinne.

Zusammenfassung:

Auch hier soll ein Schema wie das folgende vor Augen führen, dass wir es mit einem Regel*kreis* zu tun haben, das heißt, dass sich Venus und Mars gegenseitig bedingen. Alles, was Mars erreicht, bildet wieder die Grundlage neuer Reize, die von Venus wahrgenommen werden. Tragen Sie

hier Ihre Erkenntnisse zu beiden Planeten ein und versuchen Sie die Ergebnisse aufeinander abzustimmen.

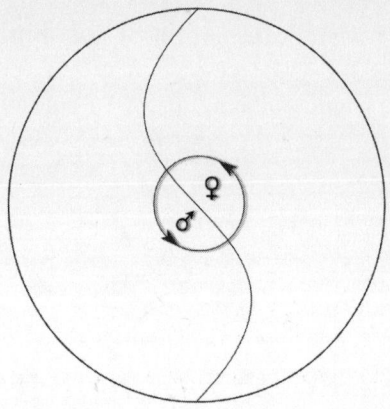

Stellen Sie sich folgende Fragen:
- Inwiefern gleicht Venus die Schwächen von Mars aus und umgekehrt?
- Inwiefern fördert Mars die Stärken von Venus und umgekehrt?

Versuchen Sie, daraus ein vollständiges Bild der Möglichkeiten und Herausforderungen eines Menschen in Bezug auf seine Umwelt zu erarbeiten!

Das Beispielhoroskop

Die Konstellationen im Beispielhoroskop

In der folgenden Abbildung finden Sie eine auf die Faktoren des zweiten Regelkreises reduzierte Fassung.

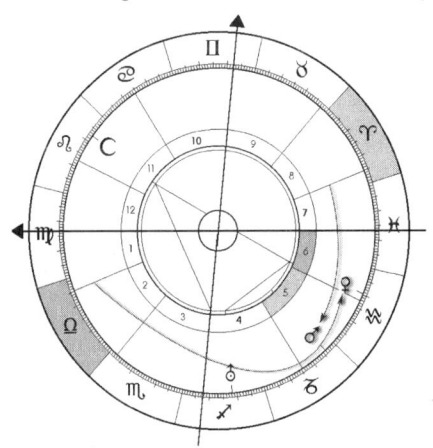

Die Konstellationen:

Venus
Venus in [6] als Herrscher von [2]. Spiegelpunkt zu Mond in [11]; Sextil zu Uranus in [4].

Mars
Mars in [5] als Herrscher von [8].

Die Deutung des Beispielhoroskops

Venus

• Venus in [6].

Im Umgang mit anderen richte ich meine Aufmerksamkeit ganz darauf, wie ich mich selbst darstellen kann und wie ich der Umwelt meine Persönlichkeit *näher* bringen kann, ohne ihr *zu nahe* zu treten. Ich achte darauf, was ich sage und tue genau an dem auszusteuern, was der gegenwärtige Augenblick erfordert. Ich selbst würde dies als ausgesprochen vernünftig bezeichnen, wenn man unter Vernunft die maßvolle Ausrichtung der eigenen Bedürfnisse an das Wohl der Umgebung versteht. Es liegt mir nichts daran, quer zu schlagen und wahre lieber die Form, als partout meinen Kopf durchsetzen zu müssen – selbst in schwierigen Situationen behalte ich einen kühlen Kopf und habe das Talent, stets eine passende Antwort zum richtigen Zeitpunkt zu finden. Wenn man möchte, bin ich, was mein Verhältnis zu meiner Umwelt anbelangt, durchweg pragmatisch orientiert, jedoch nicht, ohne Wert auf eine schöne Fassade zu legen. Dies mag manchen aufgesetzt erscheinen, oder gar gekünstelt – ich sehe darin eher die Chance, meine Beziehungen auf ein harmonisches Miteinander zu gründen.

• Venus in [6] als Herrscher von [2].

Dabei geht es mir an sich nur um eines: um Sicherheit und um das Gefühl, dazuzugehören. Aus diesem Grund bin ich gern bereit, mich auf die Wünsche meiner Umwelt einzustellen und meine Fähigkeiten in ihren Dienst zu stellen. Das garantiert mir nicht nur das Gefühl, gebraucht zu werden, sondern festigt auch meine Stellung im Gefüge der Be-

ziehungen meiner Mitmenschen untereinander. Abgesehen von den eigennützigen Aspekten, bringt dieser Charakterzug auch die Fähigkeit mit sich, ein Gespür für die emotionalen Bedürfnisse anderer Menschen zu entwickeln.

• Venus in [6] steht im Spiegelpunkt des Mondes in [11]. Dies entspricht auch einer Häuser-Quinkunx.

Auf die Umwelt eher vorsichtig und vernünftig zuzugehen, »beißt« sich teilweise erheblich mit meinem grundsätzlichen Verständnis von der Welt: Ich halte mich ja für etwas Besonderes und habe es nicht nötig, mich vor anderen zu beweisen. Tatsächlich baut sich hier ein großes Spannungsfeld auf, denn ich kann unter diesen Umständen meiner Umwelt nicht von ganzem Herzen zu Diensten sein. Es handelt sich wohl eher um eine Zweckverbindung, in der ich die Fähigkeit, die Bedürfnisse anderer wahrzunehmen, zur Befriedigung meines weiter gefassten Grundgefühls nach Einzigartigkeit einsetze.

• Venus steht im Sextil zu Uranus in [4].

Nun kommt mir hier zupass, dass ich meine originelle Ader sehr gut in mein Umfeld einbringen kann. Man schätzt mich sogar für die ungewöhnliche Art, mich den Anforderungen einer Situation zu stellen.

Mars

• Mars in [5].

Wenn es darum geht, meine Interessen gegenüber der Umwelt durchzusetzen, gibt es kaum Probleme: Ich schöpfe aus einem reichhaltigen Repertoire an Fähigkeiten, die mir erlauben, mein Gegenüber im Sturm zu erobern! Widerstand: zwecklos. Kein Weg ist mir dabei zu schwierig, kein Widerstand zu groß. In der Regel bekomme ich, was ich

will – und das nicht etwa auf der Basis roher Gewalt, sondern allein durch meine Ausdruckskraft, der niemand widerstehen kann. Jeder merkt sehr schnell: *Wenn* ich mir etwas in den Kopf gesetzt habe, dann *will* ich es auch. Da mache ich keine leeren Versprechungen. Wirklich kämpfen will ich um die Dinge, die mich interessieren, eigentlich nicht. Vielmehr stelle ich mir vor, dass mein Temperament allein schon ausreicht, um die entsprechende Wirkung in der Umwelt zu erzeugen. Sollte mir jemand Paroli bieten, fasse ich das als echten Affront auf und das kann nur mit Missachtung bestraft werden.

- Mars in [5] als Herrscher von [8]. Das entspricht einem Häuser-Quadrat.

Die Quelle, aus der ich die Kraft für die Durchsetzung meiner Interessen beziehe, speist sich aus der Leidenschaft, mit der ich für meine Prinzipien eintrete: Entweder ich mache eine Sache ganz – oder gar nicht. Wenn ich mich einmal dafür entschieden habe, eine Herausforderung anzunehmen, bin ich kaum mehr zu stoppen. Zielstrebig und konsequent steuere ich auf das gewünschte Ergebnis zu und gebe nicht eher auf, bis ich es zu meiner Zufriedenheit geschafft habe – und die Messlatte liegt wahrlich hoch!

Manche Menschen bewundern diese Härte gegen mich selbst und andere; manche halten mich auch für dogmatisch oder gar zwanghaft. Eine Frage der Perspektive, wie ich finde. Ungeachtet dessen, übt dieser Zug ins Dogmatische auch eine gewisse Faszination auf andere aus, die in mir so etwas wie ein Leitbild sehen können. Unzweifelhaft verleiht mir das im Ausdruck meiner Persönlichkeit Macht. Es stellt sich dann die Frage, zu welchen Zwecken ich diese Macht einsetze ...

Je stärker ich mich jedoch an diese Leitbildfunktion binde, je mehr ich mich in meinem Leben radikalen Prinzipien unterordne, umso größer wird der Verlust an Spontaneität und Lebensfreude sein. Perfektion – das ist die Botschaft – bedeutet Vollendung, und das Ende des Ledendigen ist letztlich nichts anderes als die Starre des Todes.

Der dritte Regelkreis:
Jupiter und Saturn

Es ist noch gar nicht so lange her, als es in der Astrologie noch die »Guten« und die »Bösen« gab. Der unangefochtene Spitzenreiter unter den Wohltätern war Jupiter, das »große Glück«, während Saturn als das »große Unglück« gefürchtet wurde. Die Zeiten wandeln sich und mit dieser Art von Deutung dürfte heutzutage kein Blumentopf mehr zu gewinnen sein. Was bedeuten denn Saturn und Jupiter für den modernen Menschen? Gibt es auch eine wertfreie Deutung der beiden Planeten?

Der Schlüssel liegt dennoch in der klassischen Auffassung der beiden Prinzipien: Jupiter gilt als wärmende Kraft, Saturn dagegen steht für Kälte. Wärme dehnt sich aus und Kälte zieht zusammen.

Jupiter steht für das Prinzip der Ausdehnung oder *Expansion*, Saturn verkörpert das Komplement des Zusammenziehens oder *Kontraktion*. Beide bilden in diesen Funktionen eine Polarität: sich wechselseitig ergänzende Gegensätze.

Polaritäten kennzeichnen sich vor allem dadurch, dass sie versuchen, sich gegenseitig auszugleichen, wodurch sie die Balance halten: Saturn gebietet einem Übermaß an Expansion Einhalt, während Jupiter bestehende Grenzen zu erweitern versucht.

In übertragenem Sinne können die beiden Bewegungen von Jupiter und Saturn mit dem Bild der sich öffnenden und schließenden Hand verglichen werden: *Geben* und *Nehmen* – beides bezieht sich auf *eine* Hand und doch sind es *zwei* gegensätzliche Bewegungen.

Warum Saturn die schlechteren Karten hat, ist jedem sofort ersichtlich: »Geben ist seliger denn Nehmen.« Saturn scheint immer nur zu fordern, während Jupiter gnadenreich gewährt – und das besonders auf gesellschaftlicher Ebene, dem Stammgebiet des dritten Regelkreises.

Jupiter: Gunst und Gnade

»Alles Gute kommt von oben« – mit geöffneten Händen stehen wir da und warten, bis uns die Gunst der Stunde ereilt und Gnade zuteil wird. Jupiter steht – wie Venus und Mond – für unsere Bedürfnisse, diesmal jedoch für unsere gesellschaftlichen. Mond möchte sich einfach nur wohl fühlen, Venus kann ihre Wünsche schon deutlich formulieren und Jupiter möchte *mehr* machen, als lediglich den Augenblick zu genießen. Jupiter verfolgt einen Auftrag, der unsere Grenzen über den bloßen Begegnungsbereich hinaus ausdehnt: Er sucht nach einem gesellschaftlichen Freiraum für uns, innerhalb dessen wir uns ungehindert entfalten können.

Gesellschaft ist wie ein Nährboden zu verstehen, der unsere Persönlichkeit ausreichend versorgt und ihren Entwicklungsweg ebnet. Von diesem Boden, der auf den gemeinsamen Errungenschaften einer großen Gruppe von Menschen beruht, möchte Jupiter profitieren.

Jupiter hat viel mit den Erwartungen zu tun, die ich der Gesellschaft gegenüber habe: Sie soll mich fördern und unterstützen und mir das Gefühl verleihen, dass ich in einem größeren Ganzen aufgehoben bin. Jupiter will Bildung, volle Regale im Supermarkt, Meinungs- und Glaubensfreiheit, Wirtschaftswachstum, steigende Gehälter, Vergünstigungen usw.

Das ist genau das Problem von Jupiter: Er *erwartet* etwas aus dem Glauben heraus, dass es ihm selbstverständlich zusteht. Überspitzt formuliert hält er beständig nach dem roten Teppich Ausschau, den man vor ihm auszubreiten hat. Wenn Jupiter Glück hat, braucht er tatsächlich nur die Hände auszustrecken und seine Taschen zu füllen. In der Mehrzahl der Fälle jedoch muss Jupiter sich damit abfinden, dass er seines Glückes Schmied ist.

Der Horizont ist nicht für alle Menschen gleich weit gesteckt – manche haben bessere Ausgangsbedingungen, manche schlechtere. Jupiter zeigt jedoch, dass diese Bedingungen kein Schicksal, sondern Startkapital sind: So wie Venus ein Bedürfnis formuliert, ist Jupiter nicht nur das, was uns gegeben wird und mit dem wir uns abfinden müssen, sondern verkörpert auch das, was wir gesellschaftlich *erreichen* wollen. Jupiter ist nicht nur ein passiv empfangener Segen, sondern eine aktive Haltung, die sich gesellschaftlichen Prozessen unterwirft, um die eigene Persönlichkeit erfolgreich im größeren Ganzen zu platzieren.

Jupiter stellt auch Anerkennung und Ruhm dar, die uns von der Gesellschaft zugesprochen werden. Allerdings nur, wenn wir bereit sind, auch einen Beitrag zu leisten.

Jupiter antwortet auf die Fragen:

- Welchen Freiraum benötige ich für meine persönliche Entfaltung in gesellschaftlichem Rahmen?
- Was erwarte ich von der Gesellschaft und wo erwarte ich vielleicht zu viel?
- Wo bin ich in der Lage, die Grenzen meiner Persönlichkeit zu erweitern und das Beste daraus zu machen?

Saturn: Recht und Ordnung

»Gebt Cäsar, was des Cäsars ist!« – Saturn weist Jupiter in seine Schranken. Wer bekommen möchte, muss auch geben können! Und die Gesellschaft ist aus seiner Sicht kein Selbstbedienungsladen, sondern ein hohes Gut, das Mitglieder nicht nur nährt, sondern auch in die Pflicht nimmt, für das Gemeinwohl zu sorgen. Während Jupiter Wachstum verspricht, winkt Saturn schon mit der Sense, um zu ernten und seinen Tribut einzufordern. Seine Forderungen sind notwendig, denn er versucht mithilfe von allgemein gültigen Maßstäben zu verhindern, dass irgendjemand sich zu viel vom großen Kuchen abschneidet: Gerechtigkeit ist seine Mission – Recht und Ordnung seine Mittel!

Es ist ganz einfach: Während Jupiter dem Bedürfnis nach Freiraum entspricht, versucht Saturn es durchzusetzen – allerdings geht es hier nicht mehr darum, sich rücksichtslos zu holen, was man begehrt (Mars), sondern die Form zu wahren, indem man die Bedürfnisse der anderen nach ei-

nem ebensolchen Freiraum berücksichtigt. Wenn Jupiter Toleranz darstellt, weil er gelernt hat, über seinen Tellerrand zu blicken, dann setzt Saturn diese Toleranz um – und das kann nur auf der Grundlage von Kompromissen geschehen. Auch wenn jeder unterschiedliche Vorstellungen von seiner eigenen Rolle in der Gesellschaft hat, möchte Saturn allen die gleiche Chance geben.

Natürlich erscheint er vielen als Beschränkung der persönlichen Freiheit, weil er »Gnade vor Recht« nicht kennt und Übertretungen der von ihm gesetzten Grenzen mit Maßregelung und Strafe ahndet. Dabei wird oft vergessen, dass Saturn uns den Erfolg überhaupt erst ermöglicht: Er verleiht uns Kraft zur Konzentration, um unseren Weg angesichts der Fülle an Möglichkeiten, nicht aus den Augen zu verlieren. Während uns Jupiter diese Fülle zeigt, wird Saturn uns dabei begleiten, nicht nur Wunschträumen nachzuhängen.

Saturn antwortet auf die Fragen:

- Wie setze ich meinen Freiraum auf gesellschaftlicher Ebene durch? Wo könnte ich dabei auf Widerstände stoßen? Wo fühle ich mich eingeschränkt?
- Wo habe ich ein besonders ausgeprägtes Gerechtigkeitsempfinden? Wo lege ich Wert auf Struktur und Ordnung? Wo habe ich die größte Kraft zur Konzentration auf das Wesentliche?

Die Deutung des dritten Regelkreises

Wie bei allen Regelkreisen gilt es auch hier, Jupiter und Saturn als sich wechselseitig bedingende Kräfte zu verstehen, die sich darum bemühen, uns in der Gesellschaft, in die

wir hineingeboren wurden, den Platz für unsere Selbstver-
wirklichung zu schaffen. Bei der Deutung erfolgt das in einem zweiten Schritt, nachdem die Einzelfaktoren ausführlich behandelt wurden.

Die Deutung von Jupiter

1. Deutung von Jupiter nach seiner Hausposition
2. Deutung von Jupiter als Häuserherrscher
3. Deutung der Aspekte zum Jupiter

Jupiter in Haus [x]

In welchem Lebensbereich macht sich mein Bedürfnis nach
Freiraum in der Gesellschaft bemerkbar? Wo öffnet sich
dieser Freiraum, um meine persönlichen Ziele in der Gesellschaft verfolgen zu können? Welche Themen spiegeln
meine Erwartungen?

Jupiter als Herrscher von [y]

Welche Themen motivieren mich, um einen Platz in der
Gesellschaft einnehmen zu wollen? Welche Themen formulieren den Auftrag, mit dem ich mich gesellschaftlich
bewähren kann?

Aspekte zum Jupiter

Welche weiteren Themen und Lebensbereiche beeinflussen
mich bei der Suche nach einem Freiraum in der Gesellschaft? Wenn diese Planeten auch als Häuserherrscher gedeutet werden, erfahren wir, welche Lebensbereiche von
Jupiter zusätzlich beeinflusst werden.

Die Deutung von Saturn

Die Deutung von Saturn in drei Schritten:
1. Deutung von Saturn nach seiner Hausposition
2. Deutung von Saturn als Häuserherrscher
3. Deutung der Aspekte zum Saturn

Saturn in Haus [x]

In welchem Lebensbereich finde ich die Fähigkeiten, die mir helfen, meine Ziele auf gesellschaftlicher Ebene durchzusetzen? Auf welche Weise bringe ich mich am besten aktiv in gesellschaftliche Prozesse ein? Wo erlebe ich Beschränkungen am deutlichsten?

Saturn als Herrscher von [y]

Welche Themen spornen mich an, diese Fähigkeiten einzusetzen? Welche Lebensbereiche liefern mir die Erfahrungen, die in mir den Wunsch wecken, mich aktiv auf gesellschaftlicher Ebene einzusetzen?

Aspekte zum Saturn

Welche weiteren Themen und Lebensbereiche nehmen Einfluss auf meine aktive Rolle in der Gesellschaft? Wenn diese Planeten auch als Häuserherrscher gedeutet werden, erfahren wir, welche Lebensbereiche von Saturn zusätzlich beeinflusst werden.

Zusammenfassung:

Um das Zusammenspiel der Inhalte von Jupiter und Saturn im dritten Regelkreis sichtbar werden zu lassen, tragen Sie Ihre Gedanken in folgendes Schema ein:

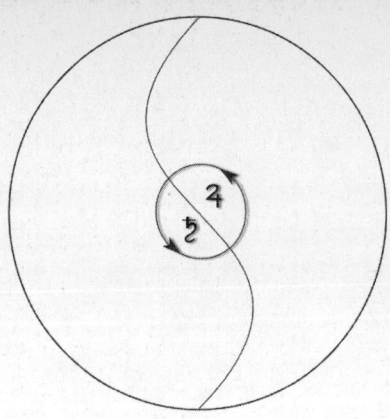

Stellen Sie sich folgende Fragen:
- Inwiefern gleicht Jupiter die Schwächen von Saturn aus und umgekehrt?
- Inwiefern fördert Jupiter die Stärken von Saturn und umgekehrt?

Versuchen Sie, daraus ein vollständiges Bild der Möglichkeiten und Herausforderungen eines Menschen in Bezug auf die Gesellschaft zu erarbeiten!

Das Beispielhoroskop

Die Konstellationen im Beispielhoroskop

Hier das Beispielhoroskop mit allen Faktoren, die sich auf die Deutung des dritten Regelkreises beziehen:

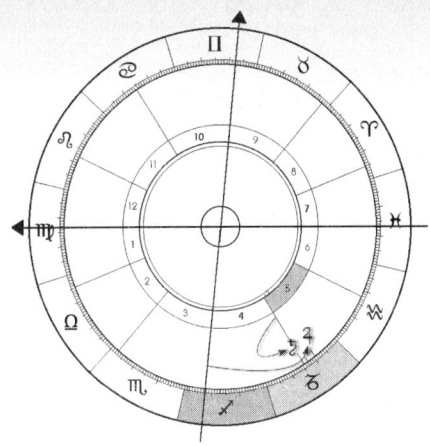

Die Konstellationen:

Jupiter

Jupiter in [5] als Herrscher von [4]. Konjunktion mit Saturn in [5].

Saturn

Saturn in [5] als Herrscher von [5]. Konjunktion mit Jupiter in [5].

Die Deutung des Beispielhoroskops

Jupiter

• Jupiter in [5].

Das Tor zur Gesellschaft öffnet sich mir über meine Kreativität, genauer gesagt: über meine Fähigkeit, meiner Persönlichkeit schöpferisch Ausdruck zu verleihen. Ich erlebe

die Gesellschaft als enorme Inspirationsquelle und fühle mich eingeladen, an ihrer Gestaltung aktiv teilzunehmen – es macht mir sogar Spaß, dieser Einladung zu folgen! Man kann durchaus bemerken, dass mein Verhältnis zu gesellschaftlichen Themen sehr positiv ist, und ich daher meine Chancen auf Erfolg sehr hoch einschätze. Natürlich mag man mir vorhalten, dass ich zur Selbstüberschätzung oder gar Großspurigkeit neige. Dem kann ich nur entgegenhalten: Nur wer wagt, der auch gewinnt! Und was kann schon passieren? Schließlich habe ich Rückenwind …

- Jupiter in [5] ist Herrscher von [4]. Das entspricht einer Häuser-Nachbarschaft.

Hinter meinem stark ausgeprägten Drang nach Selbstausdruck steckt nur eines: Was in mir steckt – meine Talente und Begabungen – muss den Weg nach draußen finden! Die Qualitäten, mit denen ich mich identifiziere und die die Grundlage für meine Persönlichkeit bilden, entfalten sich nur dann, wenn ich ihnen eine Bühne in dieser Gesellschaft verschaffe. Das erfordert kein planvolles Vorgehen oder eine gezielte Strategie, es muss nur einfach eine Möglichkeit geben, »mein Licht unter dem Scheffel hervorzuholen«. Da meine Gefühle die Ausgangsbasis für mein Verhalten sind, werden einige mich als launisch und wankelmütig bezeichnen. Aber so bin ich eben: Ich muss mich mit dem, was ich mit meiner Persönlichkeit ausdrücke, identifizieren können.

- Jupiter in [5] hat eine Konjunktion mit Saturn in [5].

Tatsächlich ist die Gefahr der Überschätzung und Unberechenbarkeit als nicht so dramatisch zu werten, denn zu meinem unverbrüchlichen Optimismus gesellen sich Disziplin und Konsequenz – eine Erfolgsgarantie, da ich bei all

den hochfliegenden Plänen nicht den Kontakt zum Boden verlieren werde. Mein Leben hat einen klaren Bezug zu der Gesellschaft, in der ich aufgewachsen bin, und der Bezug ermöglicht mir, meine Persönlichkeit kreativ, erfolgreich und diszipliniert in den Zeitgeist einfließen zu lassen.

Saturn

• Saturn in [5].

Die Gesellschaft fordert den Einsatz meiner Kreativität von mir. Allerdings geht es hier nicht so sehr darum, dass ich mich beliebig schöpferisch ausbreite, sondern meine Talente so darbringe, dass sie sich im größeren Ganzen sinnvoll einfügen. Bis es mir gelingt, meinen Selbstausdruck so zu gestalten, dass er einen konstruktiven Beitrag darstellt, ist es wahrscheinlich, dass ich die gesellschaftlichen Umstände für meine Kreativität als eher hinderlich empfinde, und meine Spontaneität eingeschränkt wird und ich nicht so angenommen werde, wie ich zu sein glaube. Allerdings ist das auch ein Ansporn, mich zu entwickeln und an den Anforderungen der Gesellschaft zu reifen. So kann früher oder später meine Persönlichkeit mit ihren Besonderheiten zum Maßstab des Zeitgeistes werden.

• Saturn in [5] ist Herrscher von [5]. Der Planet steht in dem Haus, über das er auch herrscht.

Warum will ich überhaupt einen Beitrag in der Gesellschaft leisten? Ganz einfach: aus Spaß an der Freude! Es gibt für mich keinen anderen Grund als die Lust, um mich einzubringen – und dabei scheue ich auch Arbeit nicht. Im Gegenteil: Es ist für mich ein ganz besonderes Vergnügen, gerade knifflige Situationen zu meistern – das stärkt mein Selbstbewusstsein und ist mir Lohn genug für alle Mühen.

Schließlich kann man das Ganze ja auch als ein spannendes Spiel betrachten, in dem es darum geht, durch Disziplin und Ausdauer ans Ziel zu gelangen.

• Saturn in [5] hat eine Konjunktion mit Jupiter in [5].

Der Gefahr, allzu konsequent und damit unflexibel im Verhalten zu werden, entgehe ich durch die Vielfalt der Möglichkeiten, die ich gern verwirklichen möchte. So verkrampfe ich mich nicht angesichts meiner hoch gesteckten Ziele und verfalle auch nicht in einen sturen Ehrgeiz. Ich profitiere von meiner Fähigkeit zur Strukturierung, lasse mich aber gleichzeitig nicht »verplanen«.

Der vierte Regelkreis:
Neptun, Uranus und Pluto

»Wie wirklich ist die Wirklichkeit?«[28] Wie wissen wir, was wir wissen, wenn letztlich alles nur subjektive Wahrnehmung ist und alle Informationen über die Welt erst in unseren Gehirnen entstehen? Gibt es überhaupt eine objektive Realität, eine Welt, die unabhängig davon existiert, ob wir sie gerade wahrnehmen oder nicht? Fragen, mit denen sich Natur- und Geisteswissenschaften auseinander setzen, wenn sie nach dem Ursprung unseres Wissens forschen – bislang mit wechselndem Erfolg. Natürlich werden wir auch in der Astrologie keine Antwort auf diese elementaren Fragen finden, aber mit den drei *transpersonalen* Planeten Uranus, Neptun und Pluto dringen wir in einen Bereich vor, der ähnlich abstrakt und brisant ist.

Was heißt *transpersonal?* Transpersonal beschreibt alles, was über unsere Persönlichkeit hinausgeht, ihre Grenzen überschreitet. Damit steht das Transpersonale unserer Persönlichkeit nicht mehr zur Verfügung: Es reicht über unsere Vorstellungskraft hinaus. Diese Grenze ist astrologisch betrachtet die Umlaufbahn des Saturn: Dahinter gelangen wir in den Bereich der Ahnungen, des Unvorstellbaren.

Saturn ist der letzte Planet, den wir mit dem bloßen Auge erkennen können.[29] In übertragenem Sinne bedeutet das, dass wir Uranus, Neptun und Pluto mit unserem herkömmlichen Bewusstsein nicht erfassen können. Um ihnen näher zu kommen, benötigen wir »Hilfsmittel«, die den Teleskopen in der Astronomie gleichgesetzt werden können. Aber auch Teleskope zeigen uns nicht die Realität – sie bilden sie ab. Deshalb können wir zu diesen Planetenprinzipien nur über *Bilder* Zugang finden.

Die Gefahr besteht darin, dass wir die Bilder, in denen sich die transpersonalen Planeten präsentieren, für Realität halten und vergessen, dass sie keine allgemein gültigen Beweise dafür sind, was wir mit Uranus, Neptun und Pluto erleben. Der Haken an der Sache liegt an unserer Persönlichkeit, denn wir können nur in beschränktem Rahmen Erfahrungen mit den *Transsaturniern* sammeln. Dieser Rahmen wird zusätzlich durch unsere Sicht der Dinge geprägt: durch unsere Wahrnehmung (Mond), unsere Wünsche (Venus) und unsere Erwartungen (Jupiter). Um die Objektivität des vierten Regelkreises erleben zu können, müssten wir unsere Persönlichkeit ablegen, unser Selbst aufgeben.

Genau das ist der Schlüssel zu den transpersonalen Kräften: Selbstlosigkeit. Solange wir in unserer Subjektivität gefangen sind, haben wir keine Möglichkeit, den vierten

Regelkreis aktiv zu nutzen, denn er steht für das, *was wahr ist,* und nicht für das, *was wir für wahr halten.*

Der Verlust der Subjektivität ist unvorstellbar und das Ziel vieler Transformationsprozesse, ob es sich um Yoga, Zen-Meditation oder die Vereinigung mit Gott in der christlichen Mystik handelt. »Erleuchtung« wäre aus der Sicht des Kybernetischen Modells die Aktivierung des vierten Regelkreises: Wir würden die Wahrheit sehen (Neptun), die Wahrheit erkennen (Uranus) und das Wahre tun (Pluto). Wir wären *selbst-los* im engsten Sinne des Wortes. Denken, Fühlen und Handeln würden ohne die Einmischung persönlicher Neigungen und Befindlichkeiten vonstatten gehen.

Außerhalb der »Erleuchtung« existiert kein aktiver Zugang zu den Kräften des vierten Regelkreises: Sie werden passiv erlebt, sodass wir eher ihre Opfer zu sein scheinen, als über sie verfügen könnten. Auch jetzt werden wir mit Selbstlosigkeit konfrontiert, allerdings auf unfreiwillige Weise, indem wir in Situationen geführt werden, die wir als Individuen nicht mehr kontrollieren können. Uns wird ein Verlust der Persönlichkeit aufgezwungen, was in der Mehrzahl der Fälle nicht als besonders positiv erlebt wird. Aus diesem Grund wird dieser Regelkreis manchmal auch »Schicksals-Regelkreis« genannt, weil wir ihn oft in Gestalt unvorhergesehener Ereignisse, die tief in unser Leben eingreifen und unserem Willen *entgegen*lenken, erfahren.

Gibt es denn überhaupt nichts Positives am vierten Regelkreis – es sei denn, man erreicht Erleuchtung? Doch, das gibt es. Es ist seinem Wesen nach unwillkürlich und regellos, sodass wir nicht damit rechnen *dürfen* – aber *können!* Dazu bedarf es jedoch der Einstellung zu Neptun, Uranus

und Pluto, sie als transformierende Kräfte zu verstehen und nicht in den Bereich des Schicksalhaften zu verbannen. Wie das aussehen könnte, davon handeln die folgenden Abschnitte.

Zuvor noch ein Hinweis:

Wir werden uns ausführlich mit den drei Transsaturniern beschäftigen. Das ist notwendig, denn keines der anderen Planetenprinzipien neigt in dem Maße missverstanden zu werden, wie dieses Trio. Wo auch immer Übles in der Welt geschieht – einer von ihnen war gewiss mit von der Partie: Ob nun ein Erdbeben tausende von Menschenleben fordert oder Frau Meier sich in den kleinen Finger schneidet – bei der Deutung von Neptun, Uranus und Pluto ist äußerste Behutsamkeit angebracht. Mein Rat: Schielen Sie in einem Horoskop *nicht* an erster Stelle nach den Transsaturniern, wenn Sie eine schwierige Persönlichkeit vor sich zu haben glauben. Die größte Falle, in die uns die Transsaturnier locken wollen, besteht genau darin, dass sie uns die Eigenverantwortlichkeit abzunehmen scheinen, denn all ihre Auswirkungen sind ja unerreichbar für uns – wir können nichts dafür. Dieser Schluss ist genauso verkehrt wie das andere Extrem, nämlich zu glauben, wir müssten alles Leid in unserem Leben auf unser eigenes Konto verbuchen.

Neptun – oder: Die Kraft, der Wahrheit ins Gesicht zu sehen

»Aber er hat ja nichts an!« Mit einem Male war die Illusion zerbrochen, des »Kaisers neue Kleider« als Schwindel entlarvt, den niemand, außer der unschuldigen Stimme des

Kindes, wahrnehmen wollte, denn wer die Kleider des Kaisers nicht sehen könne, so hieß es, tauge nichts für sein Amt oder sei unverzeihlich dumm. Diese Blöße wollte sich keiner geben – lieber sah man das, was man geheißen wurde zu sehen. Doch »Kindermund tut Wahrheit kund«.

In dem Märchen von H. C. Andersen ist der Betrug offensichtlich. Doch die Angst davor, als dumm zu gelten und offen auf den Betrug aufmerksam zu machen, macht die Leute erst recht zu Dummköpfen. Damit betreten wir Neptuns Reich von seiner unschönen Seite. Eine besonders perfide Form dieses Betrugs wäre es, wenn wir die offensichtliche Gaukelei für wahr halten würden, wenn wir beginnen, würden, des Kaisers neue Kleider *tatsächlich* zu sehen!

Damit wir uns richtig verstehen: Neptun *kann* nicht lügen oder betrügen – der Betrug entsteht in unseren Köpfen, entweder weil wir die Wahrheit nicht wahrhaben wollen oder können. In dieser Hinsicht ist er mit dem Spiegel der bösen Königin, der auf jede Frage stets wahrheitsgemäß antwortet, vergleichbar – ob es dem Menschen vor dem Spiegel nun passt oder nicht. Neptun zeigt uns die Wahrheit, aber wir verstehen sie nicht, weil wir blind sind oder niedere Motive uns leiten. Wir können nicht absichtslos in den Spiegel blicken, stets werden persönliche Wünsche und egoistische Bedürfnisse das Spiegelbild trüben und die Wahrheit verzerren. Würden wir in den Spiegel blicken, *um uns selbst zu erkennen*, nicht um uns selbst zu bestätigen, würden wir der Wahrheit ins Gesicht sehen und nicht unserer Selbstverliebtheit und Selbstgefälligkeit.

Um mit Neptun arbeiten zu können, müssen wir uns eingehend mit unseren Bedürfnissen, unseren Hoffnungen und Ängsten aus den ersten drei Regelkreisen auseinander ge-

setzt haben. Wenn wir diesen nicht mehr auf den Leim gehen, haben auch andere keine Macht mehr über uns, indem sie sich als Antwort auf unsere Wünsche präsentieren. Wir müssen uns selbst durchschauen!

Dann laufen wir dem vermeintlichen Guru, dem tollen Liebhaber, dem Heiratsschwindler, den Glückseligkeit versprechenden Parolen einer Sekte, dem verführerischen Lied all der Rattenfänger dieser Welt nicht mehr hinterher, denn wir sehen, dass sie *gar nichts anhaben* ...

Betrug, Lüge und Täuschung sind im Grunde nichts anderes als Selbstbetrug, Selbstlüge und Selbsttäuschung. Viele von uns wissen, dass man sein ganzes Leben lang in diesem Nebel wandern und das bequemere Zerrbild für die unbequeme Wahrheit halten kann. Wenn wir aber der Lüge unseres Lebens ins Auge sehen, dann wird aus der Täuschung eine Ent-Täuschung: Der Spiegel reflektiert nicht mehr alles durch den Schleier unserer eigenen Wünsche und Bedürfnisse, sondern zeigt uns die Welt *hinter* dem Spiegel: ein Wunderland. Dort beginnt das Reich des Unaussprechlichen. Der Spiegel bildet die Grenze zu diesem Reich, und wie Wittgenstein bemerkte und Lewis Carroll in seinen Alice-Geschichten trefflich ausführte, »was jenseits der Grenze liegt, wird einfach Unsinn sein«.[30] Unsinn, weil es keinen Sinn macht, darüber zu reden, und weil alles, was darüber gesagt werden kann, keinen Sinn macht. »Es gibt allerdings Unaussprechliches. Dies *zeigt* sich, es ist das Mystische.«[31]

»Hier ist nicht so ordentlich aufgeräumt wie drüben«,[32] stellt Alice im Land hinter den Spiegeln lakonisch fest. Ein wesentliches Merkmal neptunischer Erfahrungen ist neben ihrer Unaussprechlichkeit tatsächlich die Unordnung. Kein

Wunder: Neptun löst die Strukturen, an die wir glauben, auf und zeigt uns, dass auch sie Illusion sind, denn das Chaos nagt an der Wurzel der Wirklichkeit.[33] Chaos kann als Bedrohung erlebt werden – aus mysthischer Sicht ist es jedoch nichts anderes als ein Zustand, in dem noch alles möglich und nichts entschieden ist. Dort wo Neptun im Horoskop steht, stehen uns alle Möglichkeiten offen, dort sind wir nicht geprägt! Nachteil: Wenn wir uns das nicht bewusst machen, erleben wir nichts als Durcheinander, weil wir Ordnung erwarten, wo keine Ordnung sein soll, denn hier sind die Würfel unseres Lebens noch nicht gefallen.

Es gibt unterschiedliche Haltungen, mit dieser Bedrohung umzugehen: Die einen versuchen, sie zu leugnen, die anderen versuchen, sich gegen sie unempfindlich zu machen. So mögen manche das »Loch«, das durch Neptun in ihr Horoskop gerissen wird, mit Alkohol, Drogen und anderen Betäubungsmitteln zu stopfen versuchen, nur um sich nicht mit der Wahrheit zu konfrontieren. Andere weisen die Existenz des Chaotischen weit von sich und führen es auf die fehlende Einsicht des Menschen in den göttlichen Plan oder in die Gesetze der Natur zurück. Heute wissen wir: Es gibt einen Raum jenseits der Erkenntnis, der uns Menschen immer verschlossen sein wird, wie weit wir mit unserer Erkenntnis auch vordringen mögen – es gibt keine Weltformel, in der sich alles Wissen um die Welt zusammenmenfassen, keine Karte, in der sie sich so beschreiben lassen könnte, wie sie ist. All dies ist Täuschung, denn *nur die Welt ist groß genug, um die Welt zu beschreiben.*

Wie könnte eine konstruktive Haltung aussehen?

Neptun ist die große Kraft der Inspiration in unserem Horoskop – davon profitieren nicht nur künstlerisch veranlagte

Naturen. Er verschafft uns einen Zugang zu der Welt *hinter* den Erscheinungen und macht unser in Routine erstarrtes Leben wieder beweglich. Er öffnet uns für kreative Momente und lässt uns spüren, dass Grenzen, gewählte wie erzwungene, nur provisorisch sind und jederzeit aufgelöst werden können. Damit gibt uns Neptun als Erster der drei transpersonalen Planeten den Sinn für unsere Möglichkeiten wieder, der in den ersten drei Regelkreisen durch die Bedingtheiten der Welt, in die wir hineingeboren wurden, kurz gehalten wurde.

Neptun antwortet auf die Fragen:

- In welchen Lebensbereichen ist für mich noch alles offen? Wo kann ich Kontakt mit meinem Sinn für Möglichkeiten aufnehmen?
- Wo bin ich besonders sensibel für Einflüsse, die über meine Persönlichkeit hinausgehen? Wo fühle ich mich an eine übergeordnete Wirklichkeit »angedockt«?
- In welchen Lebensbereichen tendiere ich dazu, mich zu täuschen und täuschen zu lassen oder gar andere zu täuschen? Wo neige ich dazu, der Wahrheit nicht ins Gesicht zu sehen?

Uranus – oder: Die Kunst, vom rechten Weg abzukommen

Erinnern Sie sich an Rotkäppchen? Ausgestattet mit einem Körbchen voller Leckereien und dem gut gemeinten Rat der Mutter »... und wenn du hinauskommst, so geh hübsch sittsam und lauf nicht vom Weg ab« geht das gute Kind los, seine Großmutter im Wald zu besuchen. »Ich will schon al-

les gut machen« – mit diesen Worten frommer Artigkeit verabschiedet sich Rotkäppchen und es vergeht keine Viertelstunde, da tritt auch schon der große Verführer, der sich »das junge zarte Ding« schnappen möchte, auf den Plan: der böse Wolf. Arglistig versucht er, Rotkäppchen vom Weg abzubringen:

»Rotkäppchen, sieh einmal die schönen Blumen, die ringsumher stehen, warum guckst du dich nicht um? Ich glaube, du hörst gar nicht, wie die Vöglein so lieblich singen? Du gehst ja für dich hin, als wenn du zur Schule gingst, und ist so lustig haußen in dem Wald.«

Und dann geschieht es: »Rotkäppchen schlug die Augen auf, und als es sah, wie die Sonnenstrahlen durch die Bäume hin und her tanzten und alles voll schöner Blumen stand ... lief [es] vom Wege ab in den Wald hinein und suchte Blumen.«[34] Der Rest des Märchens ist bekannt.

Was ist passiert? Was ist mit den festen Vorsätzen, was mit den eindringlichen Mahnungen geschehen? Warum kam Rotkäppchen vom Weg ab?

Eine plötzliche Wende ereignet sich, gefolgt von der Missachtung aller Weisungen und selbst der eigenen Stimme der Vernunft. Rotkäppchen sieht mit einem Mal die Welt mit völlig anderen Augen und wirkt wie verwandelt. Natürlich: Wäre der Wolf nicht gewesen, die süße Stimme der Verführung ... Aber können wir wirklich dem Wolf die Schuld geben? Hat er nicht einfach nur eine Saite in Rotkäppchens Seele zum Klingen gebracht, die ganz automatisch zu der folgenschweren Entscheidung, vom rechten Weg abzugehen, führte?

Der rechte Weg ist der Weg, der sich über die Jahre unter tausenden von Schritten in den Waldboden eingekerbt hat.

Es ist der empfohlene Weg, der sichere Weg, der einzig gangbare – wenn man der Vernunft der Mutter oder dem weisen Rat des Vaters Glauben schenkt. Die Gefahr liegt abseits des ausgetretenen Pfades, lauert irgendwo im Gebüsch, tritt jeden Augenblick hinter den Bäumen hervor, um uns zu verlocken. Ein Fehltritt – und wir sind verloren, sagt man.

»Was aber wäre wenn?« Immer wenn Sie diese Worte in sich hören, dann lauschen Sie der Stimme Ihres Uranus. »Was wäre, wenn die anderen nicht Recht hätten? Was wäre, wenn es auch andere Wege als den ›rechten‹ gäbe?« Wenn Sie auch nur einen Moment zögern und sich nicht rasch wieder besinnen, sind Sie bereits von ihm abgekommen. Dann werden auch Sie wie Rotkäppchen die Augen aufschlagen und alles mit anderen Augen sehen.

Angela Carter erzählt die Geschichte von Rotkäppchen in einer anderen Version: Auch hier schickt sich das Mädchen an, seine Großmutter im Wald zu besuchen, auch hier begegnet ihr der böse Wolf, doch taucht er in Gestalt eines verführerisch schönen Mannes auf, der einen merkwürdigen Gegenstand bei sich trägt: einen Kompass. Mit diesem, so versichert er dem unschuldigen Mädchen, sei er unabhängig von vorgegebenen Pfaden und könne seinen eigenen Weg durch den Wald finden. Und Rotkäppchen? »Sie glaubte ihm nicht; sie wusste, dass sie niemals den Pfad durch den Wald verlassen dürfe, sonst wäre sie sofort verloren. Er lachte ihr zu; glitzernde Speichelfäden hingen an seinen Zähnen.«[35] Aber die Verwandlung hat begonnen ... Rotkäppchen geht mit ihm eine Wette ein: Sie werde weiterhin den rechten Pfad verfolgen und er solle sich mit seinem Kompass auf den Weg zu Großmutters Haus ma-

chen – wer zuerst ankommt, hat die Wette gewonnen. Der Wetteinsatz? Ein Kuss ... Während der junge Mann, der innerlich ein Wolf ist, durch das Gehölz bricht, schlendert Rotkäppchen den Weg entlang und lässt sich Zeit, viel Zeit ... die Geschichte endet nicht mit dem Tod des Wolfs, sondern mit dem ungesühnten Mord an der Großmutter. Rotkäppchen verbrennt ihre rote Kappe, wird selbst zur Wölfin und verlässt für ihren neuen Geliebten die Welt, in der sie einst sicher und geschützt war ...

Als Rotkäppchen vom rechten Weg abkam, traf sie eine Entscheidung: Ihr Leben sollte nicht mehr so sein, wie es vorher war. Wer sich auf die Begegnung mit Uranus einlässt, riskiert, sein altes Leben für immer hinter sich zu lassen, eine Wende um 180 Grad.

Es ist bezeichnend, dass der böse Wolf einen Kompass benutzt: Der Fortschritt löst mit seinen neuen Technologien die schwerfälligen Traditionen ab – eine fast klassische Uranus-Analogie. Während Neptun uns den Zugang zur Quelle neuer Möglichkeiten verschafft, erschüttert Uranus uns mit dem Donnerschlag der Erkenntnis, dass wir unser Leben verändern können, ja müssen, wenn wir nicht in Gewohnheiten und überkommenen Vorstellungen erstarren wollen.

Der rechte Weg ist ein Synonym für alles, was man uns bislang für richtig und bewährt verkaufen wollte. Uranus vermittelt uns, dass irgendwann der Zeitpunkt kommt, an dem wir unseren eigenen Weg gehen müssen, trotz Ermahnungen und Unkenrufen. Dieser eigene Weg mag uns in Bereiche führen, »die nie ein Mensch zuvor gesehen hat«[36]. Aber es ist unser Weg und er macht uns zu etwas Besonderem.

Die Erfahrung des Uranus ist der produktive Widerspruch: Es ist die Aufforderung, unser Licht nicht mehr länger unter den Scheffel zu stellen und dem Zwang zur Mittelmäßigkeit zu entkommen, indem wir unsere Individualität zum Einsatz bringen. Und hier dürfen wir es sein, denn Uranus steht für einen höheren Auftrag, den nur wir erfüllen können und niemand anderes. Uranus will nicht mehr und nicht weniger als unsere Einzigartigkeit ins Rampenlicht stellen.

Ist Uranus ein Rückschritt im Vergleich zu Neptun, bei dem es darum ging, das Selbst aufzulösen? Nein. Uranus ist die konsequente Folge von Neptun, denn er scheidet aus der Fülle der Möglichkeiten, die uns Neptun anbietet, genau die aus, die unserem Auftrag im Leben entsprechen. Wir können uns das wie das Brechen des farblosen Lichts in einem Prisma vorstellen: Erst jetzt entsteht ein Regenbogen und zeigt die Vielfalt an Farben.[37] So wird auch unser Leben auf der transpersonalen Ebene zu einem Prisma für die »farblose« Energie des Neptun. Uranus zeigt, welches unverwechselbare Spektrum des Lichts durch mein Leben sichtbar wird. Er zeigt, wo ich vom rechten Weg abkommen muss, um aus der Farblosigkeit des Lichts aufzutauchen.

Uranus ist das Bewusstsein der Einzigartigkeit. Diesem Bewusstsein entspringt eine Vision, die auf alle anderen Regelkreise zurückwirkt und zum Kompass unseres Lebens werden kann. Das Wissen, dass unser Leben, *so wie es ist und wie nur wir es ausfüllen können*, einen Sinn auf allerhöchster Ebene ergibt.

Uranus antwortet auf die Fragen:

• Welcher Lebensbereich vermittelt mir am deutlichsten,

dass ich etwas Besonderes bin? Welche Themen lassen mich spüren, dass ich eine einzigartige Aufgabe im Leben erfülle?

- In welchem Lebensbereich ecke ich immer wieder an? Wo merke ich, dass ich mich nicht einfügen möchte?
- Wo neige ich zu Sprüngen in meiner Lebensführung? Wo scheint es, als ob mir das »Schicksal« immer wieder einen Streich spielte, insbesondere dann, wenn ich versuche »auf dem rechten Weg« zu bleiben?

Pluto – oder: Die Chance, über seinen Schatten zu springen

Der Schatten – unser treuester Begleiter, der an uns klebt und uns nicht verlässt. Wo auch immer wir uns hinbewegen, wird er uns folgen. Er ist schon so zur Gewohnheit geworden, dass er uns kaum mehr auffällt: Er ist Bestandteil unseres Lebens – das fällt uns dann am meisten auf, wenn er fehlt.

Betrachten Sie einen Gegenstand, der von allen Seiten gleichmäßig beleuchtet wird – er wirkt seltsam tot. Unser Auge benötigt den Kontrast aus Licht und Schatten, um plastisch wahrnehmen zu können. Fehlt der Schatten, wirken Objekte leblos und unwirklich. Wo Schatten existiert, gibt es auch Licht! Und wenn man erzählt, ein Mensch, der seine Seele dem Teufel verkauft habe, werfe keinen Schatten, so spiegelt das die enge Verknüpfung von Leben und Licht. Der Teufel nimmt mit dem Schatten dem Menschen die Menschlichkeit, dadurch wird der Mensch ein lebloses Ding.

Schatten zeugen von Licht, aber sie können auch etwas verbergen: Ungeheuer und andere Schreckgestalten lauern in ihnen, denn sie meiden das Licht. C. G. Jung nannte wohl aus diesem Grund die Sammlung aller ins Unbewusste verdrängter Seelenanteile den »Schatten« eines Menschen. Es soll sich dabei um Eigenschaften handeln, die wir an uns nicht akzeptieren können, die wir verleugnen. Und wie unser wirklicher Schatten verlassen sie uns nie, auch wenn wir sie nicht bemerken, weil wir unser Gesicht immer zur Sonne wenden wollen. Der Schatten vereint all die geheimen Wünsche und Triebe, von denen wir uns befleckt fühlten, wenn wir sie auslebten. So verbannen wir sie aus unserem Blickfeld, um selbst rein und makellos dazustehen. Es gibt nur zwei Möglichkeiten der Schattenlosigkeit: entweder selbst der Schatten oder ganz aus Licht zu sein. Deswegen werfen weder der Teufel noch Gott einen Schatten. Das wirkliche Leben aber spielt sich zwischen diesen beiden Polen ab, kennt alle Nuancen von Licht und Schatten, kennt alle Grautöne.

Der Schatten hängt an uns, weil er zu unserem Leben gehört, weil er uns erst lebendig – *menschlich* – macht. Schattenlosigkeit ist *Perfektion*. Das ist unser Leben ohne all die unliebsamen Seiten in uns und heißt wörtlich »Vollendung«. Vollendung aber ist, was das Leben betrifft, nichts anderes als der Tod selbst. Perfekt zu sein, heißt tot zu sein, deshalb sind das absolut Böse und das Göttliche unsterblich. Mensch zu sein, heißt sterblich zu sein – sich entwickeln zu können und Veränderungen gegenüber offen zu stehen. Der Verlust des Schattens ist dramatisch, weil wir ohne ihn aufhören, Mensch zu sein und damit nicht mehr entwicklungsfähig sind.

Pluto verkörpert wie kein zweiter Planet das Thema des Schattens in all seinen Fassetten. Keiner kennt die Extreme zwischen Licht und Dunkel, Gut und Böse so gut wie er, der am entferntesten Ende unseres Sonnensystems seine Kreise zieht.

Pluto verleiht Macht, weil er große Mengen an Energie freisetzt und dies auf kleinstem Raum – vergleichbar dem Erdöl oder Atomkern. Wer diese Macht in sich aufsteigen lässt, kann sie dazu einsetzen, das eigene Selbst aufzulösen.

Weit häufiger begegnen wir Pluto jedoch in der Macht, die unser Selbst verschwinden lässt. Wenn wir nicht mehr uns selbst gehören, sei es in einem Massenschicksal, dem wir nicht entrinnen können, oder als Opfer einer erpresserischen Entführung, eines Amoklaufs oder eines Mordes. Pluto sitzt dann auf der Seite des Täters, der die Macht ausübt und uns unseres Selbst beraubt. Wir können aber auch selbst die »Besessenen« sein, die sich zum Sklaven ihres eigenen Schattens gemacht haben und unter Zwang einem Drang folgen müssen, bis sich alle Energie erschöpft hat.

Wir können mit Pluto über Leichen gehen, weil wir unseren Schatten für Macht und Reichtum verkauft haben. Wir können aber auch über unseren Schatten springen! Wir können eine Grenze in uns überschreiten, die wir bislang für unüberwindbar gehalten haben. Pluto zeigt, welches *übermenschliche* Kräftepotenzial in uns schlummert, um das Unmögliche möglich zu machen – auch wenn es nur für wenige Augenblicke ist. Mithilfe von Pluto können wir uns *selbst überwinden* lernen. Wenn wir das Gefühl haben an eine Barriere zu stoßen, die unseren Lebensfluss ins

Stocken bringt, wird es Zeit, sich den Kräften des Pluto zu öffnen. Wir sollten ihn aber gut genug kennen, um zu wissen, wie wir die Geister, die wir riefen, wieder unter Kontrolle bekommen können. Wir müssen wissen, wie wir uns wieder von der hypnotischen Wirkung, die er auf uns ausübt, befreien können. Gelingt uns das, kann uns nichts wirklich aufhalten – und werden wir niemandem Schaden zufügen.

Pluto antwortet auf die Fragen:

- Welcher Lebensbereich beherbergt meinen Zugang zu Kräften, die mich schlagartig über mich hinauswachsen lassen? Wo finde ich die radikalste Kraft zur Durchsetzung meines Lebens?
- Für welche Themen würde ich meinen »Schatten verkaufen«? In welchem Lebensbereich besteht für mich die größte Gefahr, verführt zu werden? Wo neige ich dazu, anderen meine Persönlichkeit aufzudrücken?
- Worin glaube ich, »perfekt« zu sein und mich nicht mehr entwickeln zu müssen?

Die Deutung des vierten Regelkreises

Der vierte Regelkreis gleicht im Aufbau dem ersten und kann nur verstanden werden, wenn er als Ganzes betrachtet wird. Im Folgenden nehmen wir wieder die Einzelfaktoren auseinander – nicht, ohne sie später wieder zusammenzufügen.

Die Deutung von Neptun

1. Deutung von Neptun nach seiner Hausposition
2. Deutung von Neptun als Häuserherrscher
3. Deutung der Aspekte zum Neptun

Neptun in Haus [x]

Die Hausposition von Neptun besagt, wo ich besonders sensibel für den Einfluss einer transpersonalen Wirklichkeit bin. Sie zeigt auch, in welchem Lebensbereich für mich noch alles offen ist und wo ich ungeprägt bin.

Neptun als Herrscher von [y]

Das Haus, über das Neptun herrscht, beschreibt, welche Lebensbereiche besonders von meiner Offenheit profitieren würden.

Aspekte zum Neptun

Alle Aspekte zum Neptun vermitteln mir einen Eindruck darüber, welche Kräfte mir den Zugang zu einer transpersonalen Wirklichkeit eher erschweren oder erleichtern. Als Häuserherrscher gedeutet erfahre ich etwas darüber, welche Lebensthemen dabei angesprochen werden.

Die Deutung von Uranus

1. Deutung von Uranus nach seiner Hausposition
2. Deutung von Uranus als Häuserherrscher
3. Deutung der Aspekte zum Uranus

Uranus in Haus [x]

Die Hausposition von Uranus sagt etwas über den Lebensbereich aus, in dem ich am stärksten das Gefühl habe, etwas Besonderes zu sein. Hier finde ich die Themen, zu denen ich einen anderen Zugang habe als üblich.

Uranus als Herrscher von [y]

Das Haus, über das Uranus herrscht, zeigt, welche Lebensbereiche den größten Nutzen daraus ziehen würden, wenn
man »vom rechten Weg« abkäme.

Aspekte zum Uranus

Aspekte zum Uranus deuten Widerstände, aber auch Stärken an, die mich bei der Entwicklung, meinen einzigartigen Platz in der Welt zu finden, beeinflussen. Als Häuserherrscher gedeutet, zeigen sie, in welchen Lebensbereichen
diese Kräfte wurzeln.

Die Deutung von Pluto

1. Deutung von Pluto nach seiner Hausposition
2. Deutung von Pluto als Häuserherrscher
3. Deutung der Aspekte zum Pluto

Pluto in Haus [x]

Die Position von Pluto im Häuserkreis sagt etwas über den
Lebensbereich aus, in dem ich auf jene Kräfte stoßen werde,
die mir helfen, über mich hinauszuwachsen. Zugleich handelt es sich um den Bereich, wo ich besonders dazu neige,

auf andere Macht auszuüben bzw. Opfer der Macht anderer zu werden.

Pluto als Herrscher von [y]

Pluto als Häuserherrscher weist mir den Lebensbereich aus, der den größten Vorteil daraus ziehen würde, wenn ich »über meinen Schatten springen würde«: Es ist der Bereich, dem die freigesetzten Energien zugute kämen.

Aspekte zum Pluto

Alle Aspekte zum Pluto lassen ein Bild von den Kräften entstehen, die mich dabei hindern oder fördern, »über meinen Schatten zu springen«.

Zusammenfassung:

Der konstruktive Umgang mit dem transpersonalen vierten Regelkreis kann in folgendem Bild zusammengefasst werden:

Neptun ist das diffuse Licht, das uns von der »anderen Seite der Wirklichkeit« erreicht, wenn wir in den Spiegel unseres Selbst blicken und die Illusion erahnen. Uranus wirkt wie ein Prisma in uns, das das Licht auffängt und es auf einzigartige Weise in das Spektrum der Farben zerlegt, um den besonderen Platz für uns im Universum zu finden. Pluto schließlich bündelt dieses Licht wie ein Laser zu einer großen Kraft, die auf die Welt gerichtet wird und letztlich auf unser Selbst, das dabei zerstört wird.

Versuchen Sie in folgender Abbildung (Seite 246) diesen Zusammenhängen auf die Spur zu kommen, indem Sie die Einzelauswertungen in die entsprechenden Sektoren des Regelkreises eintragen und ein Gesamtbild erzeugen.

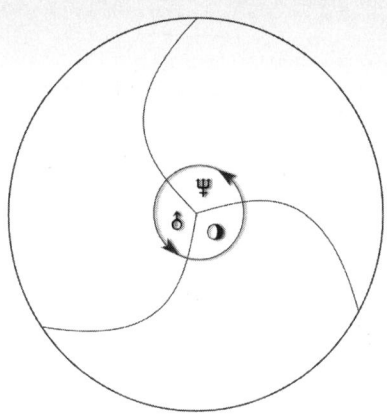

Das Beispielhoroskop

Die Konstellationen im Beispielhoroskop

Die folgende Abbildung (Seite 247) zeigt das Beispielhoroskop, reduziert auf alle Faktoren des vierten Regelkreises:
Die Konstellationen:

Neptun
Neptun in [10] als Herrscher von [7]. Opposition zu Merkur
in [4].

Uranus
Uranus in [4] als Herrscher von [6]. Sextil zu Venus in [6].
Opposition zu Pluto in [10].

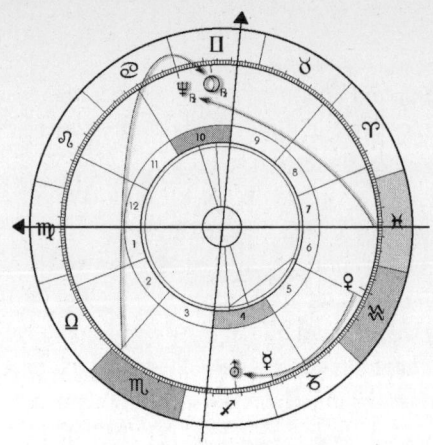

Pluto

Pluto in [10] als Herrscher von [3]. Opposition zu Uranus in [4].

Die Deutung des Beispielhoroskops

Neptun

• Neptun in [10].

Wohin mein Weg mich im Leben führen wird, ist nie wirklich klar gewesen: Ich hätte mir alles und nichts vorstellen können. Was ich schon immer wusste, ist lediglich, dass ich gegenüber den Einflüssen des Zeitgeistes besonders empfänglich bin, in positivem wie negativem Sinne. Alle Erfahrungen, die ich im Zusammenhang mit Sinnsuche gemacht habe, führen mir immer wieder vor Augen, dass all die Konventionen und Normen, in die wir mit unserem in-

dividuellen Leben eingebettet sind, lediglich Hüllen sind. Dahinter liegt eine andere Wahrheit, die nichts mit den Gültigkeiten und Spielregeln im Hier und Jetzt zu tun hat – das sind Modeerscheinungen, mal von längerer, mal von kürzerer Verweildauer. Ich selbst suche eine Stellung in der Gesellschaft, die außerhalb der unsteten Wandlungen der Zeit angesiedelt ist: Ich will zeitlos sein.

Ich habe eine Ahnung von den Mechanismen, wie Menschen in der Gesellschaft manipuliert werden, weil ich mich von dieser Gesellschaft unabhängig empfunden habe. In den entscheidenden Fragen meines Lebens ließ ich mich nie von ihrem Ränkespiel täuschen. Diese Mechanismen vertuschen die Möglichkeit, dass es eine höhere Wirklichkeit, in der die sozio-kulturellen Begrenzungen und Hierarchien keine Bedeutung mehr haben, geben könnte; in der alle Menschen gleich sind und Unterschiede zwischen den Menschen als von Konventionen und Normen konstruierte Gebilde entlarvt werden und völlig gleichgültig sind. Ich bin in der Lage, immer wieder diese Mechanismen zu durchschauen.

Was bleibt, ist eine große Unsicherheit darüber, welche Rolle ich in dieser Gesellschaft wirklich spiele, welche Aspekte einer höheren Wirklichkeit sich unter Umständen in meiner Berufung spiegeln. Die Gefahr, sich hier zu täuschen und getäuscht zu werden, ist sehr groß. Die Erfahrung, seinen eigenen Illusionen und Wunschträumen zu erliegen, beraubt einen immer wieder des Vertrauens in diese Welt, gerade weil ich dem, was man mir hier als »Wahrheit« präsentiert, keinen Glauben schenken kann. Aber was ist dann Wahrheit? Angesichts der monumentalen Ungewissheit dieser Frage, bleibt vielleicht nur noch der Rückzug aus dem Vordergründigen.

- Neptun in [10] ist Herrscher von [7]. Das entspricht einem Häuser-Quadrat.

Jede Begegnung in meinem Leben, jede Konfrontation mit meiner Umwelt öffnet mir den Zugang zu der Wirklichkeit hinter den Dingen. Menschen, Gedanken, Themen – alles führt mir vor Augen, dass der Sinn meines Lebens darin bestehen könnte, meine Persönlichkeit von allem Vordergründigen zu befreien, mich selbst und alles, was ich im Leben anstrebe, als Teil eines Plans zu begreifen, der über meine persönlichen Bedürfnisse hinausreicht. In allem, was mir begegnet, erkenne ich einen Teil dieses Plans. Das beunruhigt mich manchmal, ängstigt mich sogar.

Die größte Schwierigkeit besteht darin, dass mich das von meinen Mitmenschen entfremdet, weil ich sie nicht so nehmen kann, wie sie sind: Ich *glaube* ihnen nicht. Das mag daran liegen, dass mich tatsächlich viele Menschen in meinem Leben über ihre wahren Absichten, die sie mir gegenüber verfolgten, getäuscht und betrogen haben. Wieder andere wollen nicht den Menschen in mir sehen, sondern nur das, was sie gern in mir zu sehen wünschen. Ob ich mich nun für andere unerreichbar mache oder sie mich auf das unerreichbare Podest ihrer Sehnsüchte stellen, spielt keine Rolle. Es bestärkt mich nur darin, dass in den irdischen Verstrickungen des menschlichen Miteinanders nicht die Wahrheit liegen kann, sondern nur in der Suche nach einem eigenständigen Sinn in meinem Leben.

- Neptun in [10] hat eine Opposition zu Merkur in [4].

Es fällt mir schwer, mich nicht von den Erfahrungen, die ich in der Gesellschaft mache, persönlich betroffen zu fühlen. Einerseits wertet es mein Selbstbild auf, wenn man mir Anerkennung und Respekt zollt, andererseits fühle ich

mich schnell bedrängt von der Macht des Zeitgeists und seinen Manipulationsversuchen. Da mir der Schutz meines Innenlebens nicht nur nicht wichtig, sondern lebenswichtig ist, muss ich ständig eine Maske tragen, die mein wahres Gesicht verbirgt. Im Schutz dieser Maske, gefertigt aus den Projektionen und Sehnsüchten der Zeit, in die ich hineingeboren wurde, kann ich mich zurückziehen, um mich zu regenerieren und die Kraft zu finden, das zu reflektieren, was mich wirklich bewegt. Sollte aber eines Tages die Maske fallen oder zerbrechen, gibt es nur zwei Möglichkeiten: Entweder ich offenbare die Wahrheit über mich in der Öffentlichkeit oder ich ziehe mich aus der Öffentlichkeit ganz zurück, was mir die Chance gibt, für immer ein Mythos zu bleiben und niemals das Gesicht zu verlieren.

Uranus

- Uranus in [4].

Ich bin etwas Besonderes – ohne Zweifel. Und ich bin es, ohne etwas dafür tun zu müssen, denn das Besondere liegt bereits an der Wurzel meiner Existenz: Es muss nur sichtbar gemacht werden. Genau das ist aber das größte Problem. An der Stelle, an der das Fundament für mein Leben gegossen wird, bin ich unsicher und fühle mich nicht geborgen. Es ist, als ob mich eine tiefe Unzufriedenheit beseelen würde, die ich immer wieder zu spüren bekomme, wenn ich mich auf mich selbst zurückgeworfen sehe. Anders ausgedrückt: Mein Leben baut sich auf Widersprüchen auf und weigert sich von Anfang an eine konstante Entwicklung einzuhalten. Auch wenn das für viele nicht sichtbar ist, unterliege ich starken Stimmungsschwankungen, gerade weil ich das Empfinden habe, dass mein Leben so gar

nicht in diese Welt gehört. Immer fühle ich mich im Widerspruch mit meiner Umwelt – ein Zustand, der mich so lange belasten muss, bis ich erkenne, dass in dieser Spannung die Aufforderung zur Entwicklung einer einmaligen schöpferischen Fähigkeit liegt, deren Schlüssel mein Anderssein ist.

• Uranus in [4] ist Herrscher von [6]. Das entspricht einem Häuser-Sextil.

Um herauszufinden, was wirklich in mir vorgeht, benötige ich ein Feedback: Das Gefühl, etwas Besonderes zu sein, entsteht erst, wenn ich versuche, mich den Anforderungen meiner Umwelt zu stellen – und dabei zunächst scheitere, weil ich den dringenden Wunsch verspüre, mich *nicht* konventionell auf meine Umwelt einzulassen und ihre Erwartungen ohne weiteres zu erfüllen. Es ist weniger die Frage, *ob* ich mich auf meine Umwelt einlassen möchte – das ist ohne Zweifel der Fall –, es ist vielmehr die Frage, *wie* ich es tue. Hier lautet die Antwort ganz klar: nur auf meine eigene Weise. Diese eigene Art entwickelt sich im Lauf des Lebens erst durch das Sammeln von Erfahrungen im Umgang mit anderen. So ist es unter Umständen ein langer Weg voller Missverständnisse, bis ich für die mir immanenten Besonderheiten akzeptiert werde. Bis dahin hängt vieles davon ab, die unterschiedlichsten Rollen auszuprobieren, bis ich die finde, in der mein Innerstes sein »Zuhause« finden kann.

• Uranus in [4] hat ein Sextil zu Venus in [6].

Sicherlich wird die Suche nach einer Rolle, in der ich meine Besonderheit leben kann, dadurch erleichtert, dass meine Umwelt spürt, dass ich etwas Besonderes bin und mir bereitwillig eine Sonderrolle zugesteht. Ich stoße auf positive

Resonanz bei meinen Versuchen, mich als Ausnahmeerscheinung darzustellen.

• Uranus in [4] hat eine Opposition zu Pluto in [10].

Ich bin ein Kind der Generation, deren Thema der Gegensatz zwischen Anpassung und Rebellion ist, zwischen dem Eingebundensein in Machtstrukturen und der Befreiung des Menschen aus der Sklaverei der Ideologien. Die große Herausforderung dieser Generation ist es zu erkennen, dass jede Form von Weltanschauung die Freiheit des Einzelnen gefährdet – aber auch, dass jeder Einzelne einen Beitrag leisten kann, der über seine rein persönlichen Absichten hinaus wirken kann.

Für mich offenbart sich dieser Gegensatz in meinem Verhältnis zwischen meinem privaten, intimen Dasein und meinem öffentlichen Auftreten: In der Öffentlichkeit spiele ich eine charismatische Rolle, deren Faszination ganze Massen bewegen kann. In mir drinnen jedoch spüre ich deutlich die Falle, die solch eine monolithische Fassade darstellt: Sie beraubt mich der Möglichkeit, auch eine ganz andere sein zu können, wenn ich es will. Je festgelegter meine gesellschaftliche Rolle ist, desto unzufriedener muss ich auf Dauer werden. Eine Lösung kann nur darin bestehen, dass ich mich keiner bestimmten Rolle, die früher oder später eine perfekte, aber tote Hülle meines Lebens werden muss, verpflichte. Ich suche immer den Weg, mein Leben in Frage zu stellen und meine Persönlichkeit keiner Macht zu unterwerfen – auch nicht der Macht, die ich selbst auf andere ausübe.

Pluto

- Pluto in [10].

Wo immer ich mich in einer gesellschaftlich bedeutsamen Rolle finde, spüre ich die Macht, die davon ausgeht: Ich merke, dass ich dazu berufen bin, eine Leitfigur zu werden. Damit beginnen erst die Schwierigkeiten, denn wer Macht auf sich vereinigt, ruft all die auf den Plan, die dadurch die eigene Macht gefährdet sehen. Es gibt nur zwei Arten, Macht zu erleben: entweder als Macht*haber* oder als Macht*empfänger*. Beide sind letztlich in einem dicht gesponnenen Netz verwoben, das sich schnell als Falle entpuppen kann: Es entsteht eine Abhängigkeit von Macht. Wenn ich Macht aktiv ausübe, geht es mir vor allen Dingen darum, etwas in der Gesellschaft zu bewegen – erlebe ich sie passiv, finde ich mich in Situationen wieder, in denen ich zur Marionette im Machtspiel anderer geworden bin. Mein Leben ist ein Drahtseilakt zwischen diesen beiden Extremen: der Fremdbestimmung kann ich nur entgehen, indem ich eine Rolle in der Gesellschaft finde, in der ich meine Vorbildfunktion in verantwortungsvoller Weise ausfülle.

- Pluto in [10] ist Herrscher von [3]. Das entspricht auch einer Häuser-Quinkunx.

Ein Leitbild zu sein, bedeutet für mich immer, auch *sichtbar* zu sein: meine Mimik, meine Gestik, die Art wie ich mich bewege, wie ich spreche, mich artikuliere, das Timbre meiner Stimme, die gesamte Haltung meines Körpers – sie sind das Kapital, auf dem sich meine Rolle in der Gesellschaft aufbaut. Man könnte sagen: Ich bin im wahrsten Sinne des Wortes die Ver*körper*ung der Sehnsüchte des Zeitgeists und geboren auf der Bühne der Öffentlichkeit aufzutreten.

In meiner Formvollendung liegt jedoch auch die Gefahr: Es ist die Faszination des schönen Scheins, dem die Menschen erliegen – was sich hinter der Fassade abspielt, sehen sie nicht. Das kann natürlich auch zum Vorteil gereichen, weil Faszination auch Abstand und Distanz hervorruft und sich wie eine Bannmeile um meine Person legt. Andererseits isoliert sie beträchtlich und macht meine Macht von Äußerlichkeiten abhängig – das Äußere aber ist vergänglich und mit der welkenden Schönheit verfällt auch das Charisma.

- Pluto in [10] hat eine Opposition zu Uranus in [4]. Vergleichen Sie auch die Beschreibung dieser Konstellation im Abschnitt über Uranus.

Mich immer neu erfinden in meiner Rolle in der Gesellschaft – das wäre ein Ausweg aus der Starre. So würde ich nicht auf ein bestimmtes Bild festgelegt, sondern mein Charisma würde auf der Wandelbarkeit meiner Persönlichkeit liegen. Dies garantiert mir, dass ich auch im schwankenden Strom der Moden eine Chance habe, meine Position in der Gesellschaft aufrechtzuerhalten. Ansonsten werde ich als Person irgendwann verschwinden – wenn auch mein Mythos bestehen bleibt.

Im Abseits

Das Horoskop bietet eine unbändige Fülle von Kombinationsmöglichkeiten. Wir können Planeten mit Häusern, Häuser mit Tierkreiszeichen, Tierkreiszeichen mit Planeten und Planeten mit Planeten verknüpfen. Auf diese Weise erhalten wir ein dichtes Beziehungsnetz, in das wir bei der Deutung immer tiefer vordringen – die bisherige Praxis der Interpretation hat das plastisch vor Augen geführt. Und doch haben wir erst an der Oberfläche gekratzt! Die Verfeinerung der Deutungstechniken gäbe uns die Chance, mit dem bislang Berücksichtigten das Wesen eines Menschen noch intensiver kennen zu lernen und noch Erstaunlicheres ans Tageslicht zu befördern.

Ein anderer Weg zu mehr Information ist die Ergänzung des Horoskops durch weitere Deutungsfaktoren. Gerade in der Gegenwart scheint sich bei der Horoskopinterpretation das Einbinden neuer Planeten und anderer so genannter »sensitiver Punkte« großer Beliebtheit zu erfreuen. Dabei schießen »neue Erkenntnisse« wie Pilze aus dem Boden und man übertrifft sich in immer neuen Offenbarungen, als ob die Entdeckung eines neuen Planeten endlich den Schlüssel zur endgültigen Wahrheit lieferte.

Ich verspreche Ihnen, dass Sie auch *ohne* diese neuen Faktoren tief gehende und treffende Interpretationen abliefern können – ich selbst arbeite in der alltäglichen Praxis so gut wie gar nicht mit ihnen. Aber bedeutet das, dass Chiron, Lilith und Co. überhaupt keine Bedeutung hätten? Nein. Nur ist Vorsicht angesagt, denn oftmals lenkt die Beschäftigung mit ihnen die Aufmerksamkeit vom Wesen des Horoskops ab – und das liegt in der Gesamtheit aller Faktoren und nicht in einzelnen Details. Die Erfahrung zeigt, dass vieles, was wir von den »Neuen« erwarten, bereits von den

»Alten« ausreichend abgedeckt werden kann und dass es sich bestenfalls um Nuancen handelt, um die wir eine Interpretation verfeinern.

Im Folgenden widme ich mich der Deutung und Bedeutung von drei zusätzlichen Horoskopfaktoren, die mittlerweile von fast allen Computerprogrammen unterstützt werden: Mondknoten, Chiron und Lilith. Während die beiden Letzteren sich erst in den letzten Jahrzehnten einen Namen gemacht haben, sind die Mondknoten für sich genommen immer schon ein wichtiger Bestandteil der Deutungspraxis gewesen: Da sie zur Berechnung von Finsternissen benötigt wurden, dienten sie in erster Linie zur Betrachtung politischer oder anderer mundaner Ereignisse. Erst im letzten Jahrhundert hat sich eine auf das Individuum bezogene Deutung durchgesetzt.

Ich möchte Ihnen nicht nur erklären, um was es sich bei diesen drei Horoskopfaktoren handelt, sondern auch wie Sie in der Praxis gedeutet werden können. Ich sage: »können«, denn im Grunde wissen wir recht wenig, auch wenn sich inzwischen dicke Bücher über sie füllen lassen. Für mich ist und bleibt der Schlüssel zur Astrologie die Anschauung des Himmels: Was auch immer im Horoskop Bedeutung haben soll, muss seine Entsprechung dort oben haben und sich seinem Charakter nach aus dem herleiten lassen können, was wir dort beobachten.

In diesem Sinne möchte ich Sie einladen, sich einmal genauer mit diesen »Außenseitern« im Horoskop auseinander zu setzen. Wer sich dann eingehender auf die Deutung einlassen möchte, erhält am Ende eines Kapitels Hilfestellung. Sie sollten meine Ausführungen in jedem Fall als Vorschläge und nicht der Weisheit letzter Schluss verstehen. In eini-

gen Punkten weiche ich sehr deutlich von den üblichen Beschreibungen ab, was nicht heißen soll, dass ich der Wahrheit näher käme als andere. Was auch immer wir in den Mondknoten, Chiron oder Lilith zu erkennen glauben, kann zum jetzigen Zeitpunkt immer nur ein Stück weit Spekulation sein und spiegelt deutlicher als alles andere unsere persönliche Sicht der Dinge wider. Ich glaube jedoch, dass viele Wege nach Rom führen und eine andere Perspektive lediglich eine andere Fassette ein und derselben Wirklichkeit sein kann.

Die Mondknoten

Der Himmelsdrache

Die Umlaufbahn des Mondes um die Erde ist um etwa 5° zur Ekliptik geneigt. Dadurch ergeben sich zwei genau gegenüberliegende Schnittpunkte zwischen der Mondbahn und der scheinbaren Umlaufbahn der Sonne um die Erde (vgl. Abbildung 26): Diese beiden Punkte werden Mondknoten genannt und durch die *Mondknotenachse* verbunden. Den Mondknoten, den der Mond bei seinem Umlauf in nördlicher Richtung aufsteigend passiert, nennt man *aufsteigenden* oder *nördlichen* Mondknoten; den der den Mond in absteigender, südlicher Richtung überquert, entsprechend *absteigenden* oder *südlichen* Mondknoten.

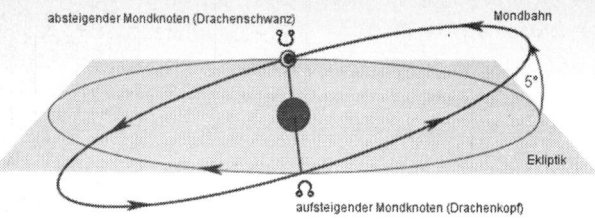

In der Astrologie haben sich an Stelle dieser recht technischen Ausdrucksweise auch andere Namen durchgesetzt: Der aufsteigende Mondknoten wird als *Drachenkopf* und der absteigende Mondknoten als *Drachenschwanz* bezeichnet.

Wie kommt es zu diesen Namen, die sich so gar nicht nach astronomischer Fachsprache anhören? Die Mondknoten waren ehemals für die Berechnung von Finsternissen von großer Bedeutung und durch sie konnten diese präzise vorausgesagt werden: Stand der Neumond (die Konjunktion von Sonne und Mond) in der Nähe eines der Mondknoten, kam es zur Sonnenfinsternis, war es der Vollmond (die Opposition zwischen Sonne und Mond), zeigte sich eine Mondfinsternis. In der Astrologie waren Finsternisse schon von alters her sehr wichtige Ereignisse, denen man mit Furcht entgegensah, denn man nahm an, dass sie Vorboten großen Unglücks wären.

Sonne und Mond – diese beiden Gestirne standen schon immer durch ihre auffällige Erscheinung für eine bestimmte Ordnung des Universums: Das Leben auf der Erde folgt ihrem Taktschlag und dient den Menschen als Grundlage für ein geregeltes Leben in Form von Kalendern und Uhren. Die Verdunklung dieser Gestirne musste große Angst vor einem Einbruch des Chaos auslösen. In fast allen Mytholo-

gien wird dieses Chaos durch Ungeheuer dargestellt, die der Sonne und dem Mond hinterherjagen und sie zu verschlingen drohen, zum Beispiel ein Wolf in der nordischen Sagenwelt, oder der Drache.

Die Mondknoten kommen zu Stande, weil die Umlaufbahn des Mondes die scheinbare Bahn der Sonne einmal beim Aufsteigen über die Ekliptik (Richtung Himmelsnordpol) und einmal beim Absteigen unter die Ekliptik (Richtung Himmelssüdpol) kreuzt. Daraus ergibt sich eine schlangenförmige Linie – möglicherweise das Vorbild für den Schlangendrachen.

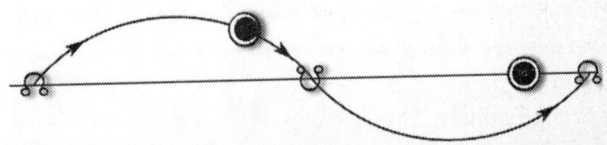

Dieser Chaosdrache reißt ein dunkles Loch in die Ekliptik, wenn er die Sonne und den Mond verschlingt: Wenn er von seiner Beute wieder ablässt, kehrt die alte Ordnung allmählich zurück, aber sie ist empfindlich gestört worden und viele Dinge werden nicht mehr so sein, wie sie vor der Verfinsterung des Lichts waren. Finsternisse sind verhältnismäßig seltene Ereignisse und spiegeln den Triumph des Chaos über die Ordnung wider. Das Chaos – so berichten die Mythen – herrschte vor dem Kosmos. Durch die Erschaffung der Welt wurde das Chaos an den Rand des Kosmos gedrängt, wo es heute noch lauert und hin und wieder seinen Kopf in die Ordnung der Welt reckt. In diesen Momenten wird den Menschen bewusst, dass es eine fest gefügte Ordnung nicht gibt, dass die Verlässlichkeit der Welt

eine Illusion ist und das Leben, ehe man sich versieht, eine völlig unerwartete Wende nehmen kann.

Die Astrologie entstand als Antwort auf das menschliche Bedürfnis nach Ordnung in der Unüberschaubarkeit des Daseins. Dazu bedient sie sich der Regelmäßigkeit himmlischer Zyklen, allen voran Sonne und Mond. Das große Symbol der Ordnung in der Astrologie stellt der Tierkreis mit seinen Symmetrien und klaren Gliederungen dar. Zwei Punkte jedoch bleiben als Erinnerung an das Chaos, aus dem die Welt entstand: die Drachenpunkte. Die Mondknotenachse bindet den Kosmos wie eine Nabelschnur an seinen Ursprung im Chaos: Wie durch eine Pforte kann hier das Unwägbare und das Zufällige in unsere Welt einbrechen und die Karten neu mischen, ohne dass wir Einfluss darauf nehmen könnten. Die Mondknoten dienen als Pforten in ein anderes Universum, und es kommt ganz darauf an, welches Verhältnis wir zu den Themen Chaos und Zufall entwickeln: Ob wir Angst bei dem Gedanken verspüren, die gewohnte Ordnung könne einfach so wegbrechen, oder die Chance erkennen, dass immer wieder ein Neuanfang möglich ist.

Drachenkopf und Drachenschwanz

Die Mondknotenachse ist vergleichbar einem Kanal, der sich vom Drachenkopf (nördlicher Mondknoten) zum Drachenschwanz (südlicher Mondknoten) erstreckt: Am Drachenkopf richten wir den Blick nach vorne und blicken in eine ungewisse Zukunft (auf die noch zu bewältigenden Aufgaben unseres Lebens) – lassen das Chaos in unser Le-

ben hinein. Am Drachenschwanz scheiden wir das Verwertete wieder aus, nachdem wir es seiner Nährstoffe beraubt haben – wir geben dem Universum das Chaos wieder zurück. In den meisten Lehrbüchern ist im Zusammenhang mit den Mondknoten viel von Karma die Rede: Der Südknoten soll für unsere vergangenen Inkarnationen stehen, während der Nordknoten die künftigen Leben beschreibt. Im Unterschied zu dieser Auslegung wird der Mensch jedoch nicht durch das bestimmt, was hinter ihm liegt, sondern durch das, was vor ihm liegt! Wir werden nicht vom Südknoten in Richtung Nordknoten, von der Vergangenheit in die Zukunft gedrückt, sondern von dem, was sich am Drachenkopf offenbart, in Richtung Zukunft gezogen.

Was uns am Drachenkopf entgegenströmt, ist reine Zukunft, reines Potenzial, der Urstoff des Lebens, in dem keine Unterschiede existieren, wie im Chaos, dem Urzustand der Welt. Wir nehmen es auf und werden dazu aufgefordert, daraus unser eigenes Leben zu gestalten. Das undifferenzierte Chaos bekommt durch unser Leben erst Sinn und Gestalt. Am Drachenschwanz geben wir das verbrauchte

Material wieder frei, entledigen uns aller Gewohnheiten, aller Vorstellungen und Gewissheiten, *um Platz zu schaffen für neue Nahrung aus dem Chaos.* Denken Sie sich einen Regenwurm, der »in die frische Erde beißt« und sie an seinem Hinterteil verbraucht wieder freigibt. Er stößt sich am Vergangenen ab und genau das ist das Geheimnis seiner Fortbewegung! Unser Leben ist vielleicht so etwas wie eine Durchgangsstation für das Chaos, denn am Ende setzen wir nichts anderes als wiederum Chaos frei – Zufälle, die nun *keine Bedeutung* mehr für uns haben, – aber vielleicht für andere ...

Die Deutung der Mondknoten

Die Mondknoten sollten stets zusammenhängend gedeutet werden: Sie bedingen sich wie die Häuserachsen und bilden eine unauflösliche Einheit. Am nördlichen Mondknoten begegnen wir dem Zufall auf unsere ganz spezifische Weise, während wir ihn am südlichen wieder ins Chaos entlassen. So können wir unserem Leben einen Prozess verleihen, das Zufällige, Neue und Ungewisse in uns aufzunehmen und gemäß unserer Anlage, wie sie das Horoskop offenbart, prägen.

Die Position der Mondknotenachse gibt Hinweis darauf, wie wir mit dem Zufall umgehen und welche grundsätzliche Haltung wir ihm gegenüber einnehmen. Die Mondknoten zeigen, wie wir die Kraft des Chaos nutzen können, um den Zufall als einen kostbaren Augenblick zu erleben, an dem wir das Chaos entscheiden lassen, welchen Weg wir wählen, welche Wahl wir treffen werden. Vor diesem Au-

genblick der Öffnung für das Ungewisse ergreifen die meisten Menschen die Flucht, ohne zu ahnen, dass sie sich dadurch viele Chancen zu einer gravierenden Verbesserung ihres Lebens verbauen, da sie lieber »auf Nummer sicher« gehen. Die Deutung der Mondknoten kann uns Aufschluss geben, wie wir uns diesen Chancen stellen und ihre Herausforderung annehmen können.

In der Praxis genügt es, die Mondknotenachse in den Häuserquadranten zu deuten. So ergeben sich vier Grundhaltungen, die man deutlich voneinander abgrenzen kann. Ich möchte mich darauf beschränken, in der Interpretation des Einzelfalls können jedoch weitere Faktoren berücksichtigt werden: neben der Hausstellung auch die Herrscherverhältnisse und die Aspekte. Zusätzlich scheint die Mondknotenachse auf der Ebene der Umsetzung eine enge Verbindung zum Dreiergespann Neptun-Uranus-Pluto im Sinne des vierten Regelkreises zu besitzen.

Drachenkopf im ersten Quadranten und Drachenschwanz im dritten Quadranten

Für Sie ist der Zufall ein fester Bestandteil der Welt, aber Sie halten ihn prinzipiell für unbegreiflich, für etwas, auf das man keinen Einfluss nehmen kann. Es kommt eben, wie es kommen muss, und im Zweifelsfall müssen wir uns damit abfinden. Im Grunde sind Sie ein Opportunist, der sich keine Gedanken macht, wie der Zufall in die Welt kommt, sondern sich Situationen beugt, wie sie Ihnen serviert werden – man hat eben Glück oder Pech gehabt.

Die Herausforderung des Drachenschwanzes im dritten Quadranten besteht darin, aus dem Zufall zu lernen, ihn nicht einfach geschehen zu lassen, sondern ihn als ein

Geschenk, das ausgepackt werden möchte, anzunehmen: Dann entfaltet sich vor Ihrem staunenden Auge ein Potenzial, bei dem Sie wählen können – und nicht mehr das Erstbeste in Kauf nehmen müssen.

Drachenkopf im zweiten Quadranten und Drachenschwanz im vierten Quadranten

Sie haben einen innigen Bezug zum Zufall und halten ihn prinzipiell für begreifbar – jedoch glauben Sie, dass das Chaos nicht in der Außenwelt zu suchen ist, sondern in Ihnen selbst begründet liegt. Dadurch machen Sie den positiven Ausgang eines Zufalls von sich selbst abhängig. Sie denken, dass Sie über Ihre Stimmungen den Zufall beeinflussen können: Wenn es Ihnen gut geht, dann widerfährt Ihnen auch Gutes, wenn Sie dagegen miesepetrig gelaunt sind, werden Sie auch nur Übles ernten. Sie glauben, dass Sie nur dann vom Zufall profitieren können, wenn Sie ununterbrochen gegen Ihre eigenen negativen Gefühle kämpfen. Das kann im schlimmsten Fall zu einem dumpfen Pessimismus führen, da Sie das eigene Selbstwertgefühl von guten und von schlechten Stimmungen abhängig machen.

Der Drachenschwanz im vierten Quadranten stellt für Sie die Herausforderung dar, sich nicht für alles im Leben verantwortlich zu fühlen. Sie sollen erkennen, dass es etwas gibt, was von außen auf uns zukommt, ohne dass wir etwas dafür können. Der Zufall mag dann wie die hilfreiche Hand Gottes erscheinen, die sich uns aus den Wolken entgegenstreckt, oder in Form »einer freundlichen Märchengestalt aus heiterem Himmel« erscheinen, die in der dunkelsten Stunde unseres Lebens auftaucht und uns drei Wünsche

gewährt. Um diese Art Hilfe erfahren zu können, müssen Sie sich davon befreien, sich für alles und jedes die Schuld zu geben und verstehen, dass das Universum jedem Hilfe anbietet, der bereit ist, sich ihm zu öffnen.

Drachenkopf im dritten Quadranten und Drachenschwanz im ersten Quadranten

Diese Stellung verleiht Ihnen den Drang, dem Zufall mit dem Verstand auf die Schliche zu kommen: Sie möchten ihn begreifen. Zugleich ist Ihnen klar, dass der Zufall nichts mit Ihnen selbst zu tun hat: Er *fällt* einem irgendwie *zu*. Wer also mit dem Zufall arbeiten möchte – so glauben Sie –, muss sich in erster Linie den geistigen Durchblick verschaffen. Zufälle sind nichts anderes als Fehler in der Berechnung und nur durch eine Verbesserung der Berechenbarkeit der Welt kann man ihn erklären.

Der Drachenschwanz im ersten Quadranten gibt Ihnen die Aufgabe, sich von der Distanz zu lösen, mit der Sie sich krampfhaft den Zufall vom Leibe halten möchten, indem Sie ihn von vornherein zu berechnen suchen. Zeigt nicht die tägliche Erfahrung, dass Menschen, die alles kontrollieren und jeden ihrer Schritte im Voraus planen wollen, auch nicht erfolgreicher sind als jene, die sich blindlings in den Zufall stürzen? Sie sollten daher lernen, auf die Stimme Ihrer Intuition zu hören, und nicht nur auf die der Vernunft. Das Wesen des Zufalls ist spontan und unkalkulierbar – fordert zum Angriff heraus, will erobert werden, ohne lange zu fackeln!

Drachenkopf im vierten Quadranten und
Drachenschwanz im zweiten Quadranten

Sie sind insgeheim überzeugt, dass der Zufall auf das Wirken unbegreiflicher, außerpersönlicher Kräfte zurückzuführen ist. Damit gestehen Sie dem Wirken des Zufalls eine Struktur zu, die den menschlichen Verstand zwar übersteigt, aber dafür sorgt, dass schon »alles gut« wird, wenn man nur vertraut. Im Grunde sind Sie optimistisch, denn Sie glauben, dass auch für Sie – ungeachtet aller Fehlschläge, die Sie erleben, – der beste aller Pläne vom Universum geschmiedet wurde. Dem Schicksal ins Handwerk zu pfuschen, halten Sie für unnötig, wenn nicht gar für frevelhaft. Lieber sitzen Sie da und halten die Hände auf.

Der Zufall ist zwar ein Geschenk, aber nicht nur eines, das vom Himmel fällt: Sie sollten sich zur aktiven Teilnahme am Leben herausfordern lassen, anstatt darauf zu warten, dass irgendwann schon das »Richtige« passiert. Wenn Sie ehrlich sind, verbirgt sich hinter dieser Haltung nichts anderes als die Angst, etwas bezahlen zu müssen: Sie warten lieber darauf, bis Sie direkt angesprochen werden, anstatt sich aufzuraffen, um die Frage selbst zu formulieren. Um wirklich vom Zufall profitieren zu können, müssen Sie etwas von sich opfern, etwas aus sich heraus darreichen, sich einbringen – und damit bereit sein, sich zu verändern. Wer sich dem Zufall absichtlich zuwendet, der wird nicht warten, bis sich sein Schicksal von selbst erfüllt – er wird es selbst in die Hand nehmen.

Können die Mondknoten Herrscher sein?

Streng genommen muss diese Frage verneint werden, denn die Mondknoten sind keine Planeten, sondern sensitive Punkte, können nicht »strahlen« und deshalb auch nicht herrschen. Dennoch scheinen nach Auffassung der Transpersonalen Astrologie die Mondknoten eine gewisse Affinität zu bestimmten Tierkreisstellen zu besitzen.

Der aufsteigende Mondknoten wird mit dem Zeichenübergang von Krebs zu Löwe in Verbindung gebracht. Allgemein gilt für die Grade der Zeichenübergänge, dass sie eine Konstellation aus den Herrschern der betreffenden Zeichen bilden: für 0° Löwe also Mond/Sonne. Diese Konstellation versinnbildlicht vor allem die astronomischen Grundlagen des Mondknotens als Schnittstelle zwischen der scheinbaren Umlaufbahn der Sonne und der Umlaufbahn des Mondes. Der Mond entspricht der Aufnahme, die Sonne der Energie, die über den Drachenkopf in unser Leben fließen kann.

Der absteigende Mondknoten hingegen spiegelt sich im Zeichenübergang von Steinbock zu Wassermann mit der Konstellation Saturn/Uranus wider. Saturn repräsentiert das Alte, dessen wir uns am Drachenschwanz entledigen und Uranus stellt dar, wovon wir uns trennen müssen.

Damit könnte man folgende Regel aufstellen:

- Der Drachenkopf herrscht über das Haus, in dem man 0° Krebs vorfindet.
- Der Drachenschwanz herrscht über das Haus, in dem man 0° Wassermann vorfindet.

Weitere Konstellationen

Auch wenn ich meine Ausführungen mit der Quadranten-position der Mondknotenachse beende, bedeutet das nicht, dass Sie nicht noch weiter gehen könnten. Dazu folgende Leitlinien:

- Die Aspekte eines Planeten zu den Mondknoten helfen zu verstehen, welche zusätzlichen Energien wir nützen können, um eine konstruktive Haltung zu den Themen Chaos und Zufall einzunehmen. Ein Mars-Aspekt kann darauf hinweisen, dass Mut und Entschlossenheit den Zugang erleichtern, während ein Saturn-Aspekt eher Be-sonnenheit und strategisches Vorgehen fordert.

- Die Herrschaft des Mondknotens über ein Haus könnte die Quelle unserer Vorstellungen über Zufall und Chaos darstellen: Hier finden wir wesentliche Voraussetzungen für die Auseinandersetzung mit diesen Themen. Der Mondknoten kann als Herrscher von [3] einen intellektu-ellen Zugang bezeichnen, während er als Herrscher von [4] eher die emotionale Seite anspricht und von dort aus wirksam ist.

- Die genaue Hausposition verdeutlicht, welcher Lebens-bereich bei der Begegnung mit dem Zufall von Bedeu-tung ist. Haus [2] kann auf körperliche Entsprechungen oder auf das Bedürfnis nach konkreten Ausdrucksformen hinweisen, während sich mit einem Mondknoten in [7] der Zufall am liebsten in der Begegnung mit anderen zeigt.

Lilith

Ein Brennpunkt am Himmel

Kaum eine moderne Horoskopgrafik kommt ohne sie aus, jene kleine schwarz gefüllte Mondsichel, die als zusätzlicher astrologischer Faktor gedeutet werden will: Was bedeutet diese »Lilith« eigentlich?

Allgemein bezeichnet man Lilith als *die Richtung auf den zweiten Brennpunkt der elliptischen Umlaufbahn des Mondes um die Erde.* Lilith zeigt also auf den Punkt, den der Mond erreicht, wenn er am weitesten entfernt von der Erde steht – ein Punkt auf seiner Umlaufbahn, der *Apogäum* oder *Erdferne* genannt wird. Dieser Punkt benötigt etwas weniger als neun Jahre für einen Umlauf um die Erde und damit durch den Tierkreis.

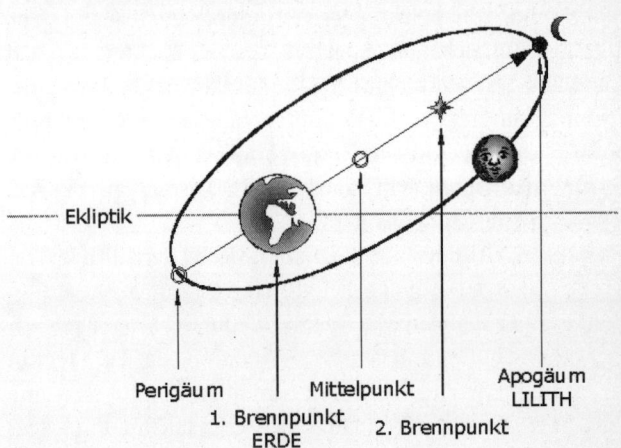

271

Die Mondumlaufbahn hat eine sehr komplexe Gestalt und entspricht keiner wirklichen Ellipse. Aus diesem Grund kann jede berechnete Lilith auch nur annähernd jenem Punkt der Erdferne des Mondes entsprechen. Allgemein wird daher bevorzugt, eine unkorrigierte, das heißt ungenaue Lilith zu verwenden.

Lilith ist demnach *kein* Planet und nicht einmal ein Mond, auch wenn sie gern »Schwarzer Mond« genannt wird. Sie ist vergleichbar mit den in der Astrologie gebräuchlichen »sensitiven Punkten«, von denen die Mondknoten und Häuserspitzen die bekanntesten sind. Im Gegensatz zu diesen ist Lilith kein Schnittpunkt mit der Ekliptik und muss erst auf den Tierkreis projiziert werden, um astrologisch verwertbar zu sein. Lilith ist eine Besonderheit unter allen astrologischen Faktoren: Mit ihr erhebt sich zum ersten Mal ein astronomischer Punkt zum astrologischen Faktor, der nur aufgrund der Kenntnis der elliptischen Umlaufbahn eines Himmelskörpers gefunden werden kann. Von der geozentrischen Perspektive des Beobachters auf der Erde aus gesehen bleibt die Mondumlaufbahn eine Kreisbahn. Während die Mondknoten eine enge Verbindung zum Phänomen der Finsternisse aufweisen, bietet Lilith keine Anhaltspunkte in Bezug auf die Deutung aus der Anschauung des Himmels heraus.

Aus diesen Gründen könnte man die Rolle der Lilith im Horoskop generell in Frage stellen. Man könnte auch vermuten, dass sie den Auftakt zu einer Reihe neuartiger sensitiver Punkte bildet, von denen das Apogäum des Mondes nur ein prominenter Fall ist. Gleichermaßen könnte man nun beginnen, auch das Perigäum (den erdnächsten Punkt des Mondes) und sogar die Erdferne und Erdnähe der Sonne

(Aphel und Perihel) bzw. sämtlicher anderer Planeten mit-
einzubeziehen.

Wenn Lilith also etwas zu bedeuten hat, was wäre das? In
aller Regel haben sich die meisten Astrologen darauf
verständigt, den Namen des Mondapogäums als Grundlage
ihrer Deutungen heranzuziehen. Deshalb ranken sich die
Interpretationen um die Geschichten jener schillernden
weiblichen Gestalt des mesopotamischen und hebräischen
Mythos. Leider lässt sich nicht mehr nachvollziehen, wie
das Mondapogäum zu diesem Namen kam und wer die Be-
zeichnung zum ersten Mal in der Astrologie benutzte, denn
wie gesagt: der Astrologie des Altertums konnte Lilith kein
Begriff gewesen sein, da den Astronomen die Kenntnis der
elliptischen Gestalt der Mondbahn fehlte.

Die Bedeutung Liliths könnte sich aus folgenden Merkmalen ergeben:

• ihre astronomischen Eigenschaften als Funktion der
  Mondumlaufbahn;
• ihr mythologischer Kontext.

Die Sage von Lilith

Die Deutung der Lilith aus dem mythologischen Kontext
heraus muss eher düster ausfallen, denn der Sage nach ist
Lilith eine schreckliche Dämonin, die Kinder würgt und
Männer mit unzüchtigen Träumen quält. Ursprünglich war
sie jedoch die erste Frau Adams, nicht wie Eva aus der Rip-
pe ihres Mannes geboren, sondern wie er, von Gott, aus
dem Staub derselben Erde geformt. Lilith konnte sich jedoch ihrem Mann nicht gehorsam unterwerfen und verließ

das Paradies für immer, um seither als Nachtgespenst ihr Unwesen zu treiben. Eva wurde ihre Nachfolgerin, und diesmal erschuf man die Frau vorsichtigerweise aus dem Fleisch des Mannes, um ein erneutes Aufbegehren des weiblichen Geschlechts zu verhindern. Inzwischen wissen wir, dass diese Erzählung von rabbinischen Autoren eingefügt wurde, um die Widersprüche der beiden Schöpfungsgeschichten in der Genesis, was die Entstehung von Mann und Frau betrifft (vgl. 1. Moses 1:26 f. und 1. Moses 2:18 und 22 ff.), zu überbrücken.

In der einschlägigen Literatur wird Lilith aufgrund dieser Sage zur rebellischen Frau stilisiert, die den Unterdrückungsversuchen des Mannes erfolgreich Widerstand leistet. Keine Ausführung über Lilith kann es sich daher leisten, nicht von der Großen Göttin zu sprechen, von deren einstiger Größe in der Gestalt der Lilith nur noch der Angst einflößende Aspekt übrig geblieben war. Leider krankt diese Deutung des Mythos daran, dass die Eigenschaften der Lilith als Kennzeichen »echter weiblicher Spiritualität«, die wir wohl eher der patriarchalen Verstümmelung der Großen Göttin zu verdanken haben, miteinbezogen werden. So wird auch hier oftmals das Weibliche mit dem Dunklen, Sumpfigen und Irrationalen gleichgesetzt, während das Männliche das Licht und den Verstand verkörpert.

Die Botschaft dieser Deutungen ist mehr als bedenklich: Lilith verkörpert ein Frauenbild, das nur auf dem Boden patriarchaler Diskriminierung gewachsen sein kann. Wir lesen zum Beispiel von Frauen, die auf ihrem Karriereweg typisch weibliche Eigenschaften wie Sanftheit, Gefühl, Einfallsreichtum und Verständnis geopfert hätten, die in einer Männerwelt einen ihnen eigentlich nicht zustehen-

den Platz beanspruchten und dabei ihre eigene Weiblichkeit verrieten. Lilith wird dann zum Racheengel für diesen Verrat und zwingt insbesondere Frauen immer wieder zu schmerzlichen Korrekturen ihres Lebenswegs in Richtung ihrer »natürlichen« Rolle.

Meines Erachtens ist diese rein auf der Interpretation des Namens beruhende Deutung der Lilith problematisch, da sie Ideologien und Vorurteilen Tür und Tor öffnet. Nach wie vor bin ich der Ansicht, dass sich jeder astrologische Faktor vor allen Dingen aus der Anschauung des Himmels herleiten muss. Dies möchte ich im nächsten Abschnitt zeigen.

Die Erdferne des Mondes

Lilith ist kein Planet und kann daher keine eigenständige Bedeutung haben. Sie ist nichts weiter als eine Funktion der Mondbahn und bildet gewissermaßen als Station seines Umlaufs eine Momentaufnahme seines Wesens, einen bestimmten Aspekt auf seiner Reise um die Erde. Der Schlüssel zur Interpretation von Lilith liegt im Mond selbst begründet und alles wird davon abhängen, wie wir dieses astrologische Prinzip betrachten.

Der Mond ist unser »Fenster zur Wirklichkeit«, weil er beschreibt, wie wir uns als Bestandteil der Welt erleben, ohne uns klar von der Umwelt abzugrenzen und ohne, dass wir uns dessen bewusst sind. Der Mond ist die totale Identifikation mit der Situation, in der ich mich befinde. Was mir der Mond an Eindrücken zur Verfügung stellt, kann nicht anders als mich betroffen machen: Er bettet mich unauflöslich in die Welt ein.

Ohne Zweifel gehen wir mit der Empfindung durch die Welt, eine zusammenhängende Persönlichkeit, ein eigenständiges Ich mit Erinnerungen, Plänen und Erwartungen zu besitzen. Und dennoch offenbart sich uns täglich der Widerspruch, dass unsere Erfahrungen den Eindruck vermitteln, wir wären »viele«: der Wütende, der Traurige, der Liebende, der Ängstliche, der Fröhliche etc. Unsere Persönlichkeit ist nicht beständig, sie ist situationsabhängig.

Die Empfindung des Ich ist eine Illusion, hervorgerufen durch das Empfinden, ein zusammenhängender Körper zu sein, durch die Identifikation mit einem bestimmten Namen und vor allem durch mechanische Gewohnheiten, die wir durch Erziehung oder Nachahmung erworben haben. Es gibt Traditionen, die die Überwindung dieser fortwährenden Identifikation mit dem gegenwärtigen Augenblick suchen, denn in dem Moment, in dem unsere Aufmerksamkeit von etwas absorbiert wird, sind wir verschmolzen mit der Welt und nicht mehr wir selbst. Der Mond bindet uns einerseits auf eine ganz persönliche Art und Weise an die Welt, versorgt uns mit den Erfahrungen und Eindrücken, die wir benötigen, um überhaupt ein Gefühl von Identität entwickeln zu können; andererseits führt er in die Identifikation, die Abhängigkeit von Situationen, denen wir uns ausliefern. Wir glauben dann, dass alles in der Welt nur für uns gemacht worden sei, um uns entweder Vergnügen oder Unannehmlichkeiten zu bereiten.

Betrachten wir den Mond auf seiner Reise um die Erde und denken uns die Erde als Mittelpunkt des Horoskops und damit als Verkörperung des Individuums, über dem sich der Himmel mit seinen Gestirnen aufspannt: Wenn nun der Mond am Punkt seiner größten Distanz von der Erde ange-

kommen ist, bedeutet das, dass er sich am weitesten von der Subjektivität der Erfahrung entfernt hat: Die Kraft der Identifikation mit der Welt, die einen umgibt, ist hier am schwächsten. Lilith steht so gesehen für die Chance, *die Abhängigkeit von der Identifikation mit der individuellen Wirklichkeit zu überwinden.* Ihre Stellung in den Häusern würde uns Einblick in jene Lebensbereiche gewähren, die uns diese Erfahrung am besten vermitteln. Aspekte von Planeten zu Lilith zeigen Kräfte, die uns auf dem Weg zur Befreiung von Identifikation behilflich oder hinderlich sein können. Besonders bedeutsam sind Aspekte zwischen Lilith und Mond, da sie zeigen, wie stark in einem Menschen der Drang ist, sich von rein persönlichen Belangen zu trennen und eine höhere Warte einzunehmen. Generell gilt dann: Je näher der Mond an Lilith, umso leichter fällt es, sich von Identifizierung zu lösen.

Das Domizil der Lilith

Es ist kein Wunder, dass Lilith mit ihren düsteren und quälerischen Aspekten dem Skorpion zugeordnet wird – wobei das wiederum von nichts anderem zeugt, als der voreingenommenen Betrachtung dieses Tierkreiszeichens, wie man es eher in der »Zuckerwürfelastrologie« erwarten würde. Wenn wir die Merkmale der Lilith aus der astrologischen Anschauung heraus betrachten, könnten wir uns eine ganz andere Frage stellen: In welchem Zeichen fühlt sich der Mond am entferntesten von sich selbst und seiner Neigung, sich mit allem zu identifizieren? Im Steinbock natürlich. Tatsächlich steht der Steinbock dem Domizil des Krebses gegenüber und wird das Exil des Krebses genannt.

Auch wenn diese Zuordnung nur spekulativ sein kann, trifft sie die Qualität der Nicht-Identifikation von Lilith am besten. Praktisch hat ein Domizil von Lilith keine Konsequenzen: Wie alle sensitiven Punkte »strahlt« Lilith nicht – das können nur Planeten. Nach klassischer Auffassung kann sie daher auch nicht »herrschen«.

Die Deutung der Lilith

Der Mythos von Lilith zeigt sich ohne den klischeehaften Zugang über eine falsch verstandene Weiblichkeit in einem ganz anderen Licht: Mit Lilith entwickelt sich eine Kraft an der Schnittstelle zwischen Individuum und Kollektiv, die zeigt, wo wir uns von den sozio-kulturellen Mythen, mit denen wir uns seit unserer Geburt identifizieren, zumindest für Momente befreien können. Diese Momente halten uns die embryonale Abhängigkeit von dem System, in dem wir leben, vor Augen und offenbaren, wie sehr wir es gewohnt sind, uns dem Diktat der Vorgaben, Normen und Konventionen zu beugen. Lilith rückt damit unsere Eigenständigkeit, unsere Einzigartigkeit und unsere Besonderheit als menschliches Individuum schlagartig in den Mittelpunkt und fordert uns auf, unsere antrainierte Bequemlichkeit in Frage zu stellen und unsere Konsumhaltung bei der Suche nach dem Sinn unseres Lebens zu durchbrechen. Lilith befähigt, uns selbst in einem ganz neuen Licht zu betrachten: auf uns selbst gestellt, niemandes Knecht und niemandes Herr – so wie Lilith einst die Idylle des Paradieses verließ, um nicht die Rolle spielen zu müssen, die man(n) für sie bestimmt hatte. Außerhalb dieses Reservates erfährt sie, was eigentlich in ihr angelegt ist und sich jedem Versuch der Kategorisierung entzieht, weil es einzigartig ist.

Lilith antwortet auf die Fragen:

- Wo liegt mein Ausgang aus der Wirklichkeit, die mich umhüllt, um eine nicht identifizierte Sicht der Dinge zu gewinnen?
- Welche Lebensbereiche ermöglichen mir Einsicht in das Geflecht von Normen und Konventionen, in das ich eingesponnen bin?
- Wo stehen Erfahrungen für mich bereit, die mir vermitteln, ein unabhängiges Individuum zu sein?

Chiron

Die Kentauren

Chiron ist in der Astrologie schon lange kein Unbekannter mehr: Zahllose Publikationen säumen seinen Weg. Aber wer ist Chiron? Aus astronomischer Sicht handelt es sich um einen Kleinplaneten aus der Gruppe der *Kentauren* – ungewöhnliche planetenartige Objekte, die in sehr unterschiedlichen und teils stark elliptischen Bahnen zwischen Saturn und Pluto ihre Kreise ziehen. Sie wurden aufgrund ihrer Doppeldeutigkeit – sie sind weder richtige Asteroiden noch richtige Kometen – nach den mythologischen Zwitterwesen benannt: halb Pferd, halb Mensch. Möglicherweise handelt es sich um eingefangene Kometen oder sie entstammen einer entlegenen Region jenseits der Plutosphäre und wurden durch die Gravitationskräfte des Riesenplaneten Neptun in das Innere des Sonnensystems gezerrt, wo sie bis heute geblieben sind. Zumeist kreuzen sie die Bahnen der Hauptpla-

neten und schlagen Brücken zwischen ihnen – was auch der Schlüssel für ihre astrologische Bedeutung ist.

Chiron ist der erste Kentaur und wurde 1977 entdeckt. In den 90ern kam es bis heute zu weiteren Entdeckungen und bislang sind achtzehn Kentauren bekannt (Stand Mai 2000), von denen sechs einen Namen tragen. Die Namensgebung erfolgte (bis auf Chiron selbst) auf eine Initiative von Astrologen hin, die die mythologische Reihe der Kentauren fortsetzen wollen. Zugleich soll durch die Taufe des Kleinplaneten auch seine astrologische Bedeutung geboren werden, so wie sich die Bedeutung der klassischen Planeten in den Eigenschaften der Gottheiten widerspiegelt, nach denen sie benannt sind.

Getauftes Gestein

Damit kommt es jedoch zu einem Problem: Die Namen der klassischen Planeten kamen nicht durch Taufe zu Stande, sondern sie wurden den Himmelskörpern aufgrund ihrer sichtbaren Eigenschaften verliehen – der rote Planet wurde zu Mars, weil er mit seiner Farbe an das Blut des Schlachtfelds erinnerte, der strahlende Morgenstern trug den Namen der Venus, weil er mit seiner Schönheit der gleichnamigen Göttin huldigte etc. Stets ergab sich der Name aus der Anschauung des Himmels, an der sich auch die astrologische Bedeutung orientiert. Die mythologische Bedeutung eines Planeten war nicht ausschlaggebend für die Horoskopdeutung, sie fiel lediglich mit ihr zusammen. So erscheint es zunächst merkwürdig, dass eine Hand voll Astrologen bestimmt, was ein Kleinplanet zu bedeuten habe, indem sie ihn

mythologisch etikettieren und aus dem Mythos eine allgemein verbindliche Deutung destillieren wollen.

Die Taufe eines Planeten findet Vorläufer in den Namen der drei Transsaturnier Uranus, Neptun und Pluto. Im Gegensatz zu den Kentauren aber verfügen wir heute über ausreichend Erfahrung in der astrologischen Deutungspraxis, sodass wir ihre Bedeutung besser einschätzen und auch überprüfen können, inwieweit ihre Namen mit den Phänomenen, die sie auslösen, übereinstimmen. Dabei hat sich gezeigt, dass weniger der Name selbst der Schlüssel zur Deutung der neuen Planeten ist, als vielmehr der historische Moment, in den ihre Entdeckung eingebettet war.

Die astrologische Bedeutung

Eine Deutung der Kleinplaneten sollte meiner Auffassung nach nicht beim Namen beginnen, sondern auf Beobachtung beruhen und der Frage nachgehen: Welcher geschichtliche Augenblick spiegelt sich in ihrer Entdeckung wider?

Eine weitere Möglichkeit, sich mit dem Wesen eines neu entdeckten Planeten auseinander zu setzen, besteht in der Analyse seines Entdeckungshoroskops. Dank der akribischen Sorgfalt in der modernen Himmelsbeobachtung, verfügen wir über präzise Angaben, die uns die Erstellung eines Horoskops ermöglichen. Der Gedanke ist einfach und wurzelt tief in astrologischer Anschauung: Die erste Sichtung eines Himmelskörpers kann mit dem Geburtsmoment verglichen werden – der Planet tritt an das Licht der Welt und damit in unser Bewusstsein. Eine besondere Bedeutung dürfte dem

Aszendentenzeichen eines solchen Entdeckungshoroskops zukommen, denn es zeigt, *was dieser Planet hier will!*

Auch der astronomische Standpunkt sollte nicht zu kurz kommen, und so sind sich bislang alle Kentauren-Forscher einig, dass der besonderen Bahnlage eines jeden Kentauren eine wichtige Rolle in der Beschreibung seines Charakters zuzuschreiben ist. Jeder Kentaur verbindet durch seine elliptische Bahn die Sphären der Planeten von Saturn bis Pluto – sie schlagen eine Brücke zwischen der alten Grenze der klassischen Siebenheit, die mit Saturn vor der Entdeckung des Uranus abgeschlossen war, und den neuen Planeten: zwischen den *sichtbaren* und den *unsichtbaren* oder nur mit Teleskopen sichtbaren Wandelsternen.

Die mythologischen Kentauren – mit dem Unterleib eines Pferdes und dem Oberkörper eines Menschen – vereinen in ihrer Gestalt die Welt des Tierischen mit der Welt des Menschlichen. Damit verkörpern sie den Zwiespalt zwischen jenen instinkthaften Teilen in uns, die wir mit allen Menschen teilen und den Teilen unserer Persönlichkeit, die unsere Individualität ausmachen.

Für jeden Kentaur ergibt sich somit eine Konstellation, die aus den Planeten, deren Sphären er verbindet, gebildet wird. (Eine Ausnahme bildet Chariklo: Sie verlässt die Sphäre des Uranus nicht.)

Folgende Kriterien können uns Aufschluss über das Wesen eines Kentauren geben:

• der geschichtliche Moment seiner Entdeckung;
• das Horoskop seiner Entdeckung;
• die Konstellation der Planeten, die er durch seine Umlaufbahn verbindet;
• sein mythologischer Name.

Hier eine Übersicht der bislang sechs benannten Planeten:
Die sechs getauften Kentauren.

Name	Umlaufzeit	Jahr der Entdeckung	Aszendent	Brücke zwischen ...
Chiron	50 Jahre	1977	26°05' Schütze	Saturn Uranus
Pholus	92 Jahre	1992	05°40' Skorpion	Saturn Pluto
Nessus	122 Jahre	1993	07°55' Steinbock	Uranus Pluto
Hylonome	124 Jahre	1995	2737' Skorpion	Neptun Pluto
Asbolus	77 Jahre	1995	27°31' Steinbock	Saturn Neptun
Chariklo	62 Jahre	1997	18°19' Jungfrau	Uranus

Die Sage von Chiron

Kehren wir zu Chiron zurück, der eine ganz besondere Stellung einnimmt – schließlich bildete er den Auftakt der Kentauren –, denn einem alten astrologischen Grundsatz zufolge spiegelt sich in ihm als Erstem seiner Art das grundsätzliche Wesen aller Nachfolgenden wider.
Seine Geschichte:
Chiron zeichnete sich vor allen anderen Kentauren durch sein freundliches und sanftes Wesen und seine überragenden Fähigkeiten in Astronomie, Musik, Medizin und Kampf aus. Seine Meisterschaft in diesen Künsten war weithin

berühmt, sodass zahlreiche Helden, darunter Achilles und Herakles, bei ihm in die Schule gingen. Durch Herakles sollte er sein größtes Leid erfahren: Bei einer Jagd schoss der Held seinem Lehrer mit einem giftigen Pfeil versehentlich ins Knie. Das Gift, das er verwendet hatte, war aus dem Haupt des Schlangenungeheuers Hydra – so stark, dass es keine Heilung geben konnte. Chiron, der von göttlicher Abstammung war, konnte nicht sterben und so fanden seine Schmerzen kein Ende, trotz seiner eigenen unübertroffenen Heilkunst. Er fand erst Ruhe im Tod, als Zeus einwilligte, seine Unsterblichkeit für Prometheus zu opfern, der auf diese Weise seinerseits von ewigen Qualen erlöst wurde. Aus Dank setzten die Götter ihm ein Zeichen und stellten ihn als Konstellation des Schützen an den Himmel.

Welche Charaktereigenschaften können wir dieser Geschichte entnehmen?

- Chiron ist *anders*: Kentauren gelten als wild, unbeherrscht und heimtückisch – er ist gebildet und besitzt die Gaben der Zivilisation. Chiron steht für das Auftauchen der Menschlichkeit aus der animalischen Welt. Mit ihm erfahren wir, welche Eigenschaften wir mitbekommen haben, um unseren Beitrag zur Zivilisation zu leisten.

- Chiron ist ein *Heiler*: Sein Name leitet sich möglicherweise von gr. *cheir* »Hand« ab, die heilende Hand also. An der Schwelle zwischen wildem Leben und Zivilisation ist er mit seinen Begabungen eine Art *Schamane*, den keltischen Druiden vergleichbar. Chiron steht für die intuitiven Heilkräfte in uns, das angeborene Wissen dafür, was uns gut tut und was nicht. So wie er über dieses Wissen

selbstverständlich verfügt, zeigt Chiron uns, wie wir diese Kräfte spontan in uns wieder erwecken können.

- Chiron ist *Lehrer*: Er begleitet die Helden mit seinem Wissen zur Reife. Er zeigt uns dadurch, aus welchen Erfahrungen wir lernen können, wo uns das Leben zum Lehrmeister werden kann. Die ursprüngliche Lektion ist das Erwachsenwerden: mit Chiron wird uns klar, welche unserer Eigenschaften wir durch unser Leben veredeln sollen. Wir werden selbst zum Lehrer, wenn es uns gelingt, diese Erfahrungen an andere weiterzugeben.

- Chiron wird eine nicht heilende *Wunde* zugefügt und damit ein nicht enden wollendes *Leiden*. Deshalb steht er für all die Erfahrungen im Leben, die uns leiden lassen und nicht aufhören zu schmerzen. Es sind tiefe Wunden: Misserfolge und Fehlschläge, die uns gedemütigt haben und die wir immer noch in unserem Herzen tragen und für die es keine Sühne gibt. Chiron zeigt uns den Weg zur Überwindung des Leidens – nicht, indem wir nach Rache rufen, sondern indem wir verstehen und das Leiden loslassen.

Das Horoskop von Chiron

Führen wir uns das Horoskop in seinen Grundzügen vor Augen, wobei ich mich auf den Aszendenten und seinen Herrscher beschränken möchte:

- Der Kleinplanet Chiron wurde mit einem Schütze-Aszendenten »geboren« – besser hätte er es gar nicht treffen können: Ist doch das Sternbild Schütze der Sage nach kein Geringerer als der Kentaur Chiron selbst. Mit diesem Aszendenten bringt Chiron die Gabe mit, den Horizont

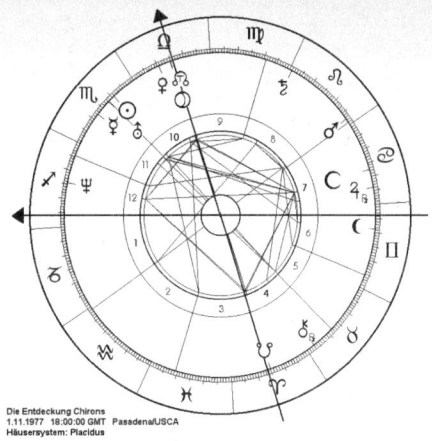

Die Entdeckung Chirons
1.11.1977 18:00:00 GMT Pasadena/USCA
Häusersystem: Placidus

zu erweitern und an sich selbst zu wachsen. Interessanterweise befindet sich der Aszendent nach Roscher »auf einem kritischen Grad« mit Inhalt Jupiter/Neptun: Diese beiden Planeten in Kombination kennzeichnet die Suche nach einer objektiven Weltanschauung – nach Wahrheit. Dabei steht Jupiter für die diesseitige Sphäre des Lebens und Neptun für die jenseitige, und beide wollen verbunden werden. Chiron verdeutlicht erneut, dass er transpersonalen Erfahrungen eine persönliche, mitteilbare Ebene vermitteln möchte.

• Jupiter als Herrscher des Aszendenten steht in [7] und zeigt, wo diese Erfahrungen gemacht werden, nämlich in der unmittelbaren Begegnung mit der Umwelt, in der Konfrontation mit dem anderen. Jupiter bildet ein Trigon zur Sonne in [11] und diese eine Konjunktion mit Uranus – die große Chance der Begegnung besteht im Ausleben (Sonne) des eigenen Andersseins (Uranus, [11]), in-

dem wir ans Licht bringen, was das Besondere an uns ist, auch wenn wir Gefahr laufen, aufzufallen und dadurch Ablehnung und Demütigung provozieren. Gerade in diesen Besonderheiten liegt auch unser Potenzial zur Unsterblichkeit, wenn man so möchte, indem wir unsere Ängste überwinden und unser Leben einer höheren Aufgabe widmen als nur der schlichten Befriedigung der Bedürfnisse: Jupiter ist nicht nur Herrscher von [1], sondern auch Herrscher von [12] – und damit unser individueller Zugang zur Wahrheit.

- Wenn ein Planet über zwei Häuser herrscht, kann er seinen Auftrag nur dann erfüllen, wenn er beiden Themen gerecht wird: Jupiter hat hier die denkbar weiteste Kluft zu schließen, die sich zwischen dem Persönlichkeit gründenden ersten und Persönlichkeit auflösenden zwölften Haus befindet. Das ist jedoch nur ein weiteres Bild für Chiron und Kentauren allgemein, die das nach reinem Überleben drängende Potenzial der animalischen Welt (Unterleib eines Pferdes) und der spirituellen Welt, wie sie dem menschlichen Geist offen steht (menschlicher Oberkörper), in sich vereinen.

Der historische Moment der Entdeckung

Was würden wir erwarten von einer Zeit, in der ein Planet wie Chiron entdeckt wird? Diese Zeit müsste von Verletzungen und dem Wunsch, sie zu heilen, geprägt sein. Sie müsste uns begreiflich machen, dass unser Leben auf Kräften gründet, die aggressiv und brutal nach rücksichtslosem Überleben rufen und nur durch die Veredelung des

menschlichen Geistes in konstruktive Bahnen gelenkt werden können. Sie müsste uns zeigen, dass es in der besonderen Verantwortung des Menschen liegt, das Leiden auf der Welt zu verringern und er dafür in Kauf zu nehmen hat, sich demütigen und verletzen zu lassen.

Machen Sie sich Ihr eigenes Bild:

Tatsächlich erlebte die Welt 1977 eine Eskalation des Terrorismus, insbesondere in Deutschland. Den Politikern wurde klar, dass sie die Unzufriedenheit der Menschen, die sich in diesen grausamen Gewalttaten ein extremes Ventil geschaffen hatte, nicht mehr unbeachtet lassen konnte – der Demokratie wurde ein heftiger Schlag versetzt. In England erstarkte eine andere Form des Protests gegen den Zwang zur Einordnung: die Punk-Bewegung, die sich mit schrillen Klamotten und bewusst abstoßendem Äußeren (*punk* bedeutet »Müll«) von der Masse der »Spießer« abgrenzen und ihr Anderssein bekunden wollte: Sie demonstrierten, dass etwas mit der viel gepriesenen Wohlstandsgesellschaft nicht stimmen konnte.

Neben Erdbeben, Flut- und Dürrekatastrophen sowie Vulkanausbrüchen, offenbarte sich ein neuer Zug, der die Menschheit vor allen anderen Spezies auszeichnen sollte: die Ausbeutung der Natur mit ihren Folgen. Die Ölkrise vermittelte den Menschen, dass sie sich am Energievorrat der Erde nicht unbegrenzt gütlich tun konnten, in Harrisburg rutschte man um Haaresbreite zum ersten Mal an einem Super-GAU vorbei, der 1986 schließlich mit Tschernobyl zur schockierenden Wirklichkeit wurde. Im italienischen Seveso verseuchte Dioxin einen ganzen Landstrich, die Bevölkerung des Bikini-Atolls wurde zwangsevakuiert, weil die Verseuchung durch radioaktives Cäsium nach den

Atombombentests unterschätzt wurde, und die USA verboten als erstes Land FCKW, nachdem man herausfand, dass es die lebenswichtige Ozonschicht zerstört. Immer unklarer wurde, wie man die radioaktiven Brennstäbe der Atomkraftwerke »entsorgen« könnte – und so formierten sich langsam Atomkraftgegner in Bürgerinitiativen, 1980 dann wurde mit den Grünen die erste Umweltschutzpartei in Deutschland gegründet. Als nach 1979 mit dem »NATO-Doppel-Beschluss« die Stationierung der Pershing 2 und Cruise Missile ihren Lauf nehmen soll, schließt sich die Friedensbewegung an und immer mehr Menschen gehen für das Ende des Kalten Krieges auf die Straße.

Während das erste Retortenbaby geklont wird und die ersten gentechnisch geklonten Mäuse gezüchtet werden, verbreitet sich eine neue unheimliche Krankheit in der Welt: Aids, die großes Leid und Hilflosigkeit in der Welt auslöst. Und während Sonden in die entferntesten Winkel unseres Sonnensystems geschickt werden, beginnt eine neue Epoche der Kommunikation auf der Erde: auf Initiative des amerikanischen Verteidigungsministeriums werden Computersysteme ohne zentrale Steuereinheit zu einem Netz autonomer Einheiten verbunden, das im Falle eines atomaren Erstschlags funktionsfähig bleiben kann, weil der Ausfall einer Komponente nicht das gesamte Netz zerstören kann. Diesem Netzwerk schlossen sich nach und nach zivile Einrichtungen, Universitäten, Behörden und Unternehmen an, bis schließlich mit der Verbreitung des PC sogar Privatpersonen Zugang fanden. Als Kind des Kalten Krieges war das Internet geboren, das heute Millionen Menschen in der ganzen Welt über alle Grenzen hinweg zu einer großen Gemeinschaft verbindet.

Die Brücke zwischen Saturn und Uranus

Chiron verbindet die Sphäre von Saturn mit der von Uranus: Damit kann er als der Prototyp des Grenzgängers schlechthin bezeichnet werden, denn er schlägt eine Brücke von der klassischen Siebenheit der persönlichen Planeten Sonne bis Saturn zum Bereich der transsaturnischen Planeten, die mit Uranus ihren Auftakt finden. Saturn und Uranus könnten ihren Eigenschaften nach nicht verschiedenartiger sein und doch teilen sie sich die Domizile in Steinbock und Wassermann – wobei sich Saturn eher im Steinbock und Uranus eher im Wassermann zu Hause fühlt. In diesem Planetenpaar verkörpert sich ein alter Zwist: Saturn steht für die Notwendigkeit, Strukturen zu bewahren, um Stabilität und Gerechtigkeit zu garantieren; Uranus hingegen verkörpert das Bedürfnis, Strukturen aufzubrechen, um Veränderungen zu ermöglichen und das Alte durch neue Impulse zu befruchten. Beide sind im Grunde voneinander abhängig: Welche Strukturen sollte Uranus in Frage stellen können und wer könnte Saturn die Aufgabe bescheren, sich um die Sicherung neuer Strukturen kümmern zu können? Im Idealfall spielen sich beide in die Hand – doch unmittelbar begegnen sollten sich die beiden lieber nicht: Ihre Ansichten darüber, wie die Dinge zu laufen haben, sind zu unterschiedlich. Wenn sie ohne puffernde Kraft aneinander geraten, kommt es schnell zu »Dammbruch-Situationen«: Strukturen, die als stabil und sicher galten, bekommen Risse und brechen. In Sekundenschnelle kommt es zu katastrophalen Zerstörungen und wir stehen nur noch vor den Trümmern unserer Wirklichkeit, die wir anschließend mühselig wieder aufbauen müssen.

Chiron kann nun einen solchen »Puffer« zwischen diesen beiden Kräften darstellen. Er kann das Erworbene und für gut Befundene bewahren (Saturn) und zugleich kreativ einsetzen (Uranus). Er weist uns auf unsere Fähigkeit hin, ein Stück der Ordnung, die bislang unsere Welt zusammengehalten hat, aufzugeben, um uns Einflüssen hinzugeben, die über unsere Persönlichkeit hinausreichen. Denn gerade dort, wo wir etwas von uns geben, um es einem größeren Zusammenhang zur Verfügung zu stellen, können wir über uns hinauswachsen. Das erfordert Mut und nicht zuletzt die Bereitschaft, anzuecken und unter Umständen für den Willen zur Veränderung Verletzungen einzustecken. Chiron zeigt uns auch, dass die Bereitschaft, das Ungewöhnliche für ein höheres Ziel zu wagen, früher oder später belohnt wird: Unsere Taten werden am Himmel verewigt und werden weiterexistieren, auch wenn wir nicht mehr sind.

Das Domizil von Chiron

In welchem Tierkreiszeichen hat Chiron sein Domizil? Wo fühlt er sich am wohlsten? Während die einen Astrologen das Tierkreiszeichen Waage für Chiron beanspruchen (wohl, um wenigstens die Doppelherrschaft der Venus über Stier und Waage zu beenden), sprechen die Hinweise auf eine Zuordnung des Chiron zum Schützen eine klare Sprache:

- Chiron wird nach seinem Tod zum Sternbild Schützen;
- sein Entdeckungshoroskop hat einen Schütze-Aszendenten;

- Chiron sind als Lehrer und Heiler eindeutige Schütze-Qualitäten immanent.

Ich denke, dass das allein schon rechtfertigt, ihn neben Jupiter zum Mitregenten über dieses Tierkreiszeichen zu machen.

Zusätzlich dürfte er eine Affinität zum Übergang von Steinbock zu Wassermann haben (0° Wassermann), denn hier treffen sich die beiden Herrschaftsbereiche von Saturn und Uranus, zwischen denen er eine Brücke schlägt.

Die Deutung von Chiron

Wie gehe ich mit Chiron im Horoskop um? Auf welche Frage antwortet Chiron?

Chiron antwortet auf die Fragen:

- Wie überbrücke ich die Kluft zwischen meiner Persönlichkeit und dem größeren Ganzen, in das ich eingebettet bin?
- Wo erweitert die Darstellung meines Andersseins nicht nur meinen, sondern auch den Horizont der Gesellschaft?
- Wie gehe ich mit dem Leiden um, das mir durch mein Anderssein von der Gesellschaft zugefügt wurde?
- Wie lerne ich mein Leiden zu überwinden, indem ich Verantwortung für höhere Ziele übernehme?

Natürlich kann das wie alles, was wir über diesen Kleinplaneten aus astrologischer Sicht wissen, nur provisorischer Natur sein und muss sich durch Studien in der Zukunft bestätigen.

Anhang

Übersichten für eigene Horoskope

Die Konstellationen des Großen Kreuzes

Aszendent

Zeichen am Aszendenten	
Herrscher des Aszendenten ist	
Aszendentenherrscher steht in Haus	
Aspekte zum Aszendenten	
Aspekte zum Aszendentenherrscher	
Planeten in [1]	

Deszendent

Zeichen am Deszendenten	
Herrscher des Deszendenten ist	
Deszendentenherrscher steht in Haus	
Aspekte zum Deszendenten	
Aspekte zum Deszendentenherrscher	
Planeten in [7]	

Imum Cœli

Zeichen am **Imum Cœli**	
Herrscher des Imum Cœli ist	
Herrscher des Imum Cœli steht in Haus	
Aspekte zu Imum Cœli	
Aspekte zum Herrscher des Imum Cœli	
Planeten in [4]	

Medium Cœli

Zeichen am **Medium Cœli**	
Herrscher des Medium Cœli ist	
Herrscher des Medium Cœli steht in Haus	
Aspekte zu Medium Cœli	
Aspekte zum Herrscher des Medium Cœli	
Planeten in [10]	

Die Konstellationen der Regelkreise

Der erste Regelkreis

Mond steht im Zeichen	
Mond steht in Haus	
Mond herrscht über das Haus	
Aspekte zu Mond	
Merkur steht in Haus	
Merkur herrscht über das Haus	
Aspekte zu Merkur	
Sonne steht in Haus	
Sonne herrscht über das Haus	
Aspekte zu Sonne	

Der zweite Regelkreis

Venus steht in Haus	
Venus herrscht über das Haus	
Aspekte zu Venus	
Mars steht in Haus	
Mars herrscht über das Haus	
Aspekte zu Mars	

Der dritte Regelkreis

Jupiter steht in Haus	
Jupiter herrscht über das Haus	
Aspekte zu Jupiter	
Saturn steht in Haus	
Saturn herrscht über das Haus	
Aspekte zu Saturn	

Der vierte Regelkreis

Neptun steht in Haus	
Neptun herrscht über das Haus	
Aspekte zu Neptun	
Uranus steht in Haus	
Uranus herrscht über das Haus	
Aspekte zu Uranus	
Pluto steht in Haus	
Pluto herrscht über das Haus	
Aspekte zu Pluto	

Anmerkungen

1 Schmidt, Arno: Aus dem Leben eines Fauns. Zitiert nach Beck, Ulrich: Eigenes Leben. München 1997, S.10.

2 Bennett, John G.: Transformation oder die Kunst sich zu wandeln. Pittenhart 1978, S.15.

3 ebd.

4 Beck, Ulrich a. a. O., S.10.

5 Beck, Ulrich a. a. O., S.11.

6 Zum Beispiel: Weidner, Christopher A.: Die Sprache der Sterne. München 1999. Oder: Roscher, Michael: Das Astrologiebuch. München 1989.

7 Alle in diesem Buch abgebildeten Horoskope wurden mit dem Programm *Sunlight Through Windows* erstellt, das über Erik Memmert, Zweigstr. 10, D-82266 Inning am Ammersee bezogen werden kann.

8 Daten aus: Roscher, Michael: Das Buch der Horoskope. München 1990.

9 Weidner, Christopher A.: Die Sprache der Sterne. München 1999.

10 Diesen Begriff hat Michael Roscher geprägt.

11 Eng an diese Schlussfolgerung ist die Frage geknüpft, welches Häusersystem denn nun das richtige ist. In diesem Buch verwende ich ausschließlich Placidus-Häuser. Da hier kein Platz ist, dieses Thema ausführlich zu erörtern, erlaube ich mir auf Michael Roschers »Astrologiebuch« zu verweisen.

12 Ausführlicher in: Weidner, Christopher A.: Die Sprache der Sterne. München 1999, S. 87 ff.

13 Manche Computerprogramme erleichtern Ihnen die Arbeit und erledigen das für Sie. In einigen Programmen können Sie die »Letztes-Sechstel«-Regel auch einstellen (zum Beispiel *Sunlight Through Windows).*

14 Vgl. Weidner, Christopher A.: Die Sprache der Sterne. München 1999, S. 158 f.

15 Natürlich nur bei Verwendung eines Häusersystems nach der inäqualen Manier, wie bei den Placidus- oder den so genannten »Koch«-Häusern. Wer eine äquale Häusermethode anwendet, hat

dieses »Problem« nicht. Ich empfehle jedoch den Gebrauch der Placidus-Häuser oder der Häuser nach Campanus, ohne in diesem Rahmen näher auf eine Begründung eingehen zu können.

16 Weil sie sich auf Winkelabstände im Tierkreis beziehen. Der Tierkreis ist nichts anderes als die Ekliptik oder die scheinbare Umlaufbahn (Orbit) der Sonne um die Erde.

17 Weidner, Christopher A.: Die Sprache der Sterne. 1999, S. 164 ff.

18 Strahlt er über dem Horizont auf die Horizontachse, nennt man diese Stellung auch »Elevation« eines Planeten, denn er erreicht in diesem Augenblick seine maximale Höhe über dem Horizont.

19 Weswegen Fernseher stets breiter als höher sind!

20 Aus diesem Grund wurde schon früh der Osten mit dem Morgen
gleichgesetzt, wie zum Beispiel noch heute im Ausdruck »Morgen-
land« für die Gebiete östlich von Europa oder im lateinischen Wort
Orient von »sich erheben, entstehen« und »geboren werden« ersichtlich ist. Symbolisch vertritt der Osten die Geburt des neuen Tages,
den Beginn des Lichts und da Licht und Leben voneinander abhängen, den Beginn des Lebens selbst. Es ist deshalb kein Wunder, dass
dieser Himmelsrichtung besondere Wichtigkeit beigemessen wurde,
sodass viele Kultstätten und Kirchen nach Osten ausgerichtet wurden – eben *orientiert* wurden.

21 Der Ausdruck »Abendland« spiegelt noch deutlicher den Zusammenhang zwischen der Richtung Westen und dem Verschwinden
der Sonne, wie auch das lateinische Wort *Okzident* als Gegenstück
zu Orient, das sich aus der Bedeutung »niederfallen« und sogar »im
Kampfe umkommen« herleitet.

22 In der chinesischen Tradition wird der Himmelsrichtung Westen die
Wandlungsphase »Metall« zugeordnet, was an tötende Schwerter
und anderes metallisches Kriegsgerät erinnert und damit einen ähn-
lichen Zusammenhang zwischen (gewaltsamem) Sterben und Sonnenuntergang offenbart. In der chinesischen Tradition des Feng
Shui wird bezeichnenderweise auch die Kreisform dieser Analogie-
kette zugewiesen (vgl. Weidner, Christopher A.: Die Gesetze des
Feng Shui. München 2000).

23 Rudhyar, Dane: Das astrologische Häusersystem. Reinbek b. Hamburg 1992, S. 84.

24 In der chinesischen Tradition entspricht Feuer/Süden aus diesem

Grund dem Trigramm Li »das Haftende«. Vgl. Weidner, Christopher A.: Die Gesetze des Feng Shui. München 2000, S. 198 f.

25 Unter den chinesischen Trigrammen entspricht Wasser/Norden Kan, »dem Abgründigen«. Vgl. Weidner, Christopher A.: Die Gesetze des Feng Shui. München 2000, S. 206 f.

26 Watzlawick, Paul: Bausteine ideologischer »Wirklichkeiten«, in: Watzlawick, Paul (Hrsg.): Die erfundene Wirklichkeit. München 1985.

27 Vgl. Roscher, Michael: Praxis der Horoskopinterpretation, München 1992, S. 78 ff.

28 Ein Buchtitel von Paul Watzlawick.

29 Uranus bildet hin und wieder eine Ausnahme. Doch setzt dies äußerst gute Augen voraus und Kenntnis über seine genaue Position, denn vom Fixsternhintergrund ist er nicht zu unterscheiden.

30 Wittgenstein, Ludwig: Tractatus logico-philosophicus. Frankfurt/Main 1996, S. 7.

31 Wittgenstein, Ludwig: Tractatus logico-philosophicus. Frankfurt/Main 1996, S. 115.

32 Carroll, Lewis: Alice hinter den Spiegeln. Frankfurt/Main 1985, S. 22.

33 Vgl. hierzu auch: »Die Mondknoten«, S. 259 ff.

34 Brüder Grimm: Kinder- und Hausmärchen. Band II, Düsseldorf 1969, S. 250 f.

35 Carter, Angela: The Company of the Wolves. In: The Bloody Chamber. New York 1993, S.114 (Übersetzung des Autors).

36 Ist Ihnen schon aufgefallen, dass das zweite Symbol für Uranus (das H für seinen Entdecker Herschel auf der Planetenkugel) wie das *Raumschiff Enterprise* aus der Vogelperspektive aussieht?

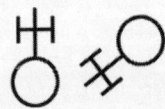

37 Der Regenbogen ist eine Sonne/Uranus-Entsprechung: das gebrochene (Uranus) Licht (Sonne).

Literaturhinweise

Ich habe mich hier hauptsächlich auf die Liste der Bücher beschränkt, die zu einem weiterführenden Studium der vorgestellten Techniken geeignet sind. Eine umfangreiche Literaturliste zu allen Gebieten der Astrologie finden Sie auf meiner Homepage: http://www.phoenix-astrologie.de.

Roscher, Michael. Das Astrologiebuch. München 1989.

Roscher, Michael. Praxis der Horoskopinterpretation. München 1992.

Roscher, Michael/Völkel, Werner. Das Buch der Häuserherrscher. Freiburg 2000.

Roscher, Michael. Astrologische Aspektlehre mit Transiten. München 1997.

Roscher, Michael. Der Mond. München 1997.

Roscher, Michael. Das Buch der Horoskope. München 1990.

Roscher, Michael. Venus und Mars. München 1991.

Hamann, Brigitte. Die zwölf Archetypen. München 1997.

Hamann, Brigitte. Grundmuster der Liebe. München 1997.

Brand, Rafael Gil. Lehrbuch der klassischen Astrologie. Mössingen 2000.

Rudhyar, Dane. Das astrologische Häusersystem. Reinbek bei Hamburg 1992.

Rudhyar, Dane und Leyla. Astrologische Aspekte. Reinbek bei Hamburg 1992.

Ruperti, Alexander. Kosmische Zyklen. 1990.

Reinhart, Melanie. Die Mondknoten. Mössingen 1999.

Weidner, Christopher A. Die Sprache der Sterne. München 1999. Jetzt: Astrologie für Einsteiger. München 2001.

Weidner, Christopher A. Kinderhoroskope richtig deuten. München 2001.

Weidner, Christopher A. Die Gesetze des Feng Shui. München 2000.

Horoskope im Internet und Astrologiesoftware

Im Zeitalter von Computer und Internet ist es heutzutage kein Problem mehr, sich kostengünstig oder sogar kostenlos professionelle Horoskopgrafiken, wie sie für die Arbeit mit diesem Buch benötigt werden, zu beschaffen.

Wer sich intensiv mit Astrologie beschäftigen möchte, der sollte sich ein astrologisches Programm besorgen, die es in inzwischen für alle Ansprüche und in allen Preislagen zu kaufen gibt. Hier zwei Empfehlungen:

Eine kostengünstige Variante ist *Astro Star Profi* von Navigo: Es hält alle wichtigen Techniken bereit, um den Schritt vom Laienastrologen zum Profi zu gehen. Es enthält ein ausführliches Begleitbuch von mir nicht nur in die Funktionen des Programms, sondern auch in die Interpretationspraxis.

Nähere Informationen unter: http://www.usm.de

Teurer und aufwändiger ist zum Beispiel *Sunlight Through Windows* von Erik Memmert, dafür lässt es keine Wünsche mehr offen, was Komfort und Ausstattung betrifft. Alle Grafiken in diesem Buch wurden mit diesem Programm erstellt.

Nähere Informationen unter: NEW SUNWARE, Erik Memmert, Zweigstr. 10, D-82266 Inning. Tel. +49 (8143) 959448, Fax +49 (8143) 959449. http://www.newsunware.com

Es gibt jedoch auch im Internet Möglichkeiten, sich *kostenlos* Horoskopgrafiken zu erstellen. Zwei Adressen seien hier empfohlen:

Die Homepage von *Astrodienst*:

http://www.astro.ch/h/index_g.htm
Gehen Sie hier auf »Kostenlose Zeichnung« und wählen Sie unter »Grafiken« dann den Menüpunkt »Horoskopzeichnung«.

Das deutschsprachige astrologische Internetportal *astrologix*:

http://www.astrologix.de
Gehen Sie hier zum Menüpunkt »Schnelle Horoskopberechnung« unter »astrologix spezial«. Wählen Sie dann das Radixhoroskop als Grafik.
In *astrologix* finden Sie im Download-Bereich auch einige interessante Shareware-, Freeware- und Public-Domain-Programme zum Herunterladen.

Kontakt

Bei Interesse an der Arbeit des Autors wenden Sie sich bitte an:

Phoenix Astrologie
Christopher A. Weidner
Buttermelcherstr. 17
D-80469 München
Tel./Fax: 0 89 22 96 47
E-Mail: phoenix.astrologie@comquest.de
Homepage: www.phoenix-astrologie.de

Hier finden Sie weitere interessante Artikel sowie eine Übersicht der Beratungen, Vorträge, Seminare und Ausbildungen.